漫游日记

舒新城 著

中国文史出版社

图书在版编目（CIP）数据

漫游日记 / 舒新城著 . -- 北京 : 中国文史出版社，2020. 12

（名家游记）

ISBN 978-7-5205-2296-0

Ⅰ. ①漫… Ⅱ. ①舒… Ⅲ. ①游记 - 作品集 - 中国 - 当代 Ⅳ. ①I267. 4

中国版本图书馆 CIP 数据核字（2020）第 182784 号

责任编辑：孙　裕

出版发行：**中国文史出版社**

社　　址：北京市海淀区西八里庄路 69 号　　邮编：100142

电　　话：010 - 81136606　81136602　81136603　81136605（发行部）

传　　真：010 - 81136655

印　　装：北京新华印刷有限公司

经　　销：全国新华书店

开　　本：720 × 1020　1/16

印　　张：20. 75

字　　数：196 千字

版　　次：2021 年 3 月北京第 1 版

印　　次：2021 年 3 月第 1 次印刷

定　　价：58. 00 元

目录

蜀游心影

宁渝途中

梦魂

近几年来，每年我都费去几个月时间在外面游荡。浪游本是我的素性，很小的时候，你便知道我，所以我每次出门，你总说："玩够了，便回来"，我是更不在意的：玩够了固然便回来，想回来的时候，也就回来了。这次好像有点和从前不同：临行的前几天，你便代我计较这样那样，什么衣服饮食的种种琐碎问题都一再说到；我也很奇怪，不独不像平日不爱听你这些话，就是收拾行李也陪你花去三日工夫。我当时也想到：我去川是有目的的，而且时间最多也不过一年，虽然我们八年来不曾有这样的长别离，但别人新婚数日别离十年的事也是常有的，我们这样的小别又算什么。可是理论终究与事实不符：动身的前一夜，竟无缘无故地白谈到天明，早六点钟动身，宁也醒了，在你抱抚中眼睁睁看我上马车，你也比平日送行的话说得少，也不说"玩够了便回来"，只呆呆地望着车轮动。我想：你这时已大变常态，或者效你平时痛恨的小丈夫而哭了吧！我和佷工在车上谈得很好，天南地北的事都讲到，他到日本去的计划也详细告诉我，一直到江安船要起碇的时候才告别。他并且说："我看你精神很不愉快，讲话都注意力不集中，大概是记念家中吧！请你放心，一切均有我料理！"

我当时很感谢他，并知道你一定能抚育儿女，处理家事；而且我在家也不曾替你管得些什么，只使你多一个人照料：所以我并不想到家事，也不曾想到不愿与你们别离，不过心里有点不大舒服，好像遗失一件什么东西似的。佷工去了，便关起门睡；但是睡了许久，眼睛还仍旧张开，起来做文章，写不了几行又睡下去。经过这样几次，不知从什么时候起就睡着了，一直到茶房叫开午饭才醒来。

午饭后至船头眺望，从碧蓝的天空射下烈火般的阳光，反映到水面上，宛如雨后的晚霞，使人心旷神怡；船头浪花飞白，轰然作声，好似故作奇响破人寂寞。我在此大自然的孕育中，一切尘虑都忘了，好像能与天地合参。可是刹那之间，意识之中又浮起了一个你，三年前我们由沪至宁在船上生活两天的种种情形也涌上心头。而且越聊越远，我们的一切都曾想到。起初只是蹀躞不已，后来倚立不动，最后仍然走入房间假寐，不久便睡着了，而且得了一个好梦。

十月十五日

江汉风波

今日十二点钟便到汉口。

你知道我素日对于武汉的感情太坏：我恨那地方的卑湿，我尤恨那些接江者、旅馆老板、茶房、脚夫、车夫的过分狡猾；我经过武汉地方不下数十次，并且住过几个月，然而绝对发现不出足以使我留恋的处所。所以无论如何孤寂，我决不愿在汉口停留：今日当然不是例外。不过船未到埠，我却想到武昌大学的几位朋友，很想去看看他们，而且已经怎样计划安顿行李、托人过船的种种事情。

可是天不作美，这样的小小事情都不能使我如愿：因为从昨晚十二时以后便风雨交加，至今晨而愈大。船到码头只见波涛起伏，移山推岭而来，江中绝无一人往来。此时访朋友与恶汉口的两种感情在心里交战，挑夫来问搬行李，我竟置之不理；他们以为我可欺，接江者、船夫、挑夫愈围愈多，我要出去，竟至连路都没有。他们的意思无非想得我几文冤枉，动机自然可恶，用心却也很苦；而且我相信人类根本是自利的动物，窃钩窃国同为自利的动作，不过范围有大小而已；严格说来，我之长途奔波又何尝不是自利。所以我对于他们这样的围困游客，也并没有什么发怒，只想如何解此困难。起初我和他们说我是不下栈房的，就要过船，他们都要为我效劳；后来我说有人来接不要他们照料，他们还是要替我效劳。大概我这段话分作两截讲，起了他们的疑心，竟有人提着我的手提箱便走。幸亏我知道有“上关上去”四字的秘诀把他们吓退，就将行李寄在船上，一人冒雨上岸，江汉关的钟已指着一时二十五分了。

上岸到中华书局请他们代我将行李取上，还希望雨停风息时去武昌一游。哪知越等风雨越大；据该局人言，此种风浪竟可以一发三五日不停，于是于下午六时乘湘潭轮上驶宜昌。

十月十七日

汉宜杂记

湘潭是英国太古公司的轮船，原走长汉（长沙汉口）线的，后因水浅改走汉宜。因暑假返湘曾乘此轮上下，所以船上的茶房都还相识。此船的官舱在三层楼的后段，前段即大餐间，船位均甚少。官舱共有六间，但中间的两间不能住人；又因天雨客少，所以官舱男女客共只七人。七人之中有两女子：一为中国人，一为日本人。其余为四川某军官之父子、又一军官之子新从北京某中学毕业归来，与四川同善社总教（？）彭某。我与他们在船上共起居四日，虽是个人旅行，但生活并不寂寞，而且从他们的言动中发现许多有关系有趣味的问题。

同船男女伴侣的言动使我最感趣味的第一是那位军官的儿子：他只有八岁，是独生子，他的父亲极爱他，带他在外面旅行一日不离者已有四年多。他能认识一些字，能说不完全的上海话、湖北话，并能讲几个日本字、英国字。他一日除了睡着而外满面都是笑容——睡着想也是满面笑容，只是我看不见——向这个说话，那个说话。高兴的时候并且唱歌蹈舞，有时还邀我歌舞。他最欢喜我的三脚凳，背着他的父亲便到我房中要去坐坐，坐跌了又扶起来再坐，有时可以呆坐至数十分钟。其次，他欢喜我的照相机，他以为其中有无限的神秘，时常要我说明“那么大的人何以会藏在那小小的盒子里面”的道理。第三，他欢喜我的打字机，他以为洋人真聪明，他长大了，一定也要有洋人那样聪明。他和我相处几日，我们真正成了好朋友。有一次他偷偷对我说，他愿意跟我走遍天涯，不愿再和他父亲一起玩，更不愿从彭老师学“道”。

我们同舱只有两位女客，照例她们是不同男客在一起吃饭的。但每饭的前后，都有一位发秃年老的西洋人至女客房中，后来问知他就是那位日本女人的丈夫。他们原定都住官舱的，但因为他是英国人，不能在长江的英国船中与中国人同舱，所以他一人还入大餐间，而将他的夫人留在官舱中。这位日本夫人不过二十余岁，年龄最多只及其夫的二分之一。她除每次吃饭得与她丈夫谈话以外，虽然有一位年龄与她相仿佛的女学生装束的中国女子和她同处，但因语言不通之故，竟终日相对无语。那位中国女子还有一位仆妇谈话，不过她们的思想，或者相去很远，所以也很少听得她们的声音。我想她们——日本女子与中国女子——闷坐得无聊的时候也想彼此谈谈，然而竟为语言所限；中国的女子也许因为听得我们谈得很有趣而想加入讨论，然而竟为礼教所限。这种幕障的生活是我们祖宗费无限的精力遗留下来的，我想孟子所谓“人之异于禽兽者几希”的“几希”，或者就在于此吧！

最末，我要告诉你那位为社会上一般人及教育者所认为最有希望、最能担当国家大事的中学毕业生。这位中学生与我同房间，他虽然是军官的儿子，但确是一位北京著名中学的毕业生。他说他今年二十岁，不过他的身体却具了才子的特质，好像弱不禁风，而且咳嗽不已，在七十四度的温度下，还要穿着丝绵长袍。他与我同房，我自然有点战战兢兢怕他的病传染于我；但是恐惧的心思敌不住我同情的怜悯。我曾问及他的身世，知道他的病原是由于滥嫖。他自知难久于人世，现在很懊悔；但他当离开父母初去北京的时候固是一个壮健的青年，谁知在北京受了四五年教育，竟成就这样一个与鬼为邻的模样。他父母只有一男一女，平日极爱他们，尤其爱他，所以遣他到北京去读书。他病了，他的父母极关心，连电要他不毕业就回去到南山（重庆正对面之山名）上去养病；他觉得好好的一个身体弄得这样，已经愧悔不已，倘若再不毕业，更无以对父母，所以努力用功将业毕了，然后同他父母遣去接他的仆人一同回川。他在汉口曾卧病几日，现在还兢兢于病，有时谈到伤心处，竟然长哭。你知道我素来怕听哭声，在这长途的寂寞中闻同房者之哭声，你想我的心绪如何！我很怜悯他，但我的能力太薄弱不能救护他。他固然不幸——就是他的生命幸能保存，他的精神已够苦——可是青年之不幸如他者不知凡几。然而老成的学者还要责备“孺子不可教”，聪睿的教育家还要说教育改造社会。菊！我说人类为自私的动物，绝不是信口开河，更不是一时的感情冲动；我深切相信自私是人类的天性，更相信知识愈高的人自私的欲望越发达。你想：这样可怜的青年是不是教育之果，教育他的教师们是否也窃取其父母的血汗之资——若果他们也曾自食其力为生产的劳工——为一部分生活费！然而他今日的病状，他们脑中也有点印象吗？也曾反省自己的罪恶而准备改悔吗？一般所谓教育家也或见此情形，看此报告而反省自己的罪过，筹谋改革的方法吗？

汉口至宜昌轮船上的情形与汉口以下的没有差别，不过四川客占最多数罢了。到船上整住三昼夜不曾上岸，虽然觉得生活单调，但有上面的几件事情不时回旋于心中，心里还十分安闲。今日晚七时船到宜昌，我与那位中学生立即过船去重庆，彭老师与军官还得在宜昌暂住等他们的熟船（不要旅费）。我们虽然只曾作数日朋友，但临别时却多少有点恋恋；尤其是那位小朋友：他向他的父亲提出要求，要同我一道上重庆。我对于他的要求极表同情，不过接江者将行李照料好催我过船的时候，我俩终于只是握手互道珍重而别。

十月十九日

宜昌之夜

行李过船安顿好已经九时了。宜昌虽属商埠，但因两岸水浅，各轮船公司均无趸船，川汉轮船抵埠均泊于江中，客人之上下全恃小划。江中水流甚急，过船很非易事。我因接江者之照料，尚未感什么困难。（接江者与船夫虽亦凶横，但较之汉口者则真有小巫与大巫之别。）长江生活状况，我想以宜昌为界，江上江下竟为两种国度。

我们湖南人对于汉口九江之用当二十铜圆自然不以为奇，然看得当五十的银圆大的铜圆，却不免有江浙人用惯当十铜圆骤看当二十铜圆之惊讶！我到川江轮船上首先惊异的就是船夫找我当五十的大铜圆二十个（这里一圆钱换铜圆三千）。其次就是川江轮船票价之奇贵；从上海至汉口，或从汉口至宜昌都是驶行三昼夜，官舱最高价不过十六圆，统舱不过五圆以下；从宜昌至重庆驶行只两日半（夜间停泊），统舱要二十圆，房官舱照加二倍及三倍（下水减半）。而统舱与房舱中烟氲如雾，透亮的电光中竟不辨人影，鸦片与纸烟的混合气味更令人头晕欲呕；为图脑中的清畅，不得已费六十圆购官舱票。

部署既定，至船中各处巡行一次，始知我所乘之船名万县，亦为英商经营。此船与宜昌以下各船之构造大异：机器间极大，占去全船面积之半，机器间之后面隙地为统舱，与水面平行。客位为三层铁架床，但为数只三十余；房官舱在楼上亦只各四间，客位合计不及二十。再上为大餐间，只能容四客。全船乘客甚少：统舱有二十余人，房舱四人，官舱只我与在汉口同船之一中国女子二人而已。而全船的乘客除我们两人及某中学生与统舱中之二女子二小孩外，无不一榻横陈，吞云吐雾。我尝闻川友说川中鸦片烟为害不可救药，今夜看此情形，其言当不是无稽。

巡游既竟，回至房外坐下；俯视各船灯光反映江中，因水流闪耀，俨如群仙舞的神女，目光灼灼逼人，虽无弄琴人按曲调节，但偶然的桨声还足象征赞美的掌声足以破除寂静，鼓励舞者。此时已十二时后，乘客因疲劳而就寝，水手亦因预备明早须早起而就寝；江中更渺无人影，只有岸上小贩的叫卖声，偶尔断续送入耳中。我上船时本想早睡，哪知愈坐愈不想睡，愈坐愈爽适。因取箫漫吹，无调无曲，只将我被流水灯光的静夜所陶化的情绪自由发舒而已。你虽不能听我箫声为我击节，但你的心弦想也为我灵感所拨动而共鸣！

十月二十日

入川

问君西游何时还？畏途巉岩不可攀；

但见悲鸟号古木，雄飞雌从绕林间；

又闻子规啼夜月，愁空山。

蜀道之难难于上青天，使人听此凋朱颜！

小时读李白的《蜀道难》，常想象四川的险峻难行，而读《三国演义》描写益州风物，又时常梦想游川。今日起便将实行上李白所谓难上的青天，看看究竟如何。

船于早五时起碇，八时醒来则已行去百余里。询茶房离巫峡多少路，他只说："早来些。"问他现在系何地名，只说："还没到归州。"我知他对于江间地名也不甚了了，乃检阅《峡江图考》及《新游记汇刊续编》，知道由宜昌起尚须四百三十五里始入川境。川鄂交界的县分一为巫山，一为见东，而交界的地方名布袋口，系一大山中裂，隔绝东西。此时仍在鄂境。但水势湍急，船上驶与急流相荡，有如月夜海潮的咆哮，虎虎在耳；遇两岸石山壁立，则轰然如雷鸣，两轮相遇，两岸余浪常达数丈（视江口之宽狭而异），帆船在侧，很难幸免。但两轮相遇或一轮遇帆船均开慢车。据茶房说，从前帆船常为轮船之余浪淹没，近来海关严定规程限制速行，所以遇帆船或轮船均须慢行，但我见停泊江岸之数帆船，被本船余浪推至岸上数尺，若在行走，恐也难免于难。从前轮船不通，入川须乘帆船走险滩，固然很危险，现在有轮船，帆船更加一层危险，而轮船之失事亦属常事。蜀道虽青天非而可上，然与下江旅行相较险夷真不可以道里计。

九时半茶房请出房早餐，则八人一桌，有四荤四素一汤，且系干饭。据茶房说：午后四时还有一顿同样的干饭，夜九时再有一顿稀饭，系照川人生活习惯办法，故味多酸辣。好在四海为家的我，口味不生问题，不过对于川人之早饭夜粥的习惯，却想不出原因何在。

巫山云与巫山十二峰

船自宜昌而上，江面渐狭，水流渐急，沿途只见石山壁立，飞鸟难过。因轮行过速，不能细玩景物，虽有《峡江图考》对照，无人指示，亦不辨其名称，只得静坐船头看两岸石壁，江中流水之云烟过眼而已。

下午三时至巫峡。巫峡在历史上曾得许多诗人骚客吟咏，所以它的名声特大；一般人过此无不想瞻仰瞻仰，就是不大管事的茶房，也知巫峡是客人要注意的，特为指点。我们的轮船还从下流驶上，只见前面横蔽石壁，如像路横水止；愈驶愈近则见两山中夹一小沟，有浪花溅石上，再近则小沟忽化为大川，两岸山石如墙，顶高不可仰视。李白所谓“巫山夹青天，巴水流若兹；巴水忽可尽，青天无到时”，实足以表示其峻险。从船上仰望，只见两岸峰峦起伏，大小不可数计，而白云中间隐约有一座庙宇在最高的一峰中，或者就是神女庙的所在亦未可知；只可惜船行匆匆，不能上岸登临。

“曾经沧海难为水，除却巫山不是云。”这两句话是多数人所常念的，虽然是两句寓言，但巫山的云确有特别的地方：从远处望去，只见空中万马奔腾，遇峰冲散，但仍能围绕山间为轻盈的跳舞，上下左右，旋转自如，至峡中仰望，则真的白云悠悠罩笼头上；若果你好遐想，则你可以将自己作蒸笼中的食品，峡江为蒸笼，白云就是于微风荡漾时开蒸笼的蒸汽熏腾。不过蒸汽的熏腾变化太少，巫山的白云则自然界的草木鸟兽，人事界的悲欢离合，均可以随着你的想象而至。我在庐山也曾看过许多可爱的云，但终因其为雾所坏，不及巫山白云的美。古人所谓"除却巫山不是云"，确系有见而然；若果神女庙的神女有灵，我想她有此白云相伴，也终身够受，决不会再上那无情的望夫台了。

巫山十二峰，也是大家知道的，但查《峡江图考》竟没有这许多名称。《峡江图考》的作者为官蜀三十年之京江国璋，"于役鄂楚，行峡八次"，对于宜昌至重庆之山水险要，极有研究。所绘的图虽不能如照片之表示真相，但神似则过之。你无缘入峡，我且把他所绘的巫山十二峰下寄你一看，或者你要以为奇观也！

滟滪堆

长江三峡的名声，几于中国人都曾知道。从前进峡最少须费十余日，我今天一日经过三峡，在你的想象中或者以为我很愉快，实则我很嫌船行太快，不能让我尽情流连风景。巫山为三峡之一，我所能报告于你的只是巫山云与巫山十二峰的小小景物；还有巫山峡以下的西陵峡是从离宜昌以上百六十里之米仓口起。据各游记与《峡江图考》所载，西陵峡之新滩为下游最险之一滩，只因未经名人题咏，心中无险，意中无奇，何时经过亦未曾注意，不过就各家游记看来，知土人呼新滩为滩王，而《峡江图考》作者则谓“新滩为峡中最险名滩：西岸乱石砧砑，大石横旦，潜伏江心，洪流薄石，怒涛沸腾，冬春水涸，其险弥甚，非轻舟不可上下；舟行至此必运货陆行，名曰起拨”。其险也就可想而知。

三峡之第三峡为瞿塘峡。因为瞿塘峡口为滟滪堆，常为名人吟咏。滟滪堆之上有白帝城，曾有宝贵的历史，所以一般人至此都要特别留意。你如要问瞿塘峡之险峻如何？我且写白香山《初入峡有感》之一段给你：

上有万仞山，下有千丈水；苍苍两崖间，阔狭容一苇。瞿塘呀直泻，滟滪屹中峙。未夜黑岩昏，无风白浪起；大石如刀剑，小石如牙齿。

滟滪为瞿塘之口，所以行舟者常以堆之大小定瞿塘之险夷。据张大鉌《巴蜀旅程谈》所载，行船者有几句谚语说：

“滟滪大如龟，瞿塘不可归；滟滪大如马，瞿塘不可下；滟滪大如牛，瞿塘不可游。”

我们于五时经滟滪堆，其大不知倍于几千百只牛，然而瞿塘还是轻轻游过，可见人类控制自然的力量之大！

由滟滪堆再上里许，可见北岸半山中有破裂的雉堞隐现于荒草之中，即历史上有名的白帝城，此即白帝山。白帝城在今日诚荒芜不堪，但在蜀汉时固是重镇。据史所载，公孙述治蜀时原名鱼复城，因殿前之井现白龙自称白帝，乃更名为白帝城。蜀汉昭烈征吴，败还至此，改为永安宫；因江为池，扼瞿塘之险，与蜀汉俱存。

夔州一宿

由白帝城再上五里便是奉节县，在江北岸，因山为城，为从前夔州府之府治。船到奉节便下碇，尚只五时一刻。照船行的速率还可行百余里始暮，但因江流险峻不敢夜行，而两岸多盗又不敢在人烟稀少的地方停泊，故趁早在此抛锚。据茶房说，轮船被劫在去年战事未了时是极平常的事，但今夏较好，不过不久还曾失事一次，所以川轮均带有机关枪步枪等军器以备缓急，而过夜的地方总在都会或人烟稠密的市集。我问他匪劫的情形怎样，他说匪与兵混合为一，实难辨别其是兵劫还是匪劫：因为劫船者都带有军器，而在兵营驻在的地方被劫，若去报告亦少有效。这种情形湖南也有，所以我听得也不以为奇，不过感到蜀道之难并不减于李白时代。

经过滟滪堆与白帝城，很有恋恋之感：我恋滟滪堆，是因为它峙立江中，昂首天外，好像富有闲情逸致的诗人在那里赏玩山水，找寻诗料。我想：我若能在堆上建一小屋，把所有的书籍都搬上去对着青山流水阅读，暇时垂钓荡舟（近堆之水并不甚流）或至白帝城中闲游，最少亦可将我脑中所有的尘俗思想涤清；我恋白帝城，只因其是历史上的陈迹，现在虽芜败不堪，但若亲去游览，当亦可得着英雄陈迹，帮助我参澈人生；所以船停以后，便预备雇船去访滟滪堆与白帝城。

五时半我收拾就绪托茶房替我雇船，他说：

“先生！你还要回来吗?”

“我是到重庆去的，为什么不回来？我想最多九点钟便回来的。稀饭我不要吃，不必等我。”我说。

“不是这样讲，你非本地人，恐怕你去了不得回来!”他说。

我完全懂得他为我的意思，访滟滪堆与白帝城的热情终敌不住生存之感，终于走回房间将外衣脱下坐着回味他方才所说的几句话。

茶房的话或者有点过甚其词，但兴致却被他败去了，就真能回也不要再去了。闲坐无聊，于是至下层船尾看看那些乘客的种种情形。

船将到埠，便看得有许多划船赶来，当时以为是接客上岸的，所以也不甚留意。现在看来，除了二三只无篷的划子是预备渡客的而外，其余都是有篷，而且船身不小，数目也很多，靠奉节这一边的船旁系着各船的面积总有十余二十方丈。这些船形状相去不远，都有高篷可以容人伸腰行走。而有一饮食船的面积特大：腰间空舱分两排设四张八仙桌，中间还有一大巷便客出入，我想称它为食堂。食堂的后面为酒菜陈列处！鸡鸭、鱼、肉之类极多，并有野味；酒则大坛小罐摆设很多。陈列处后为厨房，前面则有一拱门，门旁悬一金招牌曰“聚宝珍”。其他卖酒菜的小船甚多，虽不及此船堂皇，但形式则相去不远。此外还有两种船：一为卖水果的，一为烟馆。水果船与饮食船无大异，水果均陈列舱中间，大概为橘子柚子之属；烟船则在入门处悬一黑布幕，中间设二三铺位，便瘾客问津，并有所谓姑娘烧烟。三种船的生意都很好，我也为前两种船各照顾一笔生意：至最大的饮食船上吃面一碗，在隔壁船上买橘子十枚，付大洋一圆还收回与银圆一样大的当百铜圆二十八枚。据船夫说：此地用当百铜圆，每圆可换三千五百文，橘子五十文一枚（一分半大洋不到），一碗大面并有很可口的牛肉数片，只取费大铜圆二百文（六分大洋不到），真可谓价廉物美。

女友（？）

今夜因为天气很热，又因不能访白帝城，兴致索然，故十二时犹未能成寐，不时蹀躞于舱面之上；我隔壁那位女客也好像有着什么心思而不能睡，也在舱面上蹀躞。我俩在汉口同船到此已有五日，虽然时时见面，但始终却未交谈。我对于她的言行并不怀什么惊奇，只视她为一个普通的女学生而已，也并不一定要与她交谈以探求什么秘密。但是我想：倘若她是一位男子，我们早已成为朋友；又若我们都在国外，我们的姓名职业最少彼此当也问询过，然而我们五日来之相见竟皆屏息而过！今日只我两人为官舱的长途伴侣，几乎无时不见面，彼此走过房间的前面也不时向窗里一望。这种动作若用郭任远的新心理学说来解释，确是一种要交谈的行为朝向。今夜只我两人在舱面蹀躞，虽然起初我们都有意地确守疆界，力求各不相犯，后来走久了，注意力渐渐分散，疆界不能保守，彼此摩肩而过者不知若干次。可是我们绅士的态度始终保持着，始终不曾交谈；我们的姓名也始终不曾互知。我不是她，不知她脑中有些什么，也不知她对我是不是想要接谈，但在这夜阑人静，水上灯影与天空星光相映争辉的时候，一切的人都各寻好梦，寂焉无关，唯有我俩的蹀躞声破大空的寂寞，虽然我们相见如不相识，但我认定她是我的朋友。这样相识不相问的异性朋友，一切的中国人都可随时随地遇着。我也曾想到人间隔膜的悲哀，几次想打破它，然而终于为圣经贤传的势力所屈服，我想这或者是中国人之所以为中国人的特质吧！

十月二十一日

万县一瞥

昨夜虽然睡得很迟，但今晨八时即起，十时经过云阳稍停片刻，唯在船上望见其依山为城，吊楼柱如林而已。以后虽曾见过许多湍流峻岭，但与三峡比终是小巫见大巫，而且其中也没有特别令人注意之处，所以我不琐碎地告你，现在只略示你以我今晚停泊地的情形。

下午三时船即停轮江中，只见西岸有一很大的倚山城市，小划之争向东来者，与在夔州时相似，我初以为系在此地上客上货者。后见久停不进，船夫好似已达目的地者然，安然休息，询之茶房则谓此为万县，论时间本可再行一二百里，但自此以上无大城市怕遭抢劫，不敢停泊过夜，故即在此过宿。

我早知万县之名，今日始见其地。它在长江的西北岸，包山为城，岸陂陡峻，俯临江流。因城下石多流急，故轮船均泊对面。因为县城离轮很远，所以看来不甚清楚，本想登岸一游，但恐途中发生困难，又无伴侣，遂戛然而止，只在船上摄一影，寄你一阅，你当可以从照片中略识万县面目。

船上船下的情形一如在夔州的时候，用不着再复告你。闲坐无事，便翻开《新游记汇刊续编》查阅关于万县的记载，但都很简略，因为那些记者也和我一样都是不曾足履万县之疆土的。不过从地理上的记载看来，知道万县是民国四年[①]依清光绪间《中英续约》开为商埠，设重庆分关，为宜昌重庆间之一大都市，商务以桐油之集散为最盛。

我所能告你以万县的事情只是如此。

轮船的右边，还有一只法国兵船。这船名都大，形状很不

---

① 本书因作于民国年间，行文大量使用了形如“民国××”或简写为“××年”的民国纪年，因此我们在书后附上民国纪年与公元纪年对照表，以便读者查阅。

像什么兵船，在它本国或者有入博物院的资格也未可知。但据茶房说，它在川江中却很能耀武扬威；每当两岸发生战事，一切商轮停驶，它却可以军舰的声威出入其间。我为替它摄一影，寄给你一看。

十月二十二日

天子庙

今早六时即起，朝霞由山峡映入水中形成红绿相间之色彩，水因船行之波动，霞光山影也在水上颤动，如微风荡漾少女夏季所着的蝉翼衫。为沉醉在这自然美景的怀抱中，一切杂念都没有了。然而有时却感着什么似的，心神忽然不安。接着就是一瞬苦闷的情感，就是不曾与你共享这种自然的圣餐。你此时或者也正在怀念远人，寤寐思服！然而你现在的心绪，即使你尽情告我也须待我到成都十余二十日后始能知之，这一月的空虚又如何补充呢！

今日经过的地方很多，有忠州、丰都、涪陵各县，山水风景与昨日所见者无大差别；不过平原渐广，山土皆红而已，故不必详述。此外一个鬼门关的天子庙，却不可不告。

大概在十五年以前的秋天，我在你家里染痘症，起初发热发呓，你们全家都以为我在什么地方遇着鬼，请了些什么人在家里驱鬼，并且扎了阎罗天子庙和许多小鬼被阎罗天子压迫的纸架焚化之。我的病虽不曾因此而愈，但这段故事却深印入我脑筋之中，或者还可传到我们的子孙。可是今日我真到了天子庙了，就是这样一回事。

下午二时十分茶房报告我说现在就到天子庙了。（这报告是昨夜我与他约定的。）我一面移坐室外静待天子庙，一面问他关于天子庙的种种故事。他说天子庙在丰都城外的山上，丰都天子高踞山巅，其殿曰天子殿，其下有九阎罗分居各处。第一殿独远在留沙坡，离丰都下二十余里。正讲说间，见江北岸有一斜坡，山麓有一庙，茶房指说坡即溜沙坡，乃第一殿。他并谓此殿所祀者为秦广王，因沙时常下流，遮断流水，于天子的都城有妨，故特派秦广王到此监视鬼犯，每夜将日间流下之沙负归原地，故沙虽日日下流，但江岸不见广，山巅不见低。他听说的，竟与《新游记汇刊续编·乙丙入蜀记》上所载的无多差异，可见这种传说已非一日，而很普遍。

二时半到丰都，船即停止，城在江之西北岸，即一般传说之所谓阴府者是。我们家乡的七月中元节有钱的人都要写着丰都天子的牌位与祖先同供养，使烧给祖先的冥镪可以不因得罪天子而发生纠葛；我从前对于这种传说也感着许多的神秘趣味，现在特别注意这事，也还是由于幼时有过很深的印象——尤以中元节我病在你家那次为最——而来。今日亲经此地，自然有一种不可言传的奇感。从我的坐处看去，只见前面横着一幅天然的画图：山虽不大，但是很雄伟；我只能看得向南倾斜的一面，不知全山到底有多少面积，但就这一面推测起来，恐怕山麓的周围也在十里以上。此山为鹅颈形，山林一带的倾斜度甚少，四周的店面很密。密店之上就是远远望见的一条道路，两旁亦有小店，但不甚密。山巅有一雄壮之白墙庙宇，就是天子庙。

据茶房说，这庙是前几年原庙被火烧后新修的，从前的庙比现在的还要宏壮，店面也比现在多，起初我以船是在这里过夜的，所以抵埠时便倚栏看乘客及卖物者上下的情形。及客货等上下毕，我入室收拾准备登岸亲访丰都天子，则船已开始移动：我以为移向江中抛锚。等我收拾毕出室船已离城约半里而轮犹未停，询之茶房，悉今日尚欲开行百余里。我深悔不即时将天子庙摄下，唯有怅然看它与我逐渐别离而已。

卸去衣服，闲坐舱面，翻《乙丙入蜀记》，有几段关于丰都及天子庙之故实，兹摘录如下：

丰都者，盖以境之丰水、平都得名，在大江之西北岸，城于山麓，唯地势凹下，且逼近江岸，有时水涨，即易被淹，故于县后山上，复有空城，以为避水之所。在舟中望之，屋宇鳞集，寺观庙宇。参差矗峙于内，想见神权之盛矣。平都山即在城之西偏，庙宇层集其上，踞其巅者为天子殿，以下则九殿阎罗分居之（第一殿在溜沙坡），以外尚有城隍殿等，据云有四十八处之多。并有关壮祭祠，亦甚庄严。有大刀一柄，云系公旧物，非以礼谒即不能撼动。

同仁中有得入城者，归云：据土人言，祭阎罗天子殿中之娘娘女像系肉身坐化者。谓昔有姑嫂进香于此，小姑居处，时尚无郎，嫂遂戏之曰：以姑俪天子何如？女笑颔之。不意此天子者亦即佳纳其意，女遂坐化于此，肉身至今未坏。有亲往视者，谓面已装金，唯两手尚存本色，固仍柔荑如故也。并闻女系万县人，每岁且归宁一次，归时必有大风，行舟者须预避之。或又谓女本为救亲舍身于此，实孝女也。

又按载籍谓山有五云洞，洞之书有穴曰冥府，祀阴王。然按之道书之丰都实居七十二福地之一，为古王、阴二仙得道处，后人误将两字颠倒，遂附会为种种怪异之谈，故阴王后殿之清灵阁有联云：

"世俗好奇，妄将洞府为冥府；

山灵何幸，聊得仙人作主人。"

据此则凡属世人所传，当然尽属伪言。

上面这三段话，自然使我们多知道一点关于天子庙的故实，但我不获亲临其地，研究种种故实之由来，却是一种憾事。丰都明明是人间都市，而一般传说竟把它当作阴府，而且流传最广，这在民俗学上实是一种最有价值的研究；只惜我非民俗学者，无从考究其因果由来，但对于这种传说觉得很有趣味，所以写了这长一篇给你。

石家沱

今日午后七时五分始停轮，地名石家沱，到埠天已黑，唯见岸上数百灯光映入水面回射出一线隐约的市房；船到埠时，虽也有人上下，但为数很少。茶房谓此地为小市镇，因为地方很清泰，无匪乱，又有生意做，所以上水船都在此地过夜。我细看下舱，则岸上来的主顾渐多，品类也很杂：有老者，有少年，有老妇，有少女，有携筐者，有携袋者，有挑担者，有售零食者，有卖熟膏（鸦片烟）者。细察其交易之情形，由船上取出者为米麦等粮食品，岸上交下者除少数现金外，均为鸦片烟。我始知所谓有生意可作者即是这种交易。

今晚有两件事给我的印象很深：第一是当二百的铜圆，第二是沱字的异解。前日在夔州看见与银圆一样大的当百铜圆已经觉得有些稀奇，今夜看见那些买卖货物的现金，完全为大于当百铜圆的当二百铜圆，更为奇怪：这铜圆的直径有一英寸又四分之三大，黄铜红铜都有。据茶房说：万县以上都通用这种铜圆，当五十的铜圆绝迹，当百的极少；到重庆以上则当百的铜圆又完全绝迹。每银一圆的价格也随地而异，此地作三串八（即十九个大铜圆），重庆作四串。但是物价之贵又出乎意料：我看某水手出大铜圆两个给一位卖葵花子的老妇人，她只给他十小调羹葵花子，合计不及一茶杯。此物称蜀葵，为川中产物，若非老妇欺骗行人，其贵真不可以名言。至于沱字，常见于三峡以上之地名中，这字照《辞源》的解释为水别流，或垂涕儿、大雨儿。但川江中之所谓沱者，并非此意，乃是指水之回迂平流的地方，如我们湖南之所谓潭。故每遇一沱，水势必缓而可泊船。今夜我们停泊之石家沱，靠南面之水俨为湖水，在灯光之下视之，绝未见如宜昌、夔州、万县各地之湍流振光颤动不息的现象。

这里的交易很短，九时即已寂然无声，我因爱看夜景，仍至十二时始就寝。

十月二十三日

重庆登岸

今日午后一时便到重庆。重庆是四川境内的唯一大商埠，仍是倚山为城；右有长江，左有嘉陵江合抱环绕其前。城下之水势甚急，轮船均须停泊对河。此地无接江者，行李搬运及渡江等事，均须自己一人独行，很为费事。但我今日得意外的帮助，尚未感何种困难。

前后在船上住了十天，宜昌以上除了与茶房间有不相干的问答而外，不曾遇着可以说话的人说话，所以无时不希望早到重庆，以便访问些朋友开开话机。自从昨日听得茶房说今天上午可到重庆，故六时即起身收拾一切，并且时常在室外瞻望，预期着时时想望的重庆早到面前。十二时即从船上望见一座雾气冲天隐约如市的小山介于二大山之间，据茶房说这就是重庆。我当时看得雾气很为奇异：因为日中还有雾，必系地面很高，但重庆两旁之山高出重庆若干倍，反而清澈异常？船渐驶丘，始知所谓雾者并非言雾，乃是重庆数万户所赖以生存的烟煤烟子。我在对岸，即已感觉烟气难闻，到城内，更感呼吸迫促，时发咳嗽；我不知常居重庆者究怎样过活。

从船上望去，河中的石洲上竟有无数的茅房，有些还正在搭建。起初我很疑心于那些房屋的水灾问题，后问茶房，才知道这些房屋并不时常站在那里，只于秋季水涸后临时搭建，春水将涨的时候，便又完全拆去。这里的石洲不小，冬季常建搭小房至千数百栋，俨然一小都市，凡重庆各种商品，洲上莫不具备，并有戏园乐户，而独以赌博业为最盛。在此营业的多属小商人及农民；农民平时耕种，此时则以其余暇从事小商业之经营，小商人常年为商，不过非其时不集合在此地而已。此种游牧式的都市经营，据闻川江各处多有，只惜我没有时间一一考察其内容。

船泊重庆的对岸，但这里只是一个极小的市集，并无旅馆，而且要去成都也得从重庆动身，所以无论如何都是过河。我因为一人独行，对于重庆情形完全不懂；怎样过河？何处登岸？行李怎样搬运？此时都是我的大问题。起初想将行李放在船上，一个人过河去将旅馆定好，再由旅馆派人取行李，但轮船账房决不答应。后来看见许多人过河，而且每人只要当二百的铜圆一个，我想附骥而行，但一连三小船都搭不了，于是只得独雇一船。船夫争揽生意者很多，索价只要三千文，我以为在洪水汹涌、浪花激石成声的急流中渡我过去，实在所取甚廉。此时偏有一周来见面不交谈的女友（?）站在旁边替我鸣不平，骂船夫不当这样地欺负远人，要我照规矩只给他千文。我很感谢她的义愤，并推知她大概是重庆人；然而为着急于过江的心情所驱使，终于不曾问其姓名住所，便匆匆将行李移上划船。船钱呢？仍然照我的主观标准，给他十个当二百的大铜圆。

这里的水势很急，从远在四五里路的上游开船，到重庆城已经落在城东的末端了。于是船夫又慢慢地撑上去。船近江岸，便有五六个赤膊的汉子每人手携一根绳子在岸上随船行走，而且有两人将绳子丢上船来，其余的便慢慢散去。起初我不知他们所为何事，后询船夫，始知这些都是在码头上等候客人专运行李的。但运行李何以不拿扁挑？难道用绳子挽起拖着走吗？这些虽是我心里急要解决的问题，但怕船夫们识破我是双料的异乡人而设计欺诈，又不敢问他们，只得闷闷地等候着事实来替我解决。我原得彭老师们的指示，决定到重庆住嘉利宾馆，所以上船时便照着他们的预告约定到太平门登岸，但为耐不住那种溯江的迂缓，乃在离太平门数里之朝天门上陆。船既靠岸，前两人便将行李逐件移上，分作两起，用绳系好，以双手掷放肩上，肩之而行。我的行李合计总在二百斤以上，他们两人扛之却从容自在，上尺余高之石级，好像比我走空手的还不费力。他们气力之大也很可以与我们沅陵县的盐背子相当。不过此为男子，盐背子为女人而已。重庆原是依山为城，故城中街道均为石级，即有平处，亦不过数十尺而已。因此我悟到搬行李者所以不用挑而用扛，是挑起来上石级，两端均要碰石头，不如扛来无障无碍之为愈。后来看见所有运重货的都是扛而不挑，更证明我的推论之不错。路上种种迁延，直到四时一刻始到嘉利宾馆。

嘉利宾馆

到了嘉利宾馆之后，本想立刻就去看几个朋友，但因为太疲倦，便躺着休息。忽然想到游历新地方，最好是一个人、人不知鬼不闻地瞎碰一番，用试误法求得些奇怪经验，然后再请当地内行来指示、来解释，于其指示解释之中发见许多可笑的事情，以便永久印入脑中。所以竟不通知任何人，只在室中静躺着想办法。

办法没有想得出，魂魄早已回到南京了。等我醒来，已经是午后七时。草草吃点饭，就到嘉利宾馆及其附近地作巡阅使。

重庆为四川唯一的大商埠，因为据山为城，所以范围不易扩充；而人口因商务发达之故总是增加不已，于是住所成为大问题。据当地人士说，重庆全城无一间平房，而繁盛的地方总是三层楼五层楼的市房，借着山峰的基础高出云表。嘉利宾馆地在商业场：商业场者，重庆城中最繁盛的市场，虽然全场面积不及一二方里，但中国大城市所有的洋货大概都有。嘉利宾馆系四层楼的洋式房屋，一切办法虽然极力想仿沪汉旅馆的形式（如本地旅馆房饭并计，此则分算），但茶房招待客人的神气则系从南京的商家学来的，以不理为主义；房屋之收拾与清洁，则系从绍兴的旅馆老板学来，以破烂污浊为标志；至于取价的标准，确得沪汉大旅馆的衣钵真传。鸦片烟气充塞全馆，很可以使瘾客实行揩油主义而过瘾。还有一种使人呃噎的煤气为我生平所未经，我想它是最适宜于作慢死的原料的；倘若有人愿慢死，我必劝他或她到嘉利宾馆的四层楼上住居（越高煤气越多），把窗户终日四面开着，任凭煤气进来造肺病。这是嘉利宾馆——或者可说是重庆旅馆——的一般特点。

我的寓室在三层楼上的一间小房，面临长江，里面铁架式的木床一架，红油茶几一张，椅子两张，桌子两张，小方凳一条，箱架一个，每日房价二圆，火食每顿三角，计算下来，就是旅馆内的开销非四圆一天不可。我对这种不合经济原理畸形高价问题很为奇异，当将本地报纸购得几份研究一般物价，则此地生活程度，单就房饭两项言，确较汉口以上各埠都高，但不能与上海相等。旅馆取价何以比上海还高，实是一个可研究的问题。后得朋友解释，谓业旅馆者捐项特重，损失又大（军人常不给钱），一切消耗均要取价于一般客人，所以房饭费特贵。这种羊毛出在羊身上的经济方策，是我们中国商人的传家宝，但不知绵羊的老百姓又向何处取偿——不，应当说又向何处诉冤！

这里的旅客我也约略检查一番。旅客一览表上所载的旅客，大半都是某大人，其次为某玉某贞，更其次就是某先生。职业一项除了某先生诸人之下有谓商学政等等名称外，大人之下者均为军字，某玉某贞之下全系空白；籍贯则什九以上为四川之各县。照我的常识推测，所谓先生者当系真正的旅客，大人系军事长官，不填职业之某玉某贞当系穷苦无告以卖身为生的不幸的女子。这种现象，在新从故乡出来的我看来，并不怎样惊异。不过在各室巡视一遍，看见几位大人的室外或附近，驻着兵士在那里横陈卧榻地吞云吐雾，而所谓某玉某贞之室内亦无不置有鸦片烟具，留客烧烟，则系故乡所无。

巡游回室尚只八时，正欲写信给你，茶房在窗外窥我独居无聊，乃推心置腹地问我要不要叫姑娘烧烟。这两种东西都不合我的胃口，只得推卸。我不爱叫姑娘，并非以圣人之徒自居；更知道现在无冷猪肉可吃，不过我总觉得她们可怜，无论如何都似乎与人道不合，所以有时在酒席场合遇着所谓姑娘，便有一种莫名其妙的情感；至于烟，更是我的生死对头；我记得在长沙时，夏丏尊好吃纸烟，我还常问他的烟的哲学是什么，而始终不以烟相飨，何况是自己吸鸦片烟呢？我今日遇着这样的环境，惴惴然想不出适应的方法，于是将门关起，按着报纸上所指示的戏园去看戏。

北方若有人说是去看戏，别人一定要说他是傻子，但在重庆讲北方人所讲的去听戏，其傻的程度，恐怕还要加几等。因为我今晚只走到戏园门口就听得锣鼓喧天，费当二百的大铜圆五枚购得一张特等票，位置在很好的前排，可是耳朵真受冤，除了大锣大鼓及唢呐的声外，便只见些红黑花脸，小脚女人穿着《水浒传》《三国演义》上那些人穿的古董在那里打躬作揖，杀进杀出。若想要听清什么东西，大概非进三个月川戏讲习所不可。我虽然觉得他们鼓噪喧扰，但又舍不得立即出去，仍然闭着眼睛坐在里面胡思乱想。一直到十一时散戏而后出；至于台上到底演些什么，我还是莫名其妙。

十月二十四日

失望

昨晚虽然睡得很迟，但是今天却起得很早，为的旅馆同仁的大人与某玉某贞们于过足了鸦片烟瘾之后，努力雀战。这里是山地，丛林极多，所以一切房屋除了围墙而外，都是木制的，因而他们雀战的声音也更能清晰入耳。我的耳官未失作用，绝无法驱逐这种如拍戒尺、如榨油锅的音波，只得于晨鸡三唱时即起而向茶房要得一点清水，收拾家具洗相片。万县以上沿途计摄照片十二张，如法洗过之后则一张都不能用。这对于我是一种最失望的事，但事实如此，也想不出补救的方法，只得尽力追求失败的原因。经过多次的检验，始知道重庆人民都用江水，而江水泥浆太深，非用明矾澄清不能使用，我今朝显影液中所用的水就是有明矾的，所以两卷片子洗出来都不能用。语云：前车之覆，后车之师，我希望携带摄影器的旅行家，要在这些地方自己冲晒照片，千万要先把水检查一番，看看有无矾质！

照片虽已毁去，但时间却已不知不觉到了八点半，吃了早点之后，便到第二女师去看朋友。

轿子

因为这里的街道都是拾级而登，所以欧美文明国所视为不合人道而应当绝迹的黄包车，这里自始便不曾有过，当然说不到绝迹。若要寻求代步的东西，便只有坐轿子与骑骡子的方法。不过骡子多属私有，市上很不多见；轿子则遍地皆是，取价亦不甚昂，大约每里路一百钱（不到三分大洋）。我虽然不大愿意作菩萨式的老爷，但因为路途不熟，也不得不作一次。

讲到轿子你一定要联想到长沙轿子那样的舒适。我告诉你，这里的轿子与长沙的完全两样：它的形式有三种：第一种是私轿，为老爷太太姨太太少爷小姐们所专有，都是藤作的，座位如藤靠椅而后面高出坐者头上数寸；上面有两盖，四围可上油布以为避雨之用，其形式与长沙的凉轿相似。不过这里的轿杠最多数是竹子的，向上拱，前面空约二尺，后面则空丈余。这种轿子，最少有三个轿夫，多则四个五个六个。长沙的三人轿是前面两人，后面一人，共同抬一顶轿子，走起路来要越抛得高越好；这里无论何时都只两个人撞轿，有三个以上的轿夫只是轮流着前后替换；而且走路时要腰笔直，无论上坡下岭都要走得极平。使坐者如躺在家中的沙发上一样，不觉有丝毫振动，方为到家的轿夫。所以这里预备要作私轿轿夫的工人先要用空轿放上满满的一盆水，抬着练习，必得上山下山，慢走快步，水都不溢出始可出师。这样的轿子，据说坐起来很舒服，但是这样的轿夫，恐怕太劳苦吧！第二种是长轿，就是走长路的人所坐的轿子，都是竹篾制的，是一种长方箱子的式样，外面糊纸涂油以避雨，尺寸甚小，长约二尺五，宽约一尺四，坐在里面必须如菩萨式的直着腰；轿夫通常为两名。第三种是街轿，形似私轿而大小与长轿等，亦为篾制，专为街上代步的利器，轿夫一律为二人。这三种轿子通常本不容易同时看见，但因为嘉利宾馆是此地唯一的大旅馆，大门口各种轿子都有。我今天虽然只能坐第三种轿子，但因为看见三种同性质不同形式的东西在一起，激动我的好奇心，一到第二女师便向朋友询问所以，而得上面的报告。

二女师周念

重庆第二女子师范，我们恐怕都有很深的印象。第一是我们有许多朋友曾经到那里做过事，不时将那里的情形告我们；第二，我们在南京常常遇着该校的学生，并且我这次起行时还有该校的旧教师及学生送行（虽然是以朋友的名义）；所以我在该校虽然没有一个曾经见面的朋友，但心里总觉得有许多熟人在里面，对于学校的情形也似很熟悉样，故出旅馆门便不期然而然舒畅许多。轿子转弯抹角地走了许久，九时半走到在城中最高的一座山上，该校就在这山的顶上。最初会着彭芸生、李晓舫，以后会着该校很多的教职员，最后并会见须发全白的老校长蒙公甫，大家都表示亲热的样子。我由他们引导将全校的设备巡视一周（说不到参观），觉得一切都能表示女校的特性。在我的意识中，并不感触它是内地的一个学校，只把它当作一个下江的女学校看待。学生很活泼有朝气，师生之间看来也很亲切。其中有一种特殊的设置，就是校友会所设的食堂，每月由学生轮流制造食物发卖：有面、包子，及其他点心等；我因要尝她们亲手所做的羹汤，就以那里面食当午饭，吃面一大碗，包子四个，合计只三百文，还不到一角大洋（钱不是我开的），真是价廉物美。

我到那里去的主要目的，第一是找几个朋友说话，第二是要询问由重庆到成都的情形，第三是要他们兑路费。所以最初的意思，只要把后两事办有结果，便回寓预备行李，明日起行去成都。谁知今日下午是他们周会的期间，许多先生们一定要留我出席，而且指定要讲演道尔顿制。能参与周会看看她们团体活动的情形，自然是我所愿意的，但讲演道尔顿制，则真是我唯一的苦恼。我想，最少你能知道我对于这样的讲演不独不感兴趣，而且特别厌恶的。这几年来，我自然为道尔顿制几个字渲染成了时髦人物，会冒寒冒暑替许多教师念过多少消灾消难的法咒。可是结果呢？不独灾难不能消，而且魔道日高。所以我每次讲演之后，除了心意中充满了于人无益、于己有损的情调而外，什么都没有。然而为着“人情”的问题，终于不能不违心去讲演。今日来此，不料又遇着这样的难题。讲吗？不是我所愿意；不讲吗？又无勇气反抗他们的责难。踌躕再三，到会时，还是被迫登台将讲过多次的演词背诵一番。虽然博得许多女青年的鼓掌，但是我由不安而引起的血液激动，也在心里与她们的鼓掌声相应和。你若在此看到我这不安的情态，恐怕又要打着你的老调说“万事唯有做人难，做人就要不怕难”了。

五点钟讲演完，跟着就吃夜饭。饭后，他们又留我出席某班的级会。说是这种级会每班都有，每月举行一次，即由该级学生预备种种游艺延请同学教师参观。今夜六时半适逢某级（忘其名）开会，我是远客，非请参加批评不可。我想到旅馆昨夜的滋味也就乐于答应她们。

会场是在一间大教室，里面的桌椅都重行布置如讲演场的形式，并备有许多盆景与茶点。室之一角并有草地的布景，是预备演剧的。

开会时许多朋友拥我入坐上宾席。我看学生们活泼地处理一切，很钦佩这校的成绩。正在心安理得考究一切的时候，忽听得主席一段报告，又弄得我局促不安：她说这会虽然是一个普通级会，但是因为我能出席的缘故，特以讨论道尔顿制问题为主要目的，要她们的教师与同学多多提出问题请我解答。她的话还未说完，我就木然感着无限的压迫。本预备于她说完时提出我的要求请她们照常开会，不必把宝贵的时间，费在无谓的讨论上。孰料我的话未出口，她们的问题已似早就预备好的一样源源而来。我为要早脱藩篱，骤然精神百倍，随问随答，不一时问题讨论完了：有音乐，有演说，有短剧，虽然因为语言间有隔阂，但大体尚能了解。其情形大概与江浙女学校的小游艺会相似。一直到十时半方由该校轿送返寓。

十月二十五日

“豆花儿”

今日二女师学生要到狮子山去远足。这山本地人叫作南山，隔大江与重庆城遥遥相对。不过重庆只在重重叠叠的市房上看见万家煤烟所环绕的烟气，南山则可于青山苍葱之上看见变化无定的雾气。烟与雾在形式上虽很相似，但人们对于它们的爱恶都有天渊之别。我在轮船上看得这种对比的现象，就怀着戳穿秘密的意念，所以昨晚听得她们说出游山的消息，我便欣然加入。

早七时便去二女师，她们正预备出发，师生一共约莫六七十人（不是全体），我随她们之后八时渡河，九时达对河轮船码头，登岸有一小市集，沿山为市，店户甚少。自此约走十余里斜坡路，始到一阔人之别庄休息。此庄据说是本地某富翁的，因为军人的威力过大，不敢自居，乃以廉价租于一德国人。全庄有房屋十余间，倚山建立，虽不见得怎样宏大，但确为一座极幽静的中国新别墅，有花木亭树，足资游憩，近因外人之经营更有网球场。我们到时，碧眼黄发的姑娘们正在那里拍球，并雇有若干小孩为之拾球。这种幸福，在欧美非很大的资本家不能享，在中国则生活稍裕知道享福的人均可以享，然而偏有军阀使他不得享。我们未得主人的许可——也不愿请求他的许可——只在外面亭子中闲看她们在游戏中跳跃，便已悒悒然如有所失，倘使到内面去详细考察其一切，又不知发生什么感想。所以我站未一刻，即一人匆匆向山上走。

一直走到山巅，回看重庆，俨然如一幅图画。江心的小舟，好似空中的飞燕在那里游来游去，而太阳的红光将煤灶染成姜黄色，使那些栉比的白墙迎着微风一点一点地透出少女怅望情人的眼波，更足使人心醉。宇宙间果有天堂与地狱，我想，把南山当天堂，把重庆当地狱，绝不算错。

我还在那里出神，后面的游伴都来了，催我同她们下山午餐，说是下午再可游那一面的老君洞。我们到山腰一个有上十家客栈的小市午餐。这地名黄葛垭（这字读亚，川人释为两山之间的平地），户口虽然稀少，但有酒肉出卖。十来家的居民都是兼营饭馆与客栈的，据说这是川黔的孔道的缘故。我们下在一家顶大的饭店，但是全店还没有许多座位容我们坐下，所以又分作两起。我们吃猪肉，吃牛肉，并尽量吃豆花，算下账，据说每人还花不到一角大洋。

我常常听得四川的朋友们夸奖他们的豆花儿，我入川便常常想它。可是我入川虽然已有一星期，但真正的四川生活，今天才得领略。就讲豆花儿吧！材料并不稀奇，就是中国各地通行的豆腐材料。他们也和做豆腐一样，先把豆子浸透，用磨子推豆浆，放在锅子煮熟。所不同者就是他们不下石膏，不一块一块或一箱一箱地包成豆腐，只用大锅盛着，让它自已凝成豆腐花。川人的客话叫豆花，就是豆腐花的省体，平常称豆花儿，儿字与北京人的“儿”相当，只是一个语助，并无什么意义。

我记得几年前吴稚晖先生曾向我说过，中国人都是些吃豆腐的，所以做不出什么大事业来，我们要做事，便不要吃豆腐。他这话实在滑稽得有趣。可是在饮食上我终特别推重豆腐。我在长沙时，听说湘潭的豆腐特别好吃，曾专门坐着轮船去吃豆腐，但这几年在长江下流的地方生活，却始终不曾得过一顿好豆腐吃。今日遇着这样的机会自然要细尝而玩味之。这里的豆腐花，确大异于下江的豆腐（也许是心理作用），不独味甜而且气香，与南京苦而且臭的豆腐相比较真有天壤之别。最特别的就是那作料的配合：四川人之好食辣子自然是名闻四海的；可是今天我所遇的辣子酱，虽然红得可爱，看得可怕，但是吃起来，并不怎样辣，而且大香而特香；大概是因为用豆酱与麻油制成的吧！辣子而外，并有酸的姜丝，嫩的葱头。所以我吃饭两小碗，竟吃豆花儿四大碗。我虽然比她们都多吃两大碗豆花，但她们也并不以为奇。据说这样东西，既是四川的特产，也是四川人的常食品：无论何处有豆花卖，无论何人也都好豆花；有些欢喜吃的，还可以多吃我所吃的二三倍，甚至于完全不吃饭而吃豆花。我这区区自然放在不足道也之流，又有什么奇怪！

试骡南山

吃了饭，我们又慢慢地沿黄葛垭走向老君洞去。这里的路途开首一段很平，以后渐走渐高。因为这里常有人游历，所以市上有许多赶骡子的，专门在此出租骡子。我虽然小时骑过马，但从未骑骡子，所以今日有几位先生（因为是新朋友，名都已忘去了）邀我骑骡子，我便欣然加入了。

骡子我知道是不会怎样大跑的，所以他们在前面尽力驱策它们走，我也在后面鞭着我的骡子追去。可是走不上一里，遇着一段悬崖的道路，右边靠着石壁，左边就是数丈高的鼻子坡，我到此地惴惴然唯恐骡子失足，连人连骡翻下，急想下来步行。但骡子们却跑得高兴，大家都奋勇如追逐什么似的向前跑去；因为走的是上坡路，又不敢紧按缰绳（怕它着颈一退，将人翻倒），只得伏着，按紧骡子的头项听它自由前跑。在有一刹那间，骡子前面的一只脚踏着石子一滑，我即觉得我的生命已断丧在它这一滑上，我们以往与未来的一切，都消失在一瞬的失足中。一直等它走到老君洞前面的一段平地，我才感觉到呼吸困难；但回望他们则旁若无事地陆续下来了。“我真无用呵！”我这样想。正要继续想下去，他们之中有一位走来替我开骡钱，我也一跃而下，阻止他破钞，而照例给骡夫四百文。

老君洞是依山建立的一座寺，虽然同她们四处都看过，但我脑中却没有留得什么很深的印象，也许是因为你平日不欢喜听寺观的故事吧！

我回重庆已是午后五时了。一切都于夜间准备就绪，预定明日起行去成都。

零碎问题

明日早起，便要“单骑走千里”，走着完全中国式的道路了，一切生活又要完全变更，所以乘着这个时候将不曾告你的零碎问题一一写出，作为宁渝途中的一个结果。

男女问题。宜昌以下，轮船是日夜开行的，茶房与水夫都日夜为他们的职务所忙，伙伴间相与长谈，我们不大容易听得。宜昌以上，船不夜行，他们的时间也多起来了，每到一个埠头，职务完毕之后，便听得他们评品某姑某嫂：其描手画脚的程度，恐怕《肉蒲团》《金瓶梅》的作者也未见得能胜过他们。有钱的上岸去实行满足性欲的要求，无钱的便在船上作描述的对话，尽情用语言发表他们的实际经验。他们的铺位都在房舱官舱外面的走廊，他们高兴的时候竟闹到一二点钟还不肯休息；有几次曾引起我所谓女友（？）的不高兴，而遣其女仆向账房交涉；可是结果呢？虽然不曾因此而增加描述的程度，但也未尝因此而减少其对话的时间。这种现象，不知其他川轮上是否也如此；但照我们大圣人“食色性也”的原则推去，恐怕也是在所不免的。这现象在社会学家看来或者是一种可研究的问题；我非社会学者，不知要怎样研究，只把这片断的材料写在这里，博你一笑。

新闻与旧闻。这十几日来我最感不快的就是在新闻纸上得不着新闻。我是十五日早起身的，上海的报纸只看得十四日止，沿途有报纸的地方如安庆、芜湖、汉口、重庆等处，我都尽力买当地的报纸看，可是报纸上的新闻除了当地的几件社会琐闻而外，凡关于世界及全国的事情都以上海报纸为主要的源泉；而因为邮递与排印的种种迟缓，我在各地看的当地报纸，关于此等记载都是我在南京未起行以前数日所看过的；而且愈到上游，相去的时间愈远。例如今天已是二十六了，此地消息最灵通的《新蜀报》所载关于江浙战事的消息还是双十节以前的事情。我记得某君作《四川游记》，说四川人民对于中国的大事，只有历史知识，决不会受新闻的影响；当时我很觉得这话有点过于唐突，现在身历其境，又觉它不是全无道理。我每于百无聊赖的时候，在报纸上做温故知新的功夫，虽然不时感着“旧翻新”的苦闷，但也有许多愉快：比方某件事我在南京看报时不曾详阅过，而很具模糊影响的印象，潜意识中不时感着虚空，现在当地报纸重新剪载，无意中映入眼帘，而将潜意识的虚空填满，反觉得亲切有味。古人所谓“旧书常诵出新意”，我现对于报纸也有此感。这也算是一种意外的创获。久而久之，我不独不觉得苦闷，并且每日非细读几段旧闻不可。只可惜这样旧物不能常常让我读。——到成都十日后当可不再读双十节前后的上海新闻了。

煤烟。我到重庆便为煤烟所苦，两日来除了在南山及第二女师外，几无时不感着呼吸迫促，有时竟至咳嗽不堪。照我的推想，久住此间的人一定会生肺病的。然而重庆城内的居民十余万，竟未闻人因肺病而死。我曾问某先生以重庆城的死亡情形，他当然找不着详确的统计——这恐怕在中国的任何地方都无办法，所以四万万同胞喊了几十年——也似乎不感什么惊异。据他的经验说，凡初到此地的人都有不胜压迫之感。但经过一月两月便习惯成自然不觉得什么了。这话或者是经验之谈，只可惜我没有工夫去证明这个论断。

经济饭店。大概你记得吧！我俩自从五年前在长沙被曲园（酒席店）主人使我们无谓地浪费了三块钱以后，无论何处都使我对于酒席馆“望而生畏”。可是平心而论，曲园主人并不算有意敲我们的竹杠：以那样每碗足饱一二人的四样荤菜，一碗大汤，加以什么饭钱堂彩，一共还只取我们三元；那些菜若是当菜吃，最少可食八九人，就当饭吃，也可吃饱四五人；用八九人或四五人平均分配，每人所费不过三四角或五六角，实在不算怎样贵。我最讨厌他们的，就是那起“码”的码特别高：不论你二人也好，一人也好，你叫一样菜，最起码的也要你五六角，其量则足饱二三人。所以我一个人在所谓都市的地方，无论怎样饿，为着经济的压迫，绝不敢到所谓饭馆去吃饭，只闷闷地走进面馆以面充饥。这种使个人望而却步的办法，似乎是通行京津沪汉等繁盛都市的公共办法：他们当然有他们的哲学作根据；不过，我想，最少与吃饭的个人主义相冲突。我无力推翻他们的哲学，使他们同化我的个人主义的主张，便只有希望有与我表同情的老板在实际上做功夫。可是时间经过几年，地方走过多少省，希望仍旧还是希望！不图今夜一小时之内，却遇许多实行者的同志。

从南山回来，彭先生约我和另外两位朋友去进馆子。我脑中涌着下江“起码”的问题，很有点迟疑。他从旁边窥知我的意思，便说这里的馆子，都是以个人主义为本位的：一切荤菜都先预备好，而且每家每日只买几样菜；虽然时时更换，但这日除了这几样以外决不再售别的菜；而且各种菜的分量都不多，价钱不过二百文三百文（合大洋五分至七分）。通常一人吃三样菜，二两酒，一顿饭，合计还不到大洋三角。经过商业场一带，他指出许多例给我看。最后在他认为可以表率群伦的经济饭店晚餐，饮酒、吃饭、吃豆花，并且吃四川人所同嗜的回锅肉、烹肥肠，一切的一切四人所费不过一圆二角，由此，足以证明他所说是实。

十月二十六日

渝蓉纪程

陆行手续

自南京到重庆虽然费时十余日，换船三次，但都是水程；川轮中之生活虽然与下江者有别，可是一切都不能脱离都市的气味，四川的风尚人情也并不因在川地航行而一览无余。重庆呢？自然是川中腹地，生活于此地者自然最大多数是川人，生活现象更不能不说是本地风光。然而因为它是一个商埠，凡商埠所有的特质如妓女、旅馆等它大概具备，因而它也不足以真正代表四川，其人物事业也不足以代表四川的人物与事业。从明日起，我将更入内地，与真正的四川人接触，真正四川的生活滋味是甜是苦，我一定可以一一尝到；你也许可因我的报告而于文字中领略到一些！

我最初希望由水路西行，只以秋末水涸，渝泸的轮船不通；坐帆船，则一个月还不能到成都。但要陆行，又怕土匪，两日来为此事费去许多思虑，有一次竟至欲决意返宁。后与彭李各位商议，他们说东大路本是由渝至蓉的官道：道路既广，饮食起居也较方便。不过自十一年以后，沿此道各地之土匪蜂起，杀人越货的事情几于无日无之。但成渝间的货物到了秋冬季全恃陆运，交通终不能断绝，于是改走小北路。此路虽亦有土匪滋事，但有大帮客运还可以通过，因而他们主张我走小北路。我对于川中情形既不熟悉，当然说不出什么主张，唯一的问题，就是如何免匪难。后来又几次设想：四川本非易行，现在既到此地，无论如何都当冒险前去，以探其究竟；即不幸而为匪所掳，以我孤单的异乡客，绝无生命的危险——川匪对于异地过客不多为难——则借此得着些有钱买不到的宝贵经验也是好事。所以今日游南山后便毅然决定由小北路去成都。

决定西行之后，最重要的问题就是雇挑夫与轿夫。我这次所带的书籍行李虽然不多，但长行挑夫每人只能挑八十斤，所以非雇三名不可。加上轿夫两人，一共是五名夫子。因为成渝交通全恃陆路，夫子们也有很严密的组织，无论什么夫子，都统属于轿行（或称轿铺）之下。轿行有两类：第一类专行城内及四郊，第二类专行外路；二者各有界限，不相侵犯。行外路的将人夫数目及每人之价钱讲就后，便由轿行出一印好格式叫作认状的契约，将人数价目均详载其上，名曰写包单，交由旅客收执。并由行指定一夫为夫头，挑夫轿夫之管理与工薪之领发均由他负责。通常于写包单后交全部工资约三分之一至二分之一（如客人无钱而有行李者亦可一文不给），在途中约给二三分之一，其余则须俟到达目的地然后给清，名曰清下脚。轿夫挑夫之伙食费自了；倘客有急事欲于规定之每日九十里以外趋行者曰赶站，须加给所赶之路之工薪；若客人有事在途耽搁一二日只给其房饭之资；如途中遇雨不能行走而有耽搁，房饭均由夫子自理；夫子在途染病或气力不足另觅庖代者曰加班，一切均由夫子自理；若遇水路乘船，客人除自给其船钱外，夫子之用费一概不问。又自重庆至成都有几座小山，每经一山，由客人赏犒劳（即由客人买肉若干给夫子尽量大吃一顿，通常以三次为度）；到目的地后除清下脚外，并索劳费若干曰茶钱，数目不定。以上各件有详载于包单之上者，有为习惯法所规定者，旅客于事前详细询明，途中多少麻烦都可省去。

我由彭先生请二女师庶务代办一切，长夫每人工资十五元；他们并于七时来寓将行李及轿子预备好，准定明早起行。

十月二十六日

出店费

夫子们确有信实！早六时我方才起来，他们就来了。昨夜来过的夫头带了四个粗大的夫子：两个抬轿，两个挑行李。我的行李一共有二百四十斤上下，三人分挑每人应分八十斤；但夫头照例是要少挑几斤（有了十名以上的长夫，他便将他自己应挑的东西分给大家，而他自己走空路），所以把那两担各分起八十五斤，而他自己只挑七十斤。六点半诸事办妥，我们便浩浩荡荡地从楼上鱼贯出店门。

下楼的时候，夫头为首，夫子居中，我为殿。夫头走出大门时，两旁站了形似工人的人五六个，除了两个茶房外都不认识。他们看见夫头将要出门时都齐声向他祝福，有的并向他招手点头，好像亲人出门送行的一样。我们走出店门，大家都停着不动。夫头则反身向站立的人们招呼：

“这回托诸位大哥的福，一路平安。”

他一面说话，一面向兜肚里摸出大铜圆十来个，交给那站在顶前面的大汉，并且说：

“对不起！请大哥们收下这点喝一杯茶。托福回头再补礼。”

那位大汉起初似乎有难色不肯伸手。夫头乃走向前一步，将钱放在他的手中说：“对不起！回头补礼”；他始收下，说声谢谢，便转身进去；其余各人也跟着进去了。夫头于是再督率夫子们动身。我也弯身进了那长二尺余宽一尺余的长轿里。

这样演剧般的举动，真使我这“下江人”有点莫名其妙。我曾用我的思想推断它是一种规费，但究不知道那些站立两旁的人是干什么的。本然要详询夫头，但怕他识破我是外行而在途中捣乱，便又忍着不问。后来从他们自己的言谈中知道这叫作“出店费”，那些站立的人是店中的茶房、大师务、走杂的，那位收钱的是旅店的管头。夫头并且说：若不是他有点资格，今天非一块大洋开不脱；他只开二千文，实是很特别很特别的。

小北路

民国以来，四川无年无内乱，小百姓们受了军阀之赐，于是由良民而盗贼，由盗贼而为有组织的土匪。所谓军阀也者，虽然也曾因派兵剿匪而得着关心民瘼的颂赞，可是就小百姓的经验看来，兵不但不能打匪，而且为害比匪尤烈：因为匪之抢劫是零碎的、择地的、择时的，而且被劫者大概可称富庶之家。若兵则驻扎一地，即须由该地供给其生活费，且须供给其妻室；于是勒捐强奸拉夫之事，无贫富男女之分，普及一切小百姓；于是兵与匪打成一片：兵在匪不来，而匪之生活由兵向百姓取给以间接供养之；兵撤匪即来，以示兵之足以御匪而百姓不得不仰仗兵威以求生；于是兵匪成循环的活动，而小百姓也就死无葬身之地。于是“匪劫有了日，兵抢无尽期”的格言也普遍于川人的心意之中。东大路一带的小百姓虽时时受兵匪之宰害，但无力抵抗，小北路一带则有当地绅士张某者，筹备自卫的民团，所以东大路不通，而小北路可走。但是，小北路亦并非无匪，不过其为害者只是匪而无兵，所以大家都愿意走小北路。

小北路系由重庆西北行达成都，经过的县分为江北、合川、铜梁、安岳，至简阳与东大路合。因此路非官道，故里数亦有异说：有称为九百里者，有称为八百二十里者。不过据夫头说，最多十日可以达到，少则九日，则八百二十里之说或者近似。

背子

我曾经告诉你说是重庆码头上运行李都是用肩扛。当时我以为只是对行李如此；而且以为只是肩扛而已。可是今天由重庆渡河到江北，走不多远便遇着搬家的。在你的经验中总以为搬家一定是用大车运行李，在我最近的推想中亦不过是用肩扛。然而我今天所见的竟都超出我们的经验以外：既非肩扛，又非车运，而用背驮。用背驮东西我们常在沅陵地方看见过，而这里搬家的驮法竟大出乎常情之外：大床，大衣柜等都是一人驮着，而且要附加许多东西。他们走路的时候，将腰曲下成为九十度的角度，所有的重力都由腰部支着。他们所驮的重量据说每人有百五十斤。不过走起路来很慢，走不多远又休息一会儿。他们这种形状，我的笔实在不能形容，兹摄得一个背床的休息时的影片寄上，你便可以看出匪夷所思的妙趣来了。——这样的人，此地叫作背子。

夫头

自重庆渡江经江北至悦来场，行程计六十里，但到悦来场时只下午一时，我们就在这里午餐。在这六十里的行程中，夫头的才能与习惯都一一印入我的脑中。他的本事真不差，他的人是这样的：

从外表看来，他的年龄不过三十余岁，身体短小，面貌清秀；若在科举的时代，他进考场可以在卷面上题着“身中面白无须”几字以自况。他虽然不着秀才式的绅士衣服，可是他那对襟的漂白小褂和长筒的白裤，也显然表示他与一般夫子不同。他虽然也挑着担子和夫子们同行，但他有特别的权威支配他们：譬如某处可以休息，某处可以吃饭，均非有他的命令不可。无论何时，他总在后，所有一切物品，他都负责清检。每次休息，他把担子放下，便来照拂我的茶水，吃饭时更要先问我备什么菜蔬；若是不吃店中已成的菜，他便为我烹调。所以有时夫子吃完了饭到烟馆去烧烟去了，他才开始吃饭。然而结果还是他去催促他们起行。

沿路来我看他这样殷勤，几乎要以小人之心度君子之腹了；后来看见同路者遇着有什么小事都“夫头儿”“夫头儿”地叫，才知道这是他们的习惯。不过我觉得他挑着担子走路还要时时刻刻照拂我这坐在轿上闲着的人，实在有点不大应该，所以总不愿常叫他而自己动作。可是他总不让我自己做，而且有些地方因语言的隔阂自己也做不通，也只好坐受他的服务了。

夫头对于客人既然如此殷勤，所负的责任又这样大，我想他所得报酬必有异于常人之处。有一次轿子走在前头（通常轿子与夫子同行，总是轿子在前）一点，我特细询轿夫；他们说我对于他们虽然每人出十五元的工资，但他们实收只十一元，因为柜上（轿行）及夫头要各扣两元；夫头除了自己的十五元完全实收外，并可多得他们四人的八元，所以夫头走一次有二十三元。

“夫头当得过呢!”他们把上面的情形告诉我之后，抬前头的老张——他们自己这样称呼他——很羡慕地说。

“当不过谁肯把连长不要来做这样的事。”抬后头的老刘接着说。

“连长吗？这倒是个小小的官。”我心里这样想。

“夫头是连长吗?”我问。

“是的！他去年还在杨师长那里做连长，今年春上才不干的。”老刘说。

“你以为当连长是做官吗？其实四川的连长什么都不值；名义虽是连长，实在有不了几杆火（几杆枪）。几个月又领不到几关饷，连长有什么好处！有什么威风!”老张不满地说。

“是呀！当夫头只要每个月到成都打一个回转，便可得三四十块（元），除吃除用，还可赚得二十多块硬的。哪个不愿干。”老刘说。

我问他们为什么不做夫头。他们说这是不容易的事：第一要确实可靠的五家铺保，第二要柜上有熟人，第三要懂江湖；像他们这样无亲无故无田无土的人，做个弟兄——他们内伙自称之词——已经是万幸的。老张又说：

“夫头的用费也不小：像这一次他虽然可得二十三块，但是出店费和码头上交接都是归他出钱。恐怕一共也要费去两三块吧！”

“小北路没有什么交接办，并且不是大帮，要多少钱用！走东大路，就要钱用呢！”老刘说。

他正在一问一答的时候，后头的担子赶上了。挑箱子的老许叫着说：

“你们真快！我和老王在后头买一双草鞋，你们就起飞脚（快跑），几乎把我们都赶死了！”

他们于是接着天南地北地讲这样那样，关于夫头的问题也就中止了。

“码头上办交接”，这句话我不曾详细问清楚，但是这种话在湖南也是很通行的，我想它的解释大概是每到一地必先与其地哥老会之头目接洽，进以相当礼物或资金，由其转谕所辖不相扰犯之谓。后来我问夫头，他说不错。

我知道夫头是连长之后，忽然对他发一种不良之感，而怀疑他会用军人的手段欺负游客，因而时时刻刻对他有一种防备：我曾于轿中暗将认状取出而把列在认状上的他的姓名朱玉峰三字为深刻之记忆，并且准备了种种对付的方法。虽然几次用理智断定这种猜疑之无谓，然而在感情上终于惴惴不安。这或者是我潜意识中受了军人的伤创所致吧——然而除了从出版物得着些军人残暴的观念，返湓时见着些军人的横蛮事实而外，我自己实不曾受过军人的侮蔑。

遇伴

悦来场在嘉陵江东岸，由此到合川县，有一百里水道可走；虽系上水，但秋涸水缓，与陆行所费之时间相去无几，故由重庆到此的客商货物，大概走水路。所以我们午餐之后，便由夫头雇船上行。这里帆船的构造极简单：用几块大木板钉拢，涂点桐油石灰便成。这里的船都是专走合川的，所以船上并无炊具寝具；等到天夜，便到那里的市上去吃饭歇宿；船夫也不多，大的三四人，小的一二人而已。

我们共有六人，一乘轿子，三担行李，本是独雇一船的。但因为船少人多，不意于雇就后，忽然加上一乘轿子，两担行李，三个客人，两个护兵，一个夫头。这样地主少客多，自然是我所不愿意；然而异乡遇着兵，又有什么办法！

也许我是占了西装的便宜吧！他们初上船时，很有点汹汹涌涌旁若无人之概；后来夫头一面指着踞在轿中（船上地位小，坐轿的必得踞在轿中，不能再在外面占地位）的我给一位护兵看，一面说些什么，他又向他的上司说些什么；于是由一位年约四十身穿便衣的军人前来和我通姓名；于是我知道他胡姓，是第某军第某师的上校副官，他称我做大哥，并且介绍他的同事姓葛的和他的年约十六七的小妻相见；他们也同称我做大哥。他说了许多我不甚懂的江湖话，表示很愿意为我照料一切。他说话虽每句离不了“若妈的”，但态度还不恶，他的同事和他的“小妻”则更彬彬有礼。萍水相逢得着这样的伴侣，无论如何，都是于我有益的；所以起初那种“不愿”的情感也渐为好群的热情所替代了。

他们将一切搬上船之后，还有别的人要加入：这位副官以为是不应该的，叫护兵严加阻止，那些背负包袱，头顶斗笠的小百姓只得望望然而去，仍就靠他们天生的行路工具一步一步地在岸上随着我们的船走。

嘉陵江

我们午餐完毕还不到两点钟，可是开船已经是三点半了。夫头说今晚只能歇在离此二十八里的土沱。我虽然觉得时间不经济，但也无可如何。

船开动以后，凉风徐来，残暑全去，虽然拘在轿中，但还可以过去。从斗大的轿门看去，只见两岸峰峦起伏如波涛，在郁郁苍苍的丛林中，蜿蜒着如烟的雾气，有时经阳光透过映成绛红射到微风吹动的清水上，宛如少女羞答答的娇态。这样的景色，从前由绍兴乘小轮去杭州时曾经见过。不过江浙的内河都是些小沟式，地面既窄，水又不流；就是两岸有些小山，也只可叫作丘陵；纵有四方风动，吹着那些仅有的野树，亦不过是农家女初见世面的忸怩态度，根本上不能与这里交际明星的雍容大度相提并论。长江的景物虽好，但是过于雄伟，能使人起壮美之感，而不能使人优游自得。嘉陵江的水面不过十余至三四十丈，既非平流，也无险滩，两岸的山峰虽重重叠叠，但皆起伏有致，决不如三峡之石山壁立，一线见天的逼人。总而言之，嘉陵江的风景，可当优美两字而无愧。起初我颇以船太慢为苦，后来沉醉在这优美的大自然中，多少日来无谓的愁思，都为之洗涤殆尽，于是又嫌船走得太快。这样的美景，恨我笔钝，不能一一状在纸上，使你如亲历一般。然而我的心，我想，你总能时时渗透的，我愿以我的精诚从梦中详细告你以一切！

人间世

胡副官们初上船的时候，虽然也曾接谈几次，但是脑中横着军民的界限，终于只是唯唯否否，不敢向他们讲我所要讲的话。后来他们不时问及我江浙战事的情形，而且不时将他们的战绩如浮图关（重庆西十五里）之役、嘉定（乐山县）之役种种事情告我，并且指示出种种例规与种种应付方法（他们知道此地要坐船，所以轿夫担夫都只雇到这里此，仅留一夫头照料东西，俟到合川再请弟兄），态度既不桀骜，语言又很恳直。于是我知道他们也一样都是可爱的“人”，不过套上一个“军”字，便使人望而生畏。然而我相信“军”与“人”并非不可分离的，“人”虽然为“军”所套着，但只是一层表皮，我为什么连他那可爱的本质都一并厌弃呢?

自此而后，我对于他们与夫头都一样地开诚布公以本来面目相见。

好像受了什么天启样，我们之间的隔阂除去了，心的紧张也忽然弛缓而感着很自在的愉快，我们在自由谈话之中相互了解各人的性行。胡官虽然很粗莽，但是他对人绝无绅士派老成。他的“小妻”的来源以及他俩的究竟关系怎样，我当然不要问及，然而他却津津有味地告诉我，说她是涪陵人，父母是世家；她是一位女学生；既会唱歌，也会作文，更懂得英文；他们相识已非一日，这一次新在重庆结婚，特地回他安岳的家中去看父母。她呢? 听他的种种陈述，似乎昂然自得，有时从轿中伸首出来与我打招呼，并且又不时称大哥，并且又告我以她在学堂的种种情形。她初上船时本来穿身黑洋布衣服，但在四点钟从轿里走出来时却穿了一身浅蓝的绸衣服；她虽然不曾如下江女学生的那样手提化妆盒，时时施脂粉，但那顾盼自雄的态度，却能增长她的天然美，使人不感着她是不曾使用化妆品；她的年龄虽只十六七，但是一双脚却曾受过而且正在受着礼教的洗礼，作那黄瓜条子的尖锥式，走起路来也如名士所称道的娉婷有致；她的头发却剪得短蓬蓬的，俨然做上海时髦女子的形态。她这样新旧合璧的形态，据说是胡副官所喜的，她秉着“女为悦己者容”的遗训，便不惜残害她的身体以求他的欢心。他呢? 官到上校，又拥娇妻，最少，在我们同船的一切人们中他总要算是最幸福的，所以他很愉快；讲起话来，“若妈的”“若妈的”之声不绝于口，而且精神焕发，好似预备着的升官发财的事就会立即实现的一样。

葛副官也是升官后回去省亲的，不过他缺了一位“小妻”，对于他的同事目视似有愧色，然而他也有胡所不有的长处足以自豪。他第一种长处就是去过汉口，而且在汉口进过妓院，而且结识得几个名妓，而且名妓们都曾送了他最可宝贵的东西如绣被绣枕，而且这些绣被绣枕都是名妓亲手绣的；所以他常带在身边，今晚下店的时候就可看见。第二呢，是他能唱京戏：北京的听差虽然人人都能哼几句小东人，闯下了……我本是卧龙冈……然而川人之能唱京戏，其可贵无异于北京人之能唱川戏；他不但能哼，而且哼得很好，而且这些戏又都是汉口的名妓传给他的，所以讲了几句话，又要哼几句。他的年龄不过三十来岁，“身中面白无须”，衣袖与裤脚都很大，一望而知是出过夔门的。所以他的豪气也不让副官。

其实讲历史人人都有，他们三人既然在那里自背其得意史，于是引起全船的人——除我而外——都有意无意地争在那里述过去的经历。我的夫头是有过军功的，而且是浮图关之役的亲征者，所以讲到战阵上的事情，他与两位副官可称志同道合：他现在虽然作夫头，但并不对于副官们表示自卑的感情，而侃侃然和他们说长道短；胡副官的夫头，始终是当夫头，所以他得意的经历，无非是送某大帮发财而已。老王的年龄很轻——大概二十岁上下吧——他的经验很少，除了老张有时逼他说几句关于李四姐的话偶然使他发笑而外，讲话的时候不多，尤少夸述他自己的生平。老许年约三十，面貌上的绛红色很足以表现他是饱经风霜的老资格：他坐着是胸挺头昂的，声音也很嘹亮，常识也极丰富；无论胡副官葛副官，朱夫头胡太太以及老张老刘老王说什么，他都可搭得上。说到高兴的时候，并且站起来作演说式的姿势，以手拍胸。在他的脑中，我想，世界上绝无难事，也绝无苦事；他以为世界上一切事都有天做主；人而有饭吃、有衣穿、有妻、有子、作弟兄、作夫头、作副官、作师长都是由天制定的，所以他总是快快活活地过日子，有钱多用，无钱不用。他并且很欢喜做事；讲了一会儿话又去为舟子撑篙打桨；然而他还是在欸乃声中和大家搭话。老张和老刘的个性大概相同；年龄也都是三十多岁的光景，起初也还和大家搭话，不过精神不大充足，而且都不会自动地叙述个人的历史。到了五点钟以后，他俩竟颓然如醉翁一般，倚着船篷打盹。据朱夫头说，这是由于他们的瘾没过足。此外还有两位年轻而斯文的护兵，除了答应上司的“是”字，未听得他们说什么。今天的同伴是些什么人，我大概都曾告诉你了，现在只剩得一个我。我呢？当然还是我，不过这一次却不大说话，只是眼看八面、耳听四方而已。

土沱之夜

七点钟到土沱。我们虽然承两位副官命他们的护兵打着两盏亮森森的马灯在前面引导，但是除了灯光所及的地方现出条一尺来宽的石路来，便只远远地看见几盏灯火，其余什么都不见。朱夫头自告奋勇上前找店子，但是沿路的几家都说客满，胡副官觉得这是大不了的事，于是差护兵上前拣着一家较好的店子，不问主人允许与否便由他携着他“小妻”的手为向导，带着我们大队直冲进去。等我进门时，那门口站着一位手执石油灯的老妇人向我们似欢迎非欢迎地说“请进”。同时我便感着呼吸有点异样，等大家把东西安置好，我借二位副官挂在柱上的两盏马灯的灯光中四处一望，这家店子的内容是这样的：

房屋所占的地位大概有五丈见方，除了后面有两个斗大的小窗外，不看见别处有什么通气的地方。进门左边的顶前面是灶头，灶后便是一排隔下不隔上的房间；右边摆着一排床，床上横直睡了十几二十个人；并且有四盏烟灯，旁边围着许多人在那里烧鸦片；中间放了几张桌子，但是有几张已拼合作床用了。据那位老妇人说：今晚的客已经多了，本是不能再歇的，碍着我们这些老爷（?）的面子，特地把两位媳妇的房间腾让出来，至于弟兄们只好把掉子镶拢来将就将就。我于数千里外骤作这样的上宾，真是感不可言，而胡副官们却以为是应该的。

及夫头问我铺被褥，我到那上宾的房间一看，便又不知怎样才好：老妇人既称为媳妇的房间，她当然不是无儿子的，也当然可以有孙子的（我未曾得着真凭实据，所以不敢说一定）。她所腾让出来的两间房是一个统间隔作两段的，胡副官夫妇住里间，我和葛副官住外间。我进房首先感到的便是尿的气味，眼看壁上搭有尿布之类，便以为是小孩的用品，因叫老妇人取去；谁知取去之后，其气味并不亚于未取去以前；于是尽力探索，乃发见床头的暗处有一个水桶样的大桶：我知道尿气的来源了；但无法将源截断：因为这样的习惯，就是我们湖南内地的住户客也是有的，这时要把它搬去，既足示人以所见不广，而且也未见得真能办得到。加之胡副官们把被褥打开，便叫老板娘子拿烟具来约我烧鸦片（胡副官们并非瘾君子，他所以如此，因这是四川官场中待上宾的通礼）。这两件事在我都是受不住的，但除了以有脑病不能烧烟的理由解决鸦片问题而外，又不敢说不在房间里歇宿：第一是我所有的东西都摆在这间房里，决不能弃而不顾，第二房外没有我的地盘；就是有，烟气和炭气还是一样地逼人：当时也曾想到把房内的东西交夫头负责，把轿子放在户外，我便坐在轿子里过夜，然而又为棒客（川人对于土匪之通称）的恐怖所慑而不敢实现我的主张；后来又曾想到无论如何，房外的烟气炭气总比房内于二者之外又加尿气为好，因决定在轿中坐以待旦。可是夫头绝对不主张——他的理由是东西既经放在房间里面，又有两位副官，决不能随便取出，使之怀疑；又不可完全信托那两位副官——终于决定在那里过夜。于无可如何之中，暗中嘱夫头将我的枕头放在无尿桶的一端，以欺骗自己的精神。

胡副官还是约葛和他的“小妻”在里面烧烟。据他们说，现在鸦片烟很不贵，每两只要二千文（不到大洋五角），所以吃着耍耍（川人称玩曰耍）不要紧；贵了，自然不吃。这些，都不是我的问题，我脑中念念不忘的就是今夜怎样过。

他们烧烟，我出房外嘱夫头预备菜饭。他已招呼老板在那里煮；菜呢？除了豆花外，什么都没有。我想有豆花吃已经是万幸，所以也不想别的东西。一会儿，老板把我和胡副官们的饭开在一起，而且席上有熏肉，有熏鱼，有烧牛肉，有咖哩鸡；这自然是胡副官的有备无患。我既为席上客，也就不客气地实行“共产”了。

这里的规矩：每客喝一晚，弟兄取钱二百文，并两人给一床被褥，但睡敞铺，老爷（?）有房间，不供被褥，取钱四百文；其他一切饮食按照所用的数量计账，大概对老爷（?）要多取三分之一的价，以示尊敬。老爷（?）的资格，第一是有护兵，第二是坐长桥，第三是穿长衣；倘若“斯文人”不穿长衣，或者所穿的长衣而非“文质彬彬”的，都不算老爷。因为客人都是大清早都要上路的，所以吃完了饭就要算账——他们叫做清号——今晚的账我应当摊一千文，可是胡副官不得我的许可竟命护兵把我应摊的一并代开了；而且自称“今夜匆忙，无以为当，明日当再请畅饮”。

这样萍水相逢的东道主，决不能在泸汉京津所能遇得着。然而半日来，我看他们的言行，都有几分“水浒”化，所以我也受之不疑，俟明日再谋酬答。

今日是走到四川里面的第一天，所以写得特多；也许你看得是很有兴趣的吧！

十月二十七日

大戏

早五时便起行。持灯而来，持灯而去，所以土沱到底是一块什么样的地方无从知道，就是逆旅的牌号也不曾知道；好在我没有什么诗要题壁，就在昏暗中过去也不要紧——或者还可以减去昨夜掩鼻而睡的恶印象。

走二十里吃早饭，又四十里吃中饭，地方都很平常。不过吃午饭是在一个较大的市集上，这里的人很多，什么东西都有卖，他们叫赶场。这种风俗，也和我们家乡的一样，是每五日一期，各地轮流周转；到期的时候，附近居民各以家中的出品如布、帛、菽、粟、鸡、犬、牛、羊等带到场上去贸易有无。古人所谓日中为市，或许就是这样的事情。

这地方叫作白背场，左有小溪流入嘉陵，风景很不坏；除了济济多士的交易者而外，并有大戏一场。这里的大戏和我们乡里的差不多，是用木柱在露天扎着戏台，由当地人士醵资延请伶人来此奏演；演剧的起因大概为酬神，时间大半在秋收后；其间不定，大约以十本（川人称演戏一天曰一本）起码；倘若有两家或两团人要斗胜，便可继续数十日以至数月。在演剧期，当地居民多集于此，于是相聚成市，饮食品特多。今天又逢场期，所以观众也特别多。观众中之上等人都分作男女两列，分坐在戏台前面两旁对立的茶棚下：这两处并不规定上等人才可去坐，不过搭茶棚的人要费去一些资本，他不能不向观众取偿，所以走进茶棚坐下，不问你喝茶不喝茶，总有一杯茶送到你面前来，你也得照例给几文；因而无钱的（你须注意：切不可把京津沪汉的生活程度去看他们，说是几文茶钱不算什么事；要知道他们一个二百的大铜圆，却可以过活一天）不敢进去；就是出得起茶钱的，也因为“衣服不周备”而不敢妄挤于绅士之列。然而他们还是有他们的地位，就是戏台前面那块空坪：这块地方是完全公开的，无论什么人都可以在那里站立；有时人多的时候可以延至数十丈。好在他们的目的都在看戏，只要看见戏台穿着红绿衣裳，拿着辉煌的刀剑在那里走出走进，打来打出就够了；听得清听不清，在他们都是不成问题，——何况有声震数里的锣鼓可听呢！

当“办菜”的时候，我曾偷暇到场里走过一次，并且到戏台前面望望；但是究竟唱的是什么戏，我还是和在重庆戏院一样地完全不懂；不过看台上的进进出出，台下的熙熙攘攘，也很有趣。我没工夫详细摛写，特照了两张照片寄给你一看。

这样的情形都是我们小时在故乡经验过的，也许你因看这照片而引起思乡的情绪吧！

东道主

自昨夜至今都是胡副官们“代账”，这自然足以表示他们的好客；然而数千里以外的我，无缘无故受他们供养，实在心有未安；几次都曾想“还礼”，终因没有勤务兵不能事先预备。午餐时知道葛副官今夜到合川就要分途去定远县，胡副官也要在合川住几日，一日半的伴侣，明早都要各自分飞。我既承他们这样招待，非得做一次东道主不可。于吃饭之后便谋划所以尽之之道；因于到合川前即给夫头大洋二元，要他先于途中购办些东西，歇店时就告诉他们的护兵不要办，并且清了他们的号。吃饭时特自据主人地位，请他们做客。他们说了许多自谦的话，并且连称“大哥，不敢当”，然后就座。

我们到合川已是万家灯火时候了。虽然是黑夜，可是县城到底是县城；城外城内的街都有二分之一以上的洋油灯，店门虽关去一部分，来往的客人还是不少，我们住在城东的大街，在暗淡的灯光中，见着几如吴淞镇河街上一列店子，开门七件以及关于衣服的材料大概都有卖的；街的东口更有一台影子戏，围住不少的男女老幼在那里观看。我们晚餐时，胡副官喝了几杯酒，很高兴地谈论他三年前在此当连长时候的故事。他现在虽有“小妻”，但那时没有，唯其没有，所以那时的风流也非现在能及，城东的李姑儿，城北的林姑儿，都是他的外室，还有其他的若干姑娘，也无不和他有交谊。他一面“若妈的”“若妈的”高谈，一面并拉着旁边的堂倌作证。结果，堂倌证明他的话一一不错，他更高兴，他的“小妻”也很表现以得此夫婿为荣的神态；时时用其迷惑的摄力引起他的欢心，使他满足而不萌故态。葛副官则把他在夔门外的种种故事重述一回。我呢，仍旧如昨日下午在船上一样，在那里作分析与综合的工夫，并联想到许多不能解决的人生问题；因而对于他们的畅谈只立于旁观地位，少有赞词。十点钟吃完了饭，他们还有余兴去看影子戏，我因明天仍旧要披星戴月地长征，辞而不去。

十月二十八日

生活一般

讲到四川内地的生活，你一定要联想辣子和醋。这两件东西自然可以表示他们饮食上的特点，但是他们生活上的特点决不只此！

先讲吃饭吧：重庆的米价虽然和上海差不多，但是离开重庆便渐渐便宜；过合川以后其价更廉，到了乐至县地界，饭只五十文一大碗（我无论如何每顿不能吃完一碗饭），小菜并且不要钱。倘若照这里生活标准计算，就是我们异乡旅客，每日也费不到一角大洋，住家户打个对折，最多亦不过五分大洋。生活的低廉恐怕世界上很少有赶及这地方的。

他们配饭的菜，自然是些植物的小菜，但是“作料”并不亚于荤菜；不论是萝卜干也好，麻叶干也好，里面都放有红闪闪的辣椒，嫩青青的川椒，盐与醋更加是不值钱的东西，尽量地加入，以求博得顾客的欢心。你要吃荤菜，更加是价廉物美；凡称为场的地方无论何时都有猪肉，牛肉，鸡肉出卖，大概都是二十两算一斤；猪肉和鸡每斤六百文（合大洋一角五分上下），牛肉半之。这地方吃鸡肉，决不像长沙那样麻烦，非得一只一只地买到家里来宰割不可；也不如南京那样呆板，除了自宰外，便只有去鸡鸭店里买他们煮熟的所谓油鸡之一法；他们有鸡屠，先把鸡宰好，你要多少便可以如割猪肉和牛肉一样买多少；买回来之后，最著名的是他们所谓"棒棒鸡"：就是把鸡先煮熟，不用刀切，用手将肉一根一根（不是一块）地撕下，放在盘子里作兵士架枪状地树立着，再把先预备好的酱油、辣椒、川椒、胡椒、姜丝、黄醋等物混合的"作料"从顶上倒入。倘若你欢喜吃这样的东西，有三百文就可以使你酒醉饭饱。

肉也有煮熟卖的，最著名的就是四川人常常自夸而且念念不忘的"回锅肉"；是把肉先放在清水里煮熟，取出来一片一片地切开，再放在锅里炒，作料和棒棒鸡的差不多，味道确比下江什么馆子弄出来的都好。四川朋友念念不忘的"回锅肉"，实不仅是受爱乡心的驱使而已——就是我也常常记着它！

有人说：四川的币制是世界最紊乱的，这话的真假，在没将各地币制实况的事实为比较的证明以前，当然不能下确切的断语；不过就几日来的经验看来，钱币种类之多实是我未曾见过而且未曾闻过的。四川全省无发行纸币的银行，交易的媒介都持现金；虽然有造币厂鼓银圆铜圆，但原料不敷而且铸造当二百以下的铜圆在政府最不经济；所以现金与当二百铜圆都很缺乏。于是应时势之要求而有种辅币出现。这些辅币的种类极多：有铅制的，有铁制的，有薄铜片制的，数目自十枚至五十枚，形状有圆的有方的，有长方圆角的，圆钱的大小，如清时之乾隆一钱，面有暂记十文或廿文卅文四字，一面注铸造场所，唯中间无方孔；此外并有竹筹及纸票，数目亦自十文至五十文。这些辅币的铸造权大概造于各地团局之手（私人经局许可亦得发竹筹），行使权亦以各团所辖之境域为限，因而钱币的种类多至不可胜数。就是四川银圆也很特别：它的成色与国币比约差三分之一，而当半圆的银币则系仿照云南的办法渗锑甚多。这些银圆在四川虽无禁止现金出口的命令而现金自然不能出口，这也是极自然的“新经济政策”。

合川以上，除了各种地方辅币外，并用清代流传下来的典钱；但是并非一个算一个：有些地方三个当一十，有些两个当一十，他们叫作“三合十”“两合十”。若是五十文一碗的饭，开制钱只要十文，或者二三十年前买那大碗饭，也许要这多钱。所以乡里的老百姓还不觉得物价腾涨于他们有什么影响。

合川以上的客店较土沱的还要差几倍。他们的洗脸盆是竹筒，大约有五六寸高、五寸封径；洗脸时将特制的黑布（取其污浊不现脏）放在里面打湿出来在面上一抹就算了事。倘若你要“下江人”的派头在那里斯斯文文地刷牙漱口，他们纵然不当面笑你是傻子，最少心里总是这样想的。他们的房屋照例是不开窗，睡处照例是有一个盛满了小便的便桶摆在中间，被褥照例是污浊破烂的，烟灯也是照例都有的。

几年来旅居长沙江浙，久不见我们故乡研米的研子了。我看得各地砻坊冲米的苦况，也就联想到聪明的江浙人，何以不利用水力；但除了间有利用牛马力的砻坊而外，实在不会见过我们故乡的研子。这一次过塘坝场，忽于无意中遇着。它的组织和我们故乡的一样：将水堵截成坝，于其上建以房屋，屋中置研盘，盘下有轮，置于水中；不研米时，将水堵住，乡人送谷来研，便将堵截之水门启开，水从上流下，借其力冲动轮子，而研盘中之研轮即随着转动，大概一二小时可以研谷二担。这种研子也是不动产之一，可是遇着大水，所有的东西也可随水漂去而成为“动产”。

这种利用水力的工作，在我们“山野之民”的眼中本是家常便饭，但在过惯了商埠的“市民”看来，也许是至饶风趣——是的，就是我现在也有悠然神往之概；尤其是联想到幼时拿芦秆作研盘放在屋后小溪看流水冲它打转的时候。

柏梓镇上

因为在路上听得前途有盗匪劫货的消息，所以未四时即歇店。这几日来都是天黑落宿，宿地的情形只从灯影中领略一二，所得的印象也很模糊。今夜我们到柏梓镇，太阳还作三十度角度挂在西天，赶场的人也还未散，见闻较为明晰，而且曾拜访了一个学校，四川腹地的文化或者能在此看到一二。

此地属安岳县，比较上还算是一个大市镇，看到将散场时，还有许多近日来所未见过的学生式的青年男女在这里往来，也可以推知它并不是一个很小的地方。正街虽只一条，但延长线约莫有一里：除了饮食店以外并有若干绸布店，其中的货物虽不见得怎样充足，但最少比与上海齐名的宝山县城要闹热几倍。客栈兼营茶馆的也很多，并有楼房。这里的楼房自然不能与上海式一楼一底的楼房比，也不能与长沙式高楼的楼房比，然而毕竟是楼房，而且是合面的楼房：虽然楼下楼上合计起来不到一丈高，但五尺以上确有一层房间，确实非用楼梯不能上去。这里的房间虽然都是有门而无窗，但楼上的每二三间房之间都有一片明瓦，就是把门关起来，还有一线光明；并且为客人的方便起见，每间都有一个便桶；所以楼上的房间也特别贵重，差不多不是下等人（?）所能问津。我因为坐了长轿，而且有三担行李，所以走进店门，便由老板招呼上楼。

我也曾注意到楼梯的踏板是棍子不是板子而计虑到有没有危险的问题。可是把楼下的房间巡视一周，实在不是嗅觉尚未全失的我所能住居；而且客也早满，即能也不可得，只得选定一间近楼梯的房间住下。

今天落店很早，大家有时间吃东西，所以将应当在后日举行的“犒劳”提前办理。我出一块大洋请他们吃肉吃牛肉喝酒，他们都吃得很饱，喝得很醉；因为这里的猪肉还可以六百钱买十六两，牛肉倍之，好米酒只二百文一斤。

吃完饭到街上闲游，看见正街中间有一座大庙，庙里有军队，有厘局，有同善社，还有各种法团；庙门外的告示也很多，最使我注意的就是团防局征收百货捐的告示：它说无论什么东西在场出卖，每千文都要征二十文，并且规定总收入的百分之五作本镇教育费。我由此知道这里附近有一所小学。询问当地人士，果然有一所镇立两等小学，离此不过一里多。我回到寓所取照相镜去校参观，夫头也要同去，他并要当我的临时听差，问我要名片持赴学校通报。

学校建立在田垄中的一座小丘上，虽然房屋不多，但树木清疏，幽雅可爱；房舍的建筑也很整齐，想到春夏之交，麦垄与修竹争胜时的胜景，很羡慕这学校师生的生活。中国本然是小农社会的国家，清末改行工业社会的新教育制度，将中国数千年相传之书院与私塾的暇逸自适的力学精神破坏无余，而集一切中等教育的机关于都市之中，致将学生来自乡间的自然生活为都市的浮荡习惯所替代，实是不幸之至。今日得见此种秀丽的校景，真有徘徊不忍即去之感。

我们对着学校前进时，便在途中遇着该校的两位学生。他们的年龄都不过十二三岁，衣服也很整洁。他们原是向市上去的，因我拦路问他们学校的情形，乃回头为我们作向导，所谓临时听差的夫头，至此也无用处了。

校舍的正面，正中的一排除去中间的一间供着孔子像兼作礼堂外，其余的四间是教室。全校六班共二百余人，高级二班为单式编制，初级四班为复式编制。学生大半为本地人，外乡寄宿生不过二十余人。教职员一共十人；除校长兼课较少外，其余每人每日均须教课四时至五时。我到校时，适校长外出，由一位英文教师，一位算学教师招待。他们除自己各持一根水烟袋于谈论之中从容不迫地吸着外，并以纸烟向客。据他们说，校中经费全恃百货捐的收入，现在每年有经常费一千五百串（约合四百余元），学生不收学费，寄宿者月收膳费五串，教师薪修最高额年二百串，最低额一百串，校舍则系旧时之书院改建。课程除“新学”——算学、理科、英文之类——外，各班每周有二时至三时之读经。翻翻他们桌上所摆的教科书，大半系中华商务两家五年以前出版的，但在名义上却已改行新学制；其他各种参考书均无，亦无一份报纸杂志。这样的学校，在内地很普通，我深信他们所说的一切都是实在；就是读经与英文并重，在我的脑子里，也可以从中国的民族性中找得着调和与矛盾并存的论证出来，所以我对于他们的一切，并不觉得奇怪。

谈半小时返镇。前被我于途中无意拦回的两位学生仍然同我出来：据说他们原是要到市上去购物的。这两位小朋友一姓李，一姓傅，都是高一的寄宿生。我们因为同了两次路，他俩虽然对于我的服装与照相镜有点稀奇，但并不以为是不可亲近的，所以我们回来的时候，在路上谈得很亲切。

这位姓李的大一点，年十三；姓傅的只十二岁；他们四书读完了，英文字母也背得出。他们最欢喜我的照相镜，以为其中有无限的神秘，我告他们努力读书，将来也可自购一具，傅忽然发出一个问题：

“老师说把英文读好可以出洋，是真的吗？”

我正在踌躇要怎样答复才好，李说：

“出洋自然是要英文好，不好连话都听不懂。”

“你们想出洋吗？”我问。

他们彼此相望，笑而不答。

“你们以为出洋有什么好处？”我再问。

“你不是出过洋的吗？”傅问。

“不出洋怎么会穿洋衣！”李说。

我告诉他们所穿的衣服的式样虽然是仿照西洋的，但现在已经采用为固定的常服，并不是洋衣，我虽穿这样的衣服，但并不曾出洋；又告诉他们英文若果学好不必出洋也有用处，不过对于本国的语言文字及科学更当注意。他们听了，似解似不解地默了一会儿，李忽问道：

“听说成都有很多的洋人；他们的脚是直的，是不是？”

“成都我还未去，但洋人是有的；他们的身体也和我们一样，不过皮肤的颜色不同，男子穿的衣服和我的相同，走起路来很有精神，别人看他们的脚挺直地向前走，便以为是直的；其实他们的脚并不是直的。”我一面说，一面大踏步地走着给他看。

他们忽然有悟，便不再讨论关于“洋”问题，转过头来和我讲照相的事。

我告诉他们关于照相的种种，然而不能实验给他们看，终不能满足他们的要求。

他们同我到寓所，对于我的种种都感兴趣，好像很愿意和我做永久的朋友。后来他们因为天将晚要回去，还有点依恋不舍；最后我把我的通讯处开给他们，约定以后常常通信。

滑竿儿与流差

“滑竿儿!”每逢我下轿走过有人休息的地方，就听得有人这样叫喊。最初我不知它是什么意思。后来看得别的所谓士绅先生们对于这几个字所生的反应，始知它也是一种交通的工具。

“滑竿儿”这名词你不曾听过；但它的形状你最容易明白！因为我们故乡的所谓“散轿”就很与它相似。我们的散轿是两根竹条，两头加以尺余宽的横梁便轿夫扛抬，中间安一块座板，便坐轿者乘坐。“滑竿儿”的构造大体相似，不过中间不是座板，而是一排竹制的梯形床垫。它的阔度与轿杠的相等，长约三四尺，竹片的间隔不过二三寸，两头以篾丝织之，系于轿杠之上，可以自由伸缩。所以坐“滑竿儿”的人，反可以睡坐自如，不必像坐长轿的客人非做庄严的菩萨相，挺胸直腰地坐在上面不可。

“滑竿儿!”几个字是问过客要不要坐滑竿儿的意思。自重庆以上沿途均有此物。据闻并有很多的劳动者专以此为业!他们各有其领域，通常的路线总在三四十里至五六十里之间。凡过客走路走得疲倦的时候要坐几十里或几百里路的滑竿儿代步以资休息，随时可以办到。所出的代价也不怎样贵，大概每人每里三四十文。所以经济的旅行客大概都不雇长轿的。

抬滑竿儿的夫子，也不一定专抬滑竿儿。没有人坐滑竿儿的时候，他们又可以作“流差”。

“流差”是四川陆路上最通行的名词，专指那些替代夫（不论轿夫挑夫）作临时替代的劳工。有滑竿儿的流差，大概走得不远，还有一些自己一无所有（滑竿儿虽然费不到一元钱，但在他们要算一种很大的资本）专门以流差为业，则可以随便流：从小北路到东大路，从四川到云南都无所不可。他们大多数除了蔽下身一块烂布外，什么东西都没有。流起了，得点工资便尽量抽鸦片烟、喝酒、吃肉；流不起，便箍着肚子饿，饿得无可如何便偷、盗。所以流差的等级比长夫低，比夫头尤低。长夫有钱，可以自由雇流差替代，但他对于他所挑的东西必得负全责；而流差们便最欢喜挑散漫的行李与可为食品的东西：因为可以随时偷藏，攫食；倘若有机会逃走，便也常常乘着长夫跟随不紧的时候，把整担的东西挑走。所以长夫将担子发流差，必得在后面紧随；夫头因为要直接对客人负责，凡有流差同路时，他尤兢兢业业地照料一切。至于轿上的旅客大概都能照料自己的，于流差的好处很少，故每次长夫发流差时，总是捷足者先挑行李，轿子非到必不得已时是不大愿抬的。

十月二十九日

东西文化问题

无论何种生活都有一种范型可以范围着。自重庆以上经过各地的生活现象虽然也有许多差异，但大体总是相同的。近几年来东西文化的问题甚嚣尘上，我不曾去过西洋，不知所谓西方文化到底是怎样，但从文字记载看来，他们的精神，确在于征服自然；倘若要以中国人的生活式样代表东方文化，则所谓东方文化者其精神在于替自然做奴隶。你曾住过上海，知道三十年前的上海是一片荒地，自经黄发碧眼儿侵入以后，现在又是一种什么样的花团锦簇的世界；你也曾去过庐山，更知道庐山的牯岭在光绪十八年以前是一座鸟兽群居的石山，现在又是一种什么的世外桃源；这次你不曾与我同来，我在重庆以上所得的种种经验，你自然不能亲历，然而我相信我信中所说的种种，你都能了解：这当然一部分是由于你对于我的信托，而最重要的原因，是你在我们故乡的旅程中有类似的经验作底子。

自重庆至成都的路程不过一千里，倘若有铁路，最多十小时可到，有汽车路六小时可到，旅费最多不过五元，时间可以省去八九日以至十余日。然而富于乐天精神的中国人，决不在这上面打算，情愿费多倍的时间，多倍的金钱拿人当牛马天天干这种苦而呆的事。

我也知道修铁路或修汽车路都要一笔大款，以每里二万元计算三百英里的路费便得六百万元。这数目自然不算少；但是在每年三千万——有名义的，没有名义的还不算——税收的四川，分做五年支付，每年费一百二十万元，似乎不是什么大不了的问题。丢开公款不讲，就算公私运费吧！重庆轿行发出的夫子，每日平均总在二百人以上，即以二百人算，每人薪工十五元，亦是三千元，全年三百六十五日，已是一百零九万五千元，若是用铁路运输，旅客在路上所费的伙食钱已足以抵车费而有余，货物运输，每挑不过两元；假定由重庆出发的二百夫子，都是运货，每人于十五元中扣去两元的火车费亦可省去九十四万九千元，而每年省出的人力以之从事生产事业，更不知凡几。——即以每年省出运费修铁路，六年内亦可修成。然而大家都没有这种需要，都不会在这上面用工夫。倘若这千余里地域，属黄发碧眼儿，我想他们一定是过不惯；无论如何都要像经营牯牛岭石山地样那样经营，使它变成朝发夕至的地方。

在这路上来来往往的夫子们固然很苦，就是坐轿的旅客又何尝不苦！当着军事紧严的时候，所谓军事长官们要上前敌去会议——据闻四川的军事长官只有在前敌会议，从没有往前敌打仗的，而他们所谓前敌又是离战场最少百余里——也因感觉时间的迂缓而切实把人当机械整夜驱使他们在路上跑——跑得最快可以四日四夜由重庆到成都。通常总是两班长夫，长夫也于休班时坐滑竿儿，就在上面睡觉，——然而决不设法把克扣军饷拿出来做修路的资本；就是故乡情厚的四川学者也只于感困苦时叹息几声而已。——我们对故乡的交通情形也是如此，这可以说是中国式东方文化的特色——有些过腻了西方文化生活的朋友反觉得这样的生活有特殊的诗趣而竭力提倡。倘若以顺应自然为东西文化的一种特征，我想往内地一走，便可以得着许多真凭实据。我极力劝那些由讨论人生观而牵到文化问题的学者们费几个月工夫到这里来找论证。

因为今日没有看到别的新奇的事情，在轿上偶然想到东西文化问题，因将所感者告你。

十月三十日

丐妇与牌楼

昨日没有写信，是因为没有什么可说。

今早我们还是照常披星戴月地行走，经过的地方虽然时时有变更，但总不出“四川型”的范围，我的一切你都可以从以前的信书推想得出；——然而两日来却也有两件极深的印象。

恐怕有七八年吧！我们读《新青年》某人的《四川游记》（大概是任鸿隽，现在记不清楚），见他那种描写丐妇多子的情景，说一个丐妇带着八个十一二岁以下的小孩沿途追着过客讨钱，很有点怀疑它的真实性。可是今天他的话证实了，我的疑念也完全消失了！

今天午前十点钟的时候，去过一个不知名的小市镇（夫头也不知道）：有十几家农商兼营的铺户，也有几家有商店式的柜台；可是除了人丹和纸烟外什么东西都没有卖的——也许还有我所不看见的东西——店里的人很多；有几家一人也不见。从这段市房过去几百步，路旁有几椽矮小不能伸腰而每椽相距数十步的茅屋；每椽之下有五六个以至十余个十岁以下的男女小孩和一个年约三四十岁的妇人。我还从轿里看得这许多小孩，精神上已感到一种不快的紧张，及看到他们的行动，更有说不出来的共感。

他们的举动是这样的！

当轿子没有经过他们的面前以前，小孩们在那里掷石子、打架、斗口、哭泣、跳跃，妇人在那里做针线；虽然不是些什么荐绅之家的所谓公子风头，太太气派，但跳跃哭喊的仍不失其为天真烂漫的小孩；做针线的，仍旧不失为平民的妇人。可是轿子到了，他们的行动立刻变了；做针线的妇人停止工作，向小孩们发出一种富有暗示力的停止玩笑的命令，小孩们立即停止他们天真的举动，笑的不笑，哭的也不哭了；而相率追随轿子，和着他们的指挥者——妇人——唱着有韵的讨钱歌。

他们的举动，好像有组织的：经过第一椽茅屋我不曾给钱，小孩们总是追着轿子走，但到了第二茅屋边，他们就停止进行，而由第二椽的小孩打接应。他们所唱的调子相同，我曾用心将他们的声调玩味，仿佛是这样的词句：

“大老爷，讨个钱，修福修寿万万年！

“拾个钱，万万千，我们穷人真可怜！”

我丢了一个当二百的大铜圆，他们有一人拾起，其余的也并不争论，大家都欣然退回原处，并且唱这样的一句话：

“难为[1]老爷舍个钱，儿女满堂万万年。”

经过第三第四椽茅屋皆是如此，当时也觉得不应该每次丢二百文；但这是这地方的辅币单位，不给则已，要给是无可再少的。就是觉得不应该，也终于只是觉得而已。

这样有韵的讨钱歌，我还是初次听得。我看得这些小孩们受这样的教育，很为他们生命的前途悲哀，而同时又感到我给钱的罪恶——倘若过客都不给钱，他们这种习惯养不成，社会上也要少一点罪恶——和由这歌词所生的美感。这时候，情绪中的波浪不知有多少层次，只觉得有无限的烈风，激荡着心潮荡漾，好像一叶扁舟在大海中遇风立刻就要倾覆的一样。走过了很远，这一切的印象，仍然还存留在心中。我蒙着头睡了许久，一直到十二时在简阳县城午餐，这种奇怪心绪才消灭。

---

① 川语“谢谢”。

从安岳以来，途中所见的牌楼很多。它们的构造也和别地方的差不多，都是石制的柱梁，于其上刻各种文字以表明妇女节孝的事情。这种全是我们中国数千年礼教先生制成的，妇女们的生命丧在她先生之手的极普遍，所以经过长江流域各省，都曾看见过，不过不如这地方的多罢了！这两日来，经过的牌楼到底有多少，未经详数，不能确说，但时时刻刻都有在牌楼底下走过之感；四川的贞节妇女或者比其他省份要多一点吧。

十一月一日

东大路

简阳是离成都一百四十里的一个县城，是东大路的孔道，小北路在此与之会合。若以八百二十里路程计算，则真正走的小北路不过六百八十里。

东大路确与小北路不同，最大的特征，就是行人特多，路也较宽：例如在小北路中有些地方两乘轿子相遇，非一乘站在一边不动，另一乘扶着那乘的轿杆慢慢地走过，便会相撞而至互相挤倒；东大路不然：无论何处都可以容两乘轿开跑步走过。又如在小北路中虽然也不时听得踩左——左，踩右——右[①]的声音，但是次数很少有时甚且半日不听得一次，在东大

① 让路时轿夫所发的口号。抬前头的人看得前面数十步来有轿子或担子，便先决定自己所欲走的一边，如走左边喊踩左，抬后头的跟着叫左。对面来的亦如之，他们叫作报号子。

路中则间不了几分钟，有时甚且在持续的几分钟之中听得踩左——左，踩右——右的声音。挑子轿子固然多了若干倍，而坐在轿上的旅客，除了雄赳赳的军人，腹便便的商人外，还见着许多学生式的小姐与太太。

因为过客特多之故，沿途的客栈也较小北路上的宽敞，都是一间一间的房子；有许多客栈并有重庆经济饭店式的蒸菜。最特别的是小便桶已从房内移在房门口，洗脸由竹筒而改用脸盆——并且多用“下江人”所通用的洋瓷脸盆。堂倌的招待也特别好，凡属所谓上等客人一进店，便有一杯热茶，一盆洗脸水，清早起行也有一杯热茶，一盆洗脸水；而且天将明时他便逐号（每房一间曰一号）催醒客人而用着长号式的歌声谆嘱客人留心银钱，照顾行李。虽然出店门时他说着吉利话向客人取几十以至一二百文的茶钱，但他能使你心里痛快，恐怕是谁也愿意出的。

简阳虽是一个小县，但街上很闹热，我们在一座断桥旁的客栈午餐，看得各种商店都有，客也很多；而途中往来的过客，则如蚂蚁结队寻食一般地梭动，更难计数。行人之中的形形色色自然很复杂，交通的工具也多了马和鸡公车。

马驮货物是和我们在各处看见的一样，是将货物放在马背上由人指挥着前进；鸡公车是四川特制的人力车，或者你也是乐于要知道的。

在这样宽的道路——大概有一丈左右——本可以通行下江

所谓东洋车的人力车，可是在现在，要使重庆以上的四川人知道东洋车是什么，还只有用电影和画片；要找实物为例，是不大可能的。他们也觉得长轿不是无钱者所能坐得起，滑竿儿虽然价廉一点，但因为是两个人抬着，所费还是不少；以马代步自然很合理的，可是豢养马与马夫的代价仍是不少，只有鸡公车只费一人之力可以推动一人，车的资本也很少，故取价特廉。在这种经济史观的状态之下，所以鸡公车在这段路上特多。

鸡公车的名目很特别，其命名之由来也无从考察，不过车形并不奇怪。你总还记得我们在吴淞住居常常到宝山西城公园去旅行所坐的小车；它的构造和小车一样，不过小车的轮子很大，车上两旁可以坐人，它虽然不是专为喁喁情话之两手两足的鸳鸯所专设，但有情眷属大概都愿坐这种车子的。所以享受西方物质文明幸福的罗素及其情人勃拉克到吴淞坐着那种小车去游山。鸡公车呢？是取单人制的，轮盘的直径不过尺余，前面有一个靠凳式的座位，后面有直梁可以靠背，坐处和靠背都是篾织的：虽然路道不平，行动时有振动，但靠着这篾片的弹性，还不至像吴淞小车那样的震荡。推车的也因坐客的重心由轮盘支着而费力很少，所以鸡公车可以走长路，并且每日能走百里以上。

十一月二日

军人世界

昨日在简阳午餐还走了五十里到南山铺歇店。夫头说：东大路是官道路大而短（即一里是一里，有些还不到一里，不像小北路的里数未经官丈，只由当地人估算），今日到成都一定还很早。大家因为想要早达目的地，起来都特别早，走起路来精神也好像特别好，一直走了四十里到龙泉驿才吃早饭。

这四十里路确实不长，我们五点钟动身，到龙泉驿九点钟还欠十分，我们客栈里的一位形似少奶奶的妇人还于我们进店时始睡眼惺忪地在一间所谓上等客房门前洗脸；谁知道我们已经走过四十里路程呢！

昨日来途中所遇的兵士很多，今日更多，到龙泉驿以上途中的行人几乎除军士无人，最使我注意的就是成群结队的徒手幼年兵。他们的年龄最大的不过十五六，最小的十一二，身长不过三四尺，若是拿来复枪来比，有许多还没有枪高。我曾想：军人在体力上至少应能执得起一根枪，在精神上最少要有自决的能力。这些小孩们大半都在受义务教育的时代，且不问不应将他们受教育的时间夺去当兵，就在知识上恐怕他们连当兵的意义还不知道；至于执枪更是力不能胜。我不知道他们为什么当兵，军官们为什么招募他们去当兵！

或者成都或什么地方有什么大会议吧！我们于早餐后一连遇着几十乘轿子，除了极少数的几乘外，每乘轿子的后面都跟得有一二个以至于十来个勤务兵；坐在轿上的虽然也和平常所谓绅士样穿着长袍大褂，踞在私轿上执着水烟袋或衔着纸烟在那里悠然自得想着他们人生哲学上的大问题；可是我们从后面跟随的勤务兵上可以推断他们是军官，而且可以从常识上推断他们地位的高低是与勤务兵多寡成正比例的。凡属带有勤务兵的人，轿夫走起路来都格外起劲，报起号子来的声音，也特别来得嘹亮；过路的让得慢一点，遇着客气的勤务兵挨顿骂就可了事，不客气的，便非尝茅竹根的马鞭滋味不可。轿上的人虽然不把官衔刻在轿上遍告众人，但他的威风已由勤务兵和轿夫代他显出。这样地煊赫一世，谁见到都会羡慕，民国十几年来，四川的老百姓虽为内战而时时感着流离失所的苦痛，但却造成耀武扬威的军人不少。人类生活的要素是生存欲与性欲、支配欲并存的；兵士虽然也常不幸而过牛马生活，但一旦出头便可以满足支配欲而光宗耀祖；小孩的当兵，除了生存问题而外说他们父母的支配欲在后驱策他们，也许是合于逻辑吧！

坐轿的军官自然可以耀武扬威，就是兵士也有其异于平民的特备；譬如说：无论什么人住客栈都是要给“号钱”的，但兵士可以不给；进戏院是买票的，但兵士可以不买；还有，张家除了自己吃饭以外剩有谷米，他人非出钱买不能得到手，兵士可以把枪作工具，除了自己的粮食外，还可以有剩余供给其所欲供给之人；还有，私有财产制度之下，各人所有权的界限很严，取用他人的财物都要经过许多的麻烦手续，但兵士于必要时可以省去无谓的手续而直接地自由地取得；还有，在中国内地社会里，两性问题很不容易得解决，但是兵士于必要时可以在“礼义之邦，缙绅之家”求得满足性欲的“花姑娘”。这些权利自然不是每个兵士都能享得到，但每个兵士都有享受这些权利的机会，却是事实；而他们曾经享受过为我局外人所不知道的更不知多少。作军人的既有这许多好处，无怪乎川湘各省民愈寡而兵愈多，也无怪乎未成年的童子也蜂拥蚁附地去当兵！

到成都

多年来梦想的成都，二十余日来时时想达到的成都，果于今天下午三点半钟到了！

龙泉驿以上的行人虽然很多，但大半都现着风尘仆仆的形态，到了离城五里牛市口的地方，来往的人更多，然而行色匆匆的人不多，大家都好像优游自得般地在那里往来。我们于两点钟到牛市口，夫子们以为快达目的地了，特在这里停住作整理工作。老许特地到剃头店把头剃得溜光，老王也同着去，不过只将要黑未黑的胡子和软绒线的面发修修。他俩的年龄在他们同事中本不算大。——老王尤小——经这样一剃一修，更显出年少；从表面看去，老许不到三十岁，老王已成为十七八岁的漂亮少年。当他们到剃头店的时候，老张和老刘向夫头各支一串钱，到烟馆里大烧其烟。夫头大概是早有打算的，在龙泉驿便将面修好。到这里他们忙着整容烧烟，他只从包袱中将下水才二三次的白斜纹布衣服取出，借客栈的空房换着，走出来坐在一张茶桌旁和对面茶桌上一个老者谈他这次途中的经历。虽然他离开成都不过一月余，但那老者告诉他成都的种种近事如拆街修路等等，好像都是他前次所未见过的。他受着好奇心的驱使，急于要到成都知道究竟，所以屡次催促老许们。老许和老王剃头回来也各换了一身衣服；但是老张和老刘还在烟馆里睡着。夫头催他俩好几次，他俩始从烟馆里气愤愤地走出来，老刘并且说：

“真可恶！人又多，烟又贵，我们等了大半天，各人花了五百钱还不能过瘾！”

“赶快走吧！到城里再慢慢地过瘾去！”夫头说。

他俩还等着坐在旁边吸水烟的人的水烟袋过副瘾（这是我替它起的名字，因他们既吸鸦片烟又吸水烟，而名其鸦片烟瘾为正瘾，水烟瘾为副瘾），好在他俩整个的人生问题都可由“烟”字包括，他人视为最重要最迫切的吃饭问题在他俩看来都是无甚关轻重的事情，至于什么不必要地换衣整容的问题那更是不在意下了。所以他们没有夫头换衣整容的麻烦，只匆匆将烟吃完，便跟着一道起行了。我看表正是五点钟。

我早知道离城只有五里，也预计到无论如何四点以前总会进城的，然而在牛市口“打尖”① 的时候，竟想象到不知道有

① 未到站以前中途休息之谓。

多少路程，他们在这里无谓地费去一点钟，在我好像过了好几日的一样。后来动身了，总觉得夫子走得特别慢，这种“归心似箭”的情态，竟发现于远离故乡的异地，真不知其故何在！

沿途遇着的行人逐渐复杂：军人而外还有一些老百姓和小商人，而鸡公车与马更多，有许多还停在道旁树荫下待客。

走出市外便看见巍然高耸的城墙横在前面，虽然看不清墙上的砖痕，但阳光反映出来的灰黄的壁影，屏风一般地遮在眼前的景色，已足以证明这城是很整齐的。走近一点，逐渐看见城上稀疏的人影与城下宽广的大道；将近门口，则城下的环城马路与城上的墙道并行，上下的行人常互为呼应，可见人民之暇豫与地方之富庶。进城时，行李与轿子照例要受检查，走在我们前面的人已有许多为行李检查未毕而拥挤着不能走。因我为异乡人特蒙优待，竟以一张名片而通过。走过城门，便见乱石满街，两旁的店铺也拆得七零八落。夫头说：“这是东大街，是成都城里最大的街道。现在因为修街所以拆得这样。”这街道虽不能说是怎样宽，但是也有二丈上下，比长沙最宽的街道还要宽三分之一以上。两旁的店铺虽然被拆，但商业犹未完全停顿，各家都将货物移到内面营业，过往的人也很多，街上四川式的三人轿子尤多。走不多远，便到新修成的马路上，形式与上海的大马路相似，中凸旁斜，面（动词）得很光。宽度在五六丈之间，两旁的店铺均各留五尺宽的走廊，便行人空手往来；虽然楼屋不多，但都很高大。店家的货物各色都有，而尤以洋货及绸缎为最多。

因为重庆的朋友劝我在路上不要多带现金（四川无票币），故在渝起行时，便汇三十元至东大街邮局自取，备作"清下脚"之用，所以首先在邮局下轿。当时原想先在旅馆住一二日，将二十日来的烦累洗涤清楚再进学校，谁知走完了东大街竟找不着旅馆，后来在一个转弯的地方看得一家客栈，房屋也很宽敞，可是不住生客。在这种无可如何的情形之下，只得一直进学校。

十一月三日

锦城杂拾

“啊！你就到了！”

住不着旅馆，只得投奔学校。好在成都高师几个字在成都城里是遐迩传名的，问起路来很不费力。

因为邮局与旅馆几处耽搁，到学校快到六点钟！

学校是以旧日的皇城为校址，周缘十余里，其大可想而知。校前连续有三座桥，故其地名为三桥。从三桥最末一桥过去几十步，便有一道有铁栏杆的头门前面的四根墙柱上，居中的两根悬着“国立成都高等师范学校”“国立成都高等师范附属中学校”两块竖匾，旁边两根，悬着高师校友会及博物研究会两匾。但门内虽无人住，只见离数十步的正中路上有一座石建的牌楼，石为红砂质，已经风化而蚀褪；牌楼右方数十步有形似教室的房屋数间，外面悬有校友会义务学校的招牌；但四周以油纸代玻璃的窗子，已被风吹破许多，正在那里随风飘落。离牌楼正中又数十步横着一个中有隧道式的孔道通往来。

过了这长约五六丈的孔道，左面便是附属中学，前面横一座高楼，曰明远楼，楼下的正中为孔道，须历十余级的石阶而上，左边的一板房门外，悬有“稽查处”三个字的一块小招牌，室内住有警察数人。过此又是一块大空坪，与明远楼对面的前面为石建的牌楼，后面为一座顶大的大厅，是学校的大礼堂。旁边的一间小房间，悬有学生“会客室”的牌子。牌楼左方的小房始为传达处，均须历十余级的石阶而上。

自头门至此，差不多走了半里路，始能寻着传达室。可是从传达者口中知道校长傅子东和教务长王克仁都不在校，庶务也已外出，几于无人可会。于无可如何之中，得一位学生的指示，乃持名片会监学文先生。从传达室又历一个长巷打几个弯转，始在学监办公处会见文先生。他先已知道我的来意，要我将行李暂为放下。一面按铃叫人，一面殷殷问途中的疾苦。

谈不到几分钟，忽然听得女子的声音说：

“啊！你就到了！”

我们的谈话打断了，抬头一望，始知对面姗姗而来的，系克仁之夫人黄淑班女士。

我早知道她是同克仁来四川的，在南京并闻克仁在成都，她在重庆第二女师教书，到重庆已知道她已于前月来此服务；但是绝不料她也住在学校，更不料克仁出去了，她未同他出去！

二十日来没有遇着熟人，更没有遇见可以谈话的熟人，今于无意之中遇她，几十分钟来会人不着的精神紧张，忽然弛放，好像小孩于危难中遇着平日最爱护他的长者一样，将一切的问题都交给她了。

她和克仁早接得我从南京和重庆所发的报告行程的电报，并且常常为我计算路程，而逆料日内可以到成都，但绝不料今日就到。所以她见我时发出惊奇的呼声。她初到此原住校外，因为上课不便，而校内空地房屋又多，所以前星期移在校内住居。她当时即招呼我到她家里住，我乃告别文先生携着行李跟着她从教室、实验室、操场等处转弯抹角地又走了近半里的路始到她家里。

行李收拾妥帖，她带着一个引路的男工，同我去少城公园聚丰园酒席馆访子东，克仁。在那里吃毕夜饭，返家已是十时余了。

十一月三日

不安

我极相信我能"随寓而安"，所以我敢于只身来此。

二十日来途中经过的种种情形自然也有许多使我不安，然而天堂的成都时时在脑中走圈子，一切的苦恼都为预期的希望所掩盖；而不知不觉在那里遇佛家所谓乐受的生活，所以偶感不安也还没有什么痛苦。

现在呢？希望都逐渐变现实了，学校的情形也闻知一二了，学校的设备也大概见过了，学生的信也得着了，同事们也见过许多。最不可解的，在应当兴奋鼓舞的时候，忽然感着无限的空虚，无限的不安。

我曾自充精神解析者（Pschoanalyst），将我所以不安的心理分析一番。其间的原因自然很复杂，但我所认为重大的原因只有两件事：第一是离开了你们，第二是精神上的粮食太缺乏。

人生真矛盾了！当我决定来四川的时候，你极赞成我的壮游，我更不曾想到有什么别离的苦痛，不过视为一种平常旅行的暂别而已；实际上我离开你们还只有二十日，在时间上并不算长，并且预定最多只在此住一年。可是临行的一日就有不可名言的异样感触，而这二十日几于无时不怀念你们；你照料小孩们的劬劳，宁的娇憨，淞的痴态，湘的活跃，以及许多琐碎的印象，总常常盘踞脑中不能离去；乃至于王妈杨妈都在我脑中占据了一个位置。昨夜以来，更觉奇怪：不知何故，于晚餐后回到克仁家中，忽然触发了思家之念，恨不得立即遄返南京，竟胡思乱想地一夜不曾睡。这样的心绪为我生平所未经，原因呢？除了“思家”而外，不能有更深切的解答。——最后，只得叹息人生之矛盾而已！

在欲归归不得的情景之下，只有努力从如何度日这方面想：我不爱打牌，不爱看戏（在重庆的经验，已足以使我对于高腔戏生畏），又不愿逛窑子，上茶馆，更不能吸烟、喝酒，虽然在围棋上也曾知道“死活”，在音乐上也曾知道“工尺”，但为着保持教师的架子，又不能随便乱叫；而况围棋是要对手的，更不能轻易找得。因此所谓中国人的消遣法，在我完全无分。我曾想到摄影很能消磨我的时间，然而绝不能将我工作之余的时间都消磨于此；加以人地生疏，就是要常常摄影，也不轻易找到如许可摄的对象。于是便想到去图书馆过日的法子。

图书馆的生活，自然很合我的脾胃，可是今早到学校的图书馆（只三间房子）一看，我那不安的感情更增加了许多；我是一个以教书卖文自活的穷人，为着经济的限制，个人所备的书籍已经有限得很，然而这图书馆所有的东西，无论在普通的报纸杂志方面或专门的教育书籍方面，似乎比我家所备的还有限；最苦痛的就是近五年内的中西出版物太少，虽然也有若干份省外的杂志与最少数的报纸（我所见到的只一份上海的《时事新报》），但寄到的时间都在出版后一月以至二三个月，而且首尾衔接极少。图书馆内亦有若干定期刊物，除了省外各校赠阅者外，都是本省的东西，而关于全国及世界的各种新闻则又无不从京沪报纸中转载而来。故在此地欲求在新闻纸了解天下大事，其难最少也与上青天的蜀道相等！

以堂堂国立高师的图书馆而这样贫乏，若非我亲历其境，别人说来连我也不相信；然而这里之所以如此，确有其特殊的原因；我们不能责学校的办事人不注意于此，也不能责学生不努力读书，真真的原因在于受经济的压迫。本校的经常费，在名义上也有十几万，但是照例的七折下来，每个月便只有七八千元，而这七八千元一月每年又领不到三四个月，于是名义上十余万元的经费，实际上领不到二万元；但是四五百学生的膳费用品费，百余教职员工人的生活费，以及一切的开支，都靠这二万元之数。所以每年实际上课的时间，也常常不到三四个月。北京大学有次无钱买印讲义的纸，京沪报纸视为奇事；在此地这些事固是家常便饭，就是断炊也是屡见不鲜的事实。以这种经济情形，而欲责学校购饥不可以为食、寒不可为衣的书报，我想不是唱高调的新少年或打官腔的老先生，决不会出此的。所以我虽然精神上因到图书馆走过一次而愈感不安，但是我对于这种不安决不怨天尤人。

十一月四日

故业重理

今日又重将犁耙架上肩，过那牛马似的造孽生活了！

在宁曾得着电报，说是有课待教。前日来此，始悉各种课程尚未排定，容许我自开课程，真是感激之至！我本然没有什么东西可教，而且对于教书早已认为劳而无功的事情；这次为着达“游川”的目的，终于不能不重理故业。既来之，当然要安之，于是决定为三年生开《中学教学法》，二年生开《现代教育方法》，一年生开《教育心理学》各一课；预科教育系虽然也要求另开课程，但因时间精力不足，展至明年再为讲《教育通论》。

课程决定了，自然要上课，上课自然要有参考书；但是图书馆既这样贫乏，邮政局的三十包书籍又不知哪年哪月才能寄到，除了随身带的二三十本常用书籍聊以济急而外，什么都没有办法！在这无可如何的情形之下，只有靠这些宝贝替我撑持门面了！

师，在昔曾被人与亲并称，而且常上祖先牌位，其被重视也可知；就是现在的教书先生也还常常被人尊称为“清高”而另眼相待——譬如说，什么工人都可因要求加薪而罢工，社会上亦大概很同情的；倘若教育界为欠薪而罢课，无论是官厅或平民都要以清高的大义相责而使你不得不枵腹从公。就以我八年来的经验看来，也足以证明教育界之人格确实与众不同。上面所说的例固然可以作佐证，就是教师本身方面也莫不以清高自期而养成以两副面孔待人的本领；譬如人本是自利的动物，但为教师的要保持其清高与为人模范的地位，无论怎样作违心之言，都是要满口仁义的；对学生尤其要温文尔雅矜慎自持。再举几个具体的例来讲吧。男教师在女校或女教师在男校教书，同事们遇着，对于所教的某校好女生或男生，大概都在那里品头评足地讲得津津有味，但是遇着校外人，尤其是遇着学生，便显然换过一副坐怀不乱的庄严面孔来，俨然是自文武周孔以来道统自承的正人君子；又如为着权利问题而暗中放别人的冷箭，将别人挤倒，以冀增进自己的地位，也是人事界所常有的事情；但教育家自己实行过了，对人却有特别的道貌岸然的态度来掩饰他自己的罪过，假扮他自己的圣洁。其他类似这样的事情，更多得不可胜数，要说也说不清！

我相信人是为自利而生存的，自利本不算什么事，唯有这虚假的教师，作了自利的事情还要盗为国为民的声名，真是罪在不赦！

我每次为着生活而不得不教书时，便有这样的感想；这次为着要达游历的目的，而以教书的名义拿公家的金钱，而且要使数百青年都跟着我这虚假的所谓教育家走，更觉得造孽，然而在事实上，靠着几句东抄西袭的文章，几句不痛不痒的语言，居然登坛了，作人师了，并且骗得一般青年叫好了！“觉得”又有什么用处！呜呼。人生！呜呼罪恶的人生！

十一月九日

学生生活

几日来忙着编讲义上讲堂，许多要说的话都不曾说得。

这几日来，我最感兴趣的，便是此地的学生生活。

这里的学生生活最有趣味，但是你要领略这种趣味，最少先得把你的京津沪汉的脑子换换，在北方的京津你以为学生好多事而又被腐化，在南方的沪汉，你又以为他们太浮荡而不切事理；南京的学风最是为一般闻人所称道，但你又嫌其太呆滞。这里学生的生活既不似上述各地之任何一地者，但却有他的特点。你要懂得他们的特点，最好你把我十年前在湖南高师生活的情形回想一番便可得其仿佛！

学生自治会是五四运动后的特殊产物，在下江已推行至小学了。这里虽然有校友会，但似乎还没有学生自治的名义；男女同学虽然也由本校于本期首先实行，但男女生除了学着所谓教育家的背地里“品头评足”而外，无论何时何地当着面总是望望然而去之。并且据说倘若不是某军官有位姨太太要进此校而切实加以提倡，几乎连女生都找不到，——现在不过十余人。这些事情并非什么恶德的标帜，我更不曾以此为评判什么优劣的标准，不过从这些事情中你可以看出此地学风的趋向来。

他们虽然是大学生，但在名义上，仍要过中等学生一样的严于管理的生活；这校在名义上是国立，并且在名义上一切都照部章，而十余年来，部章上的高等师范并没有什么变更，所以斋务、学监等等名目，都和我十年前进过的湖南高师一样，他们无论出校门多少时，都得向斋务处请假，早晚上课时都要由斋务处点名，逾期不返校或不告假缺席，都可有记过的惩罚。但在实际上，他们也如十年前我在湖南高师做学生一样，可以想种种方法掩饰学监而不按时上课与外出。

在这种贫乏的图书馆与上课时间这样少的环境之下，你或者以为学生们无事可做，都会要流落到“花花公子”的地步。

然而在事实上绝对不然：我虽然不敢担保数百学生之中绝无所谓“花花公子”，但就见闻所及，即有恐怕也是最少数之最少数。他们虽然每年只有三四个月的课可上，但大体说来，个个都有勤学的习惯；虽然对于所谓新文化有一部分不大相容，但对于学校的课程却极其重视；无论哪一部的学生，大多数都是自朝至于日晷在纸糊窗中与清油灯下的自修室里孜孜研习他们所专攻的课程——有许多甚至忙到看报都没有时间。所以本校的学生毕业后到四川的社会上做事教书，一般人对于他们的学识都不发生什么疑问！

他们还有一种很好的风气就是勤朴；学校的饮食问题，常常为各种风潮之母，但是这里的伙食都由学生自办——中等以上各校均如此——所以学校既可免去许多无谓的风波，而学生也可借此养成一种习知稼穑艰难的勤劳习惯。至于衣服方面，虽然在成都的锦绣山河中，但十余日来我不曾看见一个学生穿丝织物——几完全穿布制制服——这实不是下江的学生所能梦到的。

还有，他们对于功课虽然是朝于斯、夕于斯地努力研究，但都是自动的努力，对于教师绝不如下江学生的自由问难，自由讨论；因为在他们看来，凡属与某教师常相往来的，必定是想拍那教师的马屁，照他们的逻辑推论起来，一定也不是好东西，所以大家为着避拍马屁的嫌疑，非万不得已时绝不与教师往来，——即有必须往来时，亦席不暇暖地匆匆而谈——而教师们却也乐有此；因为在他们看来，每日于授课之外，还要花时间去指导学生实是不经济的事；而且此地的教师，为着生活的压迫，也都要学北京的先生，每周非教三四十小时的功课不可，更不能以其仅有的打牌喝酒还不足的余暇时间去指导学生。所以学生与教师虽然说是有家长之于子弟的关系，可是除了讲堂上必不得已的见面外，也都服圣人之教而不责善了！——这种现象当我当学生的时候即已如此，内地的学生现在还大概如此；发源于何时，何以传演如此之广，真是一个可研究而不易研究的问题！

十一月十三日

上街去！

上街去也值得告诉吗？未写这封信以前我就这样想。

可是从今天上午到过街上一次，下午又去一次之后，心里好似有些不可名言的累赘东西，非把它弄开不可。这封信就是丢开心里累赘的唯一的方法，你且静听着吧！

前几天也曾上过街，不过都在课后没有人注意的时候，而且所走的地方也就在学校正对面的三桥，所看见的也不过是些牛肉店。

今天是星期天，几日来许多要用的零碎东西都积在今天去买，而且因为有较长的时候，更想看看成都的景物，所以一天上街两次。

上街买东西本是最平常的事，但是我这样的人在成都也和在北京和长沙一样，自己上街去一包一包的东西买起拿回来，却有点不平常。我早知道这里尚未受过新东方文化的洗礼，没有所谓东洋车；虽然也可坐街轿以代步，但我总嫌它太累赘而不自由；可是为着街道的生疏，又不能安步当车地在街上自由行走，于是如何上街竟成了我昨晚上唯一的问题！

今日清早起来，看得老王（学校派着招呼我和另一教师的工人）送洗脸水进来，忽然触动我的灵机而得着一个解决的方法，就是请他为我引路。我和他商量之后，他把他的又一部分职务拜托他的同事代理，而欣然答应我了；于是我们早饭后便实行“上街去了”。

上半天上街是专为买东西去的。

我要的东西很多：穿的、吃的、用的、读的都有，老王是成都人，而且是年近五十老于世故的成都人，所以对于什么街道以及什么东西在什么地方发卖都很熟悉。我得着他的指导走过成都最繁盛的闹市商业场，文化集中的青石桥、卧龙桥，皮货集中的顺城街。凡属所要的东西大概都已购得。除由老王扛着两床棉被一包杂物而外，我自己也夹两大包书籍，一小束衣服。

我俩所负的东西，合起来总在五十斤以外，老王大概负了三十多斤，我也有二十斤。他虽然号称工人，大概为着二爷的时间过久一点吧，气力也未见得有多大，买的时候他常劝我少买，买了以后又屡劝我坐轿。我因为一面走路一面便于注意我意外的好东西，始终不曾实行他的条陈，后来我看他走路那种气喘的情形，我才知道他的条陈是有所为而然的。

我们到学校，正是开午饭的时候，我的住室在图书馆隔壁，出入要从学生食堂经过。当我们走过食堂时，许多的目光都集在我的身上，而且隐约之间闻有笑声。我以为这不过是学生们对于新教师的常态，虽然是很有趣的，但并不足以注意。乃走不几步，因笑声而集于我的视线更多，笑声也更随之加大。此时我以为或者我的行动有足以使人发笑的地方而然，谁知转眼一望，则大家的视线都集中于我所携的东西上，有些坐在较远的地方的人，并离开座位站起来看。我虽不知他们到底所笑的何事，但我已明白我今日这样的举动实与她们平常的见闻不相合。

放下东西，到克仁家里去吃午饭，首先问他的所以，经过他们夫妇的指示，我始恍然我方才推论的是有几分道理。

你大概还记得北京所谓“官派”吧！凡是做过“官”的，无论穷得怎样“贫无立锥”，但为保持他的派起见，门房、常班、老妈、丫头、厨子是不能不用的，门房里的号簿是不能不备的，没有什么“大人会见老爷”，初一十五更夫来收更钱，也得在号簿上记上一笔“更夫禀见老爷”的账。就是新式的教授先生们虽然事事都得欧美化，但老妈子、厨子、门房、车夫与不上街购开门七件、不在街上拿东西的种种国粹却不能不保存。成都远在西陲，自然不比北京，但是教员先生们还能保持几分古风。譬如说：长轿——尤其是三人轿——是表示个人在社会上的地位的，教师既是上等社会的人——实际上也有些是为谋兼课的便利——自不能不备三丁拐的长轿。而且据闻这里的所谓校长，以至于重要职员与大教员大半都是在衙门里兼有差事的，为上衙门的便利计，也不能不用长轿。于是相习成风，就是克仁夫妇也为环境所迫——因为做了教务长——而不能不备两乘轿子、六个轿夫。此地上等社会的人都长备有轿，即使无北京式的轿子、老妈子、门房、长班等等那样齐备，但最少日用物品是有轿夫代劳的，即使自己高兴去买，无论如何是不必自己提携的。我为高等师范的教师，既置身于上等社会的圈子内，而破坏上等社会人的惯例自己提箱携笼，无怪乎学生们因我的奇形怪状而发笑！

可是我始终不因不合时宜而改变，无论如何都是要我行我素的。

下午二时仍然请老王引导我上街。这一次的目的只在看成都的社会现象，并无一定的地方要走，也说不出一定的地方，只随老王的意思，由他引导他所认为可以游览的地方去游览。

自二时起至六时止，走过的地方不少，虽然四处都因修街而将平坦的街道拆为崎岖的烂路，使人“有行不得也哥哥”之感，但小巴黎的成都确有她动人之处，绝不因行路难而伤你对她的感情。

已经重修的新街道从前已经说过不必多加赞美，就是未曾改造的旧街道也很宽敞、清洁；街心也如长沙、武昌一样，都铺以石块，而稍微幽僻的地方，两旁并有成荫的树林，则为长、武所不及。铺户除商业场一带，虽然很少楼面，但都很高敞（就是单层的也常在丈五六尺高，若在上海则改作二层而有余）爽洁；构造的材料最大多数为杉木梢，微体面的商家，其门面上的柱头常常大至合抱。临街的住宅，构造更为堂皇：大门照例是八字式的厢房，最大多数都油漆得很光亮，而且大多数都有一块黑漆金字的大匾横悬在大门之上，有些并有木刊对子悬在门之两旁。这些匾对绝无自制者，都是亲友于新屋落成时集资赠送而来。此外还有一种最通行的装饰品，就是本宅的一对大灯笼，无论何时都是挂在大门之外的。所以我们要清理某宅的世系与其在社会上的地位，就可以从其灯笼与匾的上下款中求得。大门内大概都有一个很大的天井，天井的对面普通为轿厅，两旁或为客厅或为别厢，上房照例是在轿厅后一进或二进的，这种肯构肯堂的建筑不独在海滨的都市中不易见到，就是内地的省会也不轻易见到。这自然是由于此地建筑材料的便易，但生活的优裕，当亦为其重大的原因。

成都虽然远在西陲，交通不通，凡属洋广货都较他处为贵——商务、中华之书在别处售八折或八五折，重庆与成都均加一——但是舶来品与下江货的种类几乎应有尽有，而且据我今日经过的地方看来，无论何种广货店，生意都很不恶。虽然所看见的顾客多有带马弁的老爷太太们，但普通平民之枉驾者也不少。此亦可为此地人民生活优裕之一证。

“四川菜”是海内闻名的，就是我这不讲究饮食的人，也因振于其名而常在下江上四川馆子，可是在下江的所谓四川馆，其成分中总夹有他种元素；四川省里面的四川菜自然是最纯粹的：就我看来，其纯粹的地方，不独在味的方面，就是形式上也有大特征。如说：上海的美丽川、兴华川何尝不被称为真正的四川馆呢，然而自座位以至杯盏无不是上海化。此地的小馆子在数量上固然布满了大街小巷，在形式上也颇有统一的现象：大概所谓小馆子，照例只供小吃，不办筵席，而且都只有一二间门面，三五张桌子，所卖的菜，每日都呆定只有某几样，并且每家都有一二种拿手菜招揽顾客；但也有公共的特征，就是辣椒、花椒、醋三样东西，除了客人特别关照外，哪怕你只吃一碗面也是三位一体的。他们的出品虽然都很精，然而价钱却比重庆的还廉。即如我今晚在东大街某小馆子吃一碟鸡肉、一碟牛肉、一碟肥肠、一碗豆花，一顿饭合起还只费八百文，算大洋不过二角余。你想世界上还有什么地方比这里的生活还廉而舒服吗？因而所谓小馆子的生意也特别好，稍微著名的店家，不到下午四五时，便一个“毕”字牌悬在门外而谢客了！

还有两种现象足以证明此地人民生活的特别休闲。第一是茶馆，第二是戏院。

讲到茶馆，你以为其情形也不过如南京一样。南京人上茶馆的习惯自然是很普遍，但是他们的时间只以早晨为限，而且茶馆里的分子以中下等社会者为多，茶馆的数量也还有限。这里的茶馆数我不敢一定说是占全商店的几分之几，但就今日在各公园所见的现象推论起来，十分之一之数大概总算不多。茶馆虽然多，可是店面又并不小，最小的都有三四间门面，大的常十余间以至数十间。座位大概为竹制的靠椅，每家总可容座客数十以至数百。

以这样大的店面，这样多的座位，你以为各店绝不会满座的——我不亲历其境，也要作如是想——可是事实上，无论哪一家自日出至日暮都是高朋满座，而且常无隙地。坐在这些地方的客人，并无衣服褴褛的所谓下等社会的人，除了极少数时髦女子外，几全为长衫队里的分子，而且以壮年居多数。他们大概在生活上是不生什么问题的，既非求学之年，又无一定之业，于是乃以茶馆为其消磨岁月之地。其常课总是九十时以后邀集同伴上馆——一个人进茶馆的不多——座位定后，便有侍者照料茶食，上焉者饮于斯，食于斯，且寝处于斯；下焉者只饮而不食，寝而不处。上焉者于饮食之余，或购阅报纸，讨论天下大事；或吟咏风月，诵述人间的韵事；或注目异性，研究偷香方法。及至既饱既疲之后，乃颓然卧倒竹椅之上，使一切希望都在南柯中一一实现。等到一梦醒来，不是月已东上便是日已西沉，于是此日之日课已毕，乃转回家中，吃过夜饭，再进戏院去上夜课。下焉者受经济势力之限制不能为上焉者之寝处于斯，但一坐亦可数小时。其忍耐力已超过南京人，不过与上焉者相较，未免有小巫见大巫之感耳。

戏院在量数上大概与长沙的差不多，全城不过二三十家，不过满座的现象恐非长沙所能及。这些戏院散在各处，我无如许闲钱，如许暇时，把每家的门票都购一张而一一看之，不过就今日在中城公园的剧院中情形看来，真有人山人海之感。这戏院，并非特有的建筑，只是用若干篾席与树条搭成的，座位总在五百以上，观者满座而外，并有若干站立者。而观众中之百分之九十以上是妇女，两性之数量正与茶馆中者成反比例。据闻此地所谓中上之家的妇女，日课之最重要者有二：一为看戏，一为打牌，其情形正与长沙相等。

这许多的男男女女在茶馆戏园中度日子，你将以为这样地耗费时间与金钱未免太可惜！你果这样想，你之愚蠢真不可及。你第一要知道钱是以流通而见效用的，用钱又以能满欲望为最有价值，他们的欲望既在此，每日用去几文自然是“得其所哉”。而况在茶馆里坐一日，若仅只喝一壶茶，所费不过一百或二百文——合大洋三分或六分——就是吃一顿面也不过费三四百文，再加一二百文的点心，每日也不过费大洋二角。戏院中头等票只六百文，二三等只要四百三百文，就是天天购头等票去看戏，每月也不过费大洋五元而已，比上海一个工人的纸烟费还少，所谓耗费金钱实在是很少的事。至于时间，在这地方根本是不值钱的东西；莫说是一般无事可做的人，就是所谓军政界、教育界有固定职务的先生们，约定晤会的时间相差至于两三小时也是很平常的事。“虚耗时间”几个字在这里是很少有人道及的，你又何必替他们着急。

我看得他们这种休闲的生活情形，又回忆到工商业社会上男男女女那种穿衣吃饭都如赶贼般的忙碌生活，更想到我这为生活而奔波四方的无谓的生活，对于他们真是视若天仙，求之不得！倘若中国在时间上还能退回数十以至百余年，所谓欧风美雨都不曾沾染我们的神州，更无所谓赛因斯（Science）其者逼迫我们向二十世纪走，我们要为羲皇上人，当然有全权的自由。然而，现在非其时矣！一切的一切都得受世界潮流的支配，成都式的悠闲生活，恐怕也要为川汉铁路或成渝汽车路而破坏，我深幸能于此时得见这种章士钊所谓农国的生活，更深愿四川的朋友善享这农国的生活。

十一月十五日

故人

路上独行二十日，很感着孤独的烦闷；到成都虽有故交的克仁与淑班，新知的一般同事及学生。但故交对于当地的风土人情其不甚了了的情形几与我相等；而新知又嫌太新，还不到任情纵谈的时候。故十余日来仍然常有索居之感。

前日上午忽然有故人来访。下午又遇着一位故人，而且都是本土本生的成都人。这两位故人在交谊上并不算得怎么样故，都只曾在我吴淞与南京的家中见过一次面，然而今日我遇着他们，好似十年故交一旦遇于荒岛，真是喜不自胜。

我这样的欣喜不是无端：你想，于数千里外遇着旧识的本地人。我要游历胜境，他们能为我引路，要访问古迹，他们能为我指导，要调查社会情形，他们能举其阅历相告，要研究历史遗风，他们能以其经验为证；甚至于最平常的衣食住行的问题都可以以他们为顾问而得着许多便利，发见许多秘密。于"索居"无聊的时候忽然遇着这样能助我的故人，而且在一日之间遇着两位，你想可喜不可喜！

这两位故人，一位是陈岳安，是华阳书报流通处的主人，我们在文字通往来，还是民国八年我在长沙办《湖南教育月刊》的时候，面貌的认识则为十年我在吴淞中国公学中学部，他因代表四川教育团考察教育到沪而来看我。此君虽为经营书业之商人，然而固"书香子弟也"。他对于四川各方面的情形都很熟悉，对于成都的寺观与丛林的情形尤为熟悉；他的华阳书报流通处，虽然只在商业场占上海一楼一底那样大的地位，但是商务、中华以外各种出版物都全靠他贩运，虽然他每年的营业有时还够不到糊口，然而四川的所谓新文化几乎全恃他的努力。他平日很欢喜读佛经，对于人生很有他特殊的见解：他以为人之生死离合都是因缘，以因缘而生而合，因缘绝而死而离，所以对于一切都当听其自然，不必执着。但是他待朋友却能本博爱与牺牲的精神，对于朋友的一切都能当作自己的事情去干。这样的人在功利充塞于天地之间的今日，确可以当“隐于贾之君子也”而无愧。

第二是孙倬章，是法国留学生，是《新救国论》的作者，今年上年他由法国归国，由穆济波介绍至我家中相见的。他虽是法国留学生，但是无人道破，你绝不知道他是留学生：因为他第一不说洋话，第二不穿洋服，而且其形态处处足以表示他是一个东方式的学者。他遇人说话讷讷若难出诸口，但做起事来据说很有毅力：他为达他的目的能忍人所不能忍的辱，耐人所不能耐的苦；他对于改革四川的欲望很大，计划很多，而且时时努力实行；他在言论上曾因批评《农业救国论》而使近代文学史有名的长沙章行严告罪；曾因上书力言改革川政而使独揽四川大权的杨森将军拜倒。他回川而后，名义上虽在成都高师教社会学，但根本的目的在改革川政，所以课余的时间都费于组织团体上面——对于此次四川省教育会之组织费力尤多——他自称为政治改革之实行者。

数千里外不可多得的两位故友，今日竟能同时相遇而为共摄一影。你看他们的年龄虽然在四十岁上下，但是其童心固如小学生之童子也。

十一月十六日

访囚徒

我不曾作过囚徒，然而能想象到囚徒所受的种种不应受的痛苦。

我深信中国人传统的劣根性未改变以前，无论什么社会改革、政治改革都是虚有其表，而且常把新旧的优点一一驱出而将其劣点一一保留。

虽然相信马克思的经济史观是解释人类进化史的一种重要学说，但我不相信就是唯一的学说，唯心论至少也有其可以存在的价值。

中华民国十三年的内乱不绝，因帝国主义者之压迫而使国内社会经济起绝大的变动，固是重大的原因；但是数千年来流传下来的皇帝式的独裁思想却也未尝不是重大的原因。言论自由，何尝不明明白白辉辉煌煌地载在所谓全国人民所共道的临时约法上，可是有人触犯了当地有权者——不论是文官武官、军阀政客——便可生杀予夺地由他自由处理。这一次我所访的囚徒就是这样的一个实例。

我因文学上的偶然欣赏，早知四川成都有李劼人其人，也知道他是成都方面加入学术团体少年中国学会的一分子；然而我们始终不曾见面，既不知其是否“身中面白无须”，亦不知其为“何如人也”。我来成都固不曾预计要晤此人，也不知他是否在成都。今日的午前，本地某报载有李劼人的启事一则说：

我于本月某日因某报馆的连带公文一角，被督署副官处率武装兵士从家中请去住居三日，得亲友之力，现在已安然返家。亲友盛意，无以为报，但自视我的骨头尚和从前一样是硬邦邦的，差可告慰。仅此伸谢，恕未一一函达。

这样的启事确足以表示他是一个真正道地的书生。这样的书生确是当今之世所不易得的。于是我向日对他那漠不关心的态度，骤变为敬仰的情感。下课后，立即跑到陈岳安那里询问他此次入狱的因果，并请他引导到他家里去。

他被捕的原因实在很简单：在名义上，他为某报卸职编辑员之一，某报因某事有侮当局——据闻系性的问题，根本上与经济无关——而遭封闭，其现任编辑被捕入狱，他应当负连带责任；而在实际上，则因为某督办的幕友，有几人很想望督办成为礼贤下士大政治家，所以无怪什么留学生或“外路人”之有声名者，都得以督办的名义下请帖而宴会之，以联络感情，虽然宴会时，主人因着公忙而不曾列席，但最少都有专门的宴会代表作陪，无论如何，都足以使被邀请者感着巍巍然为督办座上之宾，而诸事不得不帮忙以报之。劼人为法国留学生之一，而且未出国前、既出国后都是言论界的一分子，其被礼贤下士的督办重视而邀宴也无疑。不过他生性太孤僻，竟饰词不赴，在督办虽亦无所容心，但在幕友的面子上却不免有损失，于是他入狱的真正原因，也就无法去除了。

下午三时，在劼人家中见着劼人。他回国差不多半年了，除在某报做过几日义务编辑外，什么事都没有干。他要干事当然有事可干，不过他以为现在的成都，除了替某督办作门面外，其余几乎无事可干——这当然是指军政教育界的事——所以他索性不干。他虽然是所谓世家之子，但他父亲宦游所遗留的只是些还不尽的债务与一种可以糊口的秘技——即作小儿急惊风丸。他家对于这秘技虽不公布，但对于出品也不登广告，只凭药力的信用，每月平均总有三十元上下的收入，全家即恃此过活。劼人间有著作上之收入，则以之为偿债之资。

劼人住在他母舅家里的几间偏房，与岳安的住宅前后相通。他母舅的房子是一座很大的成都式的公馆，虽然旧一点，但房间很轩敞，大厅尤大。他家便在进门左手的一座偏厦。这屋与正屋比虽是偏废，然而却是一座很幽静的独立住宅，里面有正屋三大间，厢房两大间，厨房杂屋在外，前后都有很大的天井。这样的偏厦，在南京所谓公馆中已不容易找得——即有也非三四十元月租不可——而幽静古朴尤为我所向往。

劼人家中的人口很少，除他自己外，只有一母一妻与祖遗下来的一个丫头。他母亲因为运他父亲之柩由南昌回川，在途中受了潮湿，至今不良于行；妻则为其中表，美而贤；丫头十七八，披着长发而痴憨。劼人长不满五英尺，但两目灼灼有光，讲起话来，声音高亢而嘹亮，气势从容不迫，俨然向人演说的一样。他平常做事的责任心如何，我因为系初次见面不能断定，但见他说话一字一句都不肯轻放过，两手抱着水烟袋也努力地在那里一口一口地狂吸，走起路来就在房间里也是大踏步地向前的态度，很可以推想到他平日治事的精神。

我们从来不曾见过面，但见面便好像十年故交久别重逢的一样，什么话都讲，而且滔滔不绝，一讲便几点钟；不独互道家常，就是他人所认为不可与第二人道的恋爱经验，也信口而出。他并且把他在巴黎所结识的法国爱人的影片指示给我看。他的人生观只有快乐而无苦痛；无论什么事，在他看来，都是津津有味，就是在巴黎作《同情》（他述其在巴黎卧病的经过的一本小册子，中华出版）的时候，他也觉得无可悲观。因之他以为无论什么事要做便做，不做便不做，所谓富贵权威生死在他看来，都不是什么大问题，都可自由解决。但他最恶“无本事吃闲饭的人”，他以为这样的人比无业游民还坏；因为无业游民人人都知道他为无业游民，他亦不能借别的招牌招摇撞骗，唯有那自命为君子的文人学士，借着先知先觉的招牌，造了无穷的罪恶而又骗得社会上一般人的尊敬，真是罪不容诛，所以他近来创作中所描写者多半是本乡本土的真正的社会问题。

我们谈得几乎不能分开，但因我有他约，终于五时半而告别了。

由他家走回学校，一身都觉得很轻松，精神上的愉快，好似久居烟雾冲天的城市一旦走向天高气爽的丛林里远足回来的一般。然而我又想到：此时此地，若李劼人而亦不被捕入狱者是真无天理！

十一月二十日

电影场

认识了劼人之后，便不时到他家中去闲谈；无谓的无聊自然可以减去许多。但不能天天去，于是又以一部分的休闲时间消磨于电影场中。

我记忆我最初看电影是在长沙受了青年会无代价的诱惑，但因感不着什么趣味，在沪宁各处除了陪客人而外，总不到电影场去。这里的电影场仍在商业场，首先邀我去的是傅校长与克仁，虽然因着有遣不能消而去过几次，但是所有的电影剧情都不能使我满足，在我脑筋中所留的印象也极有限。我现在要同你说的，只是此地电影场情形的大概。

据说成都电影场只有两处：一在青年会，一在商业场。青年会自然是以传教为目的，以电影为诱人之工具的，商业场者则完全为营业性质。因为交通不便，底片难运之故，所以取价特贵，最起码的座位是六百文（合大洋一角六七分），包厢则要大洋五角；若演中国影片，票价一律加倍。所以如此者，盖因中国片合于中国人之心理（?）也。

商业场的电影场面积很不小，总可容七八百人，普通的观众都在楼下，包厢则在楼上。此地的五角大洋，要换当二百的铜圆八九枚，在一般平民看来实是可以作五六天生活费的一笔大数，所以上楼者大概为军政机关上的老爷太太，与教育界的活动分子（我虽上楼，但系慷他人之慨，而非自己做主）。除包厢外，男女都不能杂座，并且在门口售票处便已由军事当局派兵督察使两性决不相混地分道而驰（买包厢票者在外），演毕时亦有军人监察。由此可见此地当局对于礼教维持之苦心。

十一月二十四日

中等教育

本月三日全校人员都要到离成都四十里的新繁县去开校友会的年会，一直要到五日才能完毕。起初我以为这种机会很难得，决定与之同行。后来想着我教中学教学法而对于本地中等教育的情形茫无所知，无论如何都属隔靴搔痒，因而决计牺牲新繁的游历而利用此三天的余暇时间参观此地的重要中等学校。

三日间我参观过此地公私立男女中等学校十二所，我不向你作论文的报告，只略述这三日来的印象；附上照片数张，你也略可看出这些学校的情形。

这里的中等学校很发达，私立学校也不少；不过为着政局变乱的影响，经费极为困难，内容不甚充实。就一般情形讲，私立学校改公立为好，学生都很诚朴好学。其余如教师为生活所迫每周上课至三四十小时，图书教具不完备，教授用注入的讲演式，都和一般的内地中等学校差不多。

我上年考察苏浙皖湘各省中等教育的笔记载得特多，你都一一知道，现在也不必详细再说，徒费时间。

这里的中等教育也有几种特殊的现象：第一是军教合一，第二是武人兴学。教育本属内政之一部分，所谓教育独立云云者不过是些少数所谓教育家的理想，实际上无论东南西北，绝未有不受政治支配的教育。不过四川的政治完全操之于军事当局之手，军事当局在其辖地内又有无上的威权，所以某次执成都地方之牛耳的军事当局——四川自民五以来即不曾有实在的统一，所谓督军、将军、督办等等，其命令的效力大半以成都为限——有变动，教育无不受其影响。唯今年的情形更为特别：今年执成都牛耳的军事当局既是奋发有为的所谓模范军人，而因为礼贤下士（?）之故，所收的谋臣策士又特别多，所以这位军事当局于上年克复成都之时，不一星期，全城公私大中小学校的校长都一律彻底更换——据闻只有第一女子师范的校长日日在动摇之中而至今犹未动——而打破从前政变只更换公校校长不换私校校长的例。所以现在中等学校的校长或重要职员，大概都在督署兼有差事而能切实实行军事当局的教育政策的。

军人兴学也是现在很时髦的事情。四川的军人因慕兴学之名，大概都于不问公家教育经费之外而自己努力于创造特殊的学校。这种学校有由一人倡办，多人赞助者，有由多人合力倡办者；其人才与经费都不发生什么问题。倘若开会上有负盛望的人倡办一个学校，向军官们捐钱，只要得大有力者提携，捐款也是很容易的。不过遇着他们所谓经济困难的时候，（实际上即不甚高兴）而不能立时给予现款，就是慷公家的慨（名义上为某军长官捐款若干，实际上绝未闻有人出诸私囊者，此为中国军政界通例，不独四川如此）也要算作一笔无期债，使你可望而不可即。所以此地从前因军人高兴所创办的学校而现在改组者颇有其事。其实教育本是饥不可以为食、寒不可以为衣的东西，我们湖南堂堂代表人民的省议员曾经因教育为消费事业而提议一律停办，四川军人能于高兴时努力倡办学校，已是天上人间，我们又何必深责！

三日来看过的学校虽有十二所，但各校的情形大体相似。所以也没有什么特别感想。我因时间的限制每校只能留二小时，每课只能留半小时，实无异走马看花，自信不能得着多少真相；而各校师生对于我这种走马看花的参观似乎都嫌时间太长，不时露惊疑之态，甚且将我这种无谓的参观，误认为有目的的举动，而常以对付视学员之虚假手段对付之；真使我诚惶诚恐不知所措，今而后我始知研究学问其难并不亚于做人。

十二月六日

荣膺学位

到成都已一月有余，虽然不曾被礼贤下士的军事长官所访知（?）而被视为上宾，但因为参观几天学校，教育界人士渐渐知道成都城里有个外路人舒新城，于是讲演的生活也便渐渐地丰富了。

教学上的格言说：“你不能以所不知者教人”。八年来，以我昏昏使人昏昏的教书生活，已经不知造了多少罪孽，然而还有“职责所在”几个字可以作避罪挡箭牌。讲演呢？是不能应用“职责所在”四字的，照理是不当造孽的，然而软弱的我，竟不能行其心之所安，而终于为情面所屈服，不时登坛向无数青年说我自己不甚了了而且不愿说的话了。

三星期来几乎每日都有讲演，甚至在甲校讲演，乙校还有学生来听，这自然足以证明此地青年求知之切，而同时也足以增加我精神上的苦痛；因为当此之时，我自己的人生观尚无定向，尚在变化递嬗之中，有什么可以供青年参考的言论！

在各校所讲的题目虽然不同，但都是些无足道的老生常谈，没有什么深意，所以不必向你详述。但有一件很有趣味的事却不可不告。

这件使我不能忘的事就是荣膺学位：

某日的下午三时，此间最有名的某公学——因为后台老板都是川中大军官——请我讲演；这校是中学，因为经济比较充足，形式与内容都比较的完善——虽然他们的办学宗旨我不得而知——校长是北大毕业生，虽然不是专习教育的，但对于教育上的见解却很有些道理。据说他并能以身作则与学生共甘苦。学校的地面也很大，房屋大半是新建的，教职员学生也大半都是此地同等学校的优秀分子。我因为从前曾经参观过此校，所以我能按时自己走去。到校寒暄之后，便由校长引导去讲演厅讲演。当我经过校长办公室门外抬头看见他的一张布告，几乎使我忍不住要笑出来了！

这布告是一块黑木板，上面用粉笔写着很端正的字迹，这样说：

校长布告

本日下午三时请国立东南大学教育学士舒新城先生讲演诸生务须一体按时出席此布

十二月一日

此几行字在一刹那间不知引出我多少联想：

我想到两三年来我在江浙皖鄂湘各省游历时常常为着无谓讲演牺牲有意的游历之苦况；想到在南京某教会大学讲演主席以我为美国留学生而称我为哥伦比亚教育院教育博士之余，说许多关于该院故事的笑话；想到许多初识的人们问我在哪国留学或称我为博士硕士的种种趣事；更想到吴稚晖的洋八股的文章与夫北京言论界称人为教授或博士的讽刺意味，忽觉得他这张布告对于我有重大的侮辱，而立刻想向后转。幸亏我阅世不浅，竟能脚不从心地向前走。但是我想这样不劳而获的学位，若果不加更正，未免迹近招摇。于是忍不住一切，明白地向陪我的校长说明我并不曾进过东南大学，虽然曾在东大附中及东大署校教过书，但是始终与正正堂堂的东南大学无什么关系，东南大学更不曾送我什么学士的学位；我的学历很浅，只是十余年前一个不曾进过中学而借得他人一张文凭考入高等师范最好闹事的毕业生。我所以和他这样讲，意思是要他于讲演前的照例报告中代我更正。

报告时他虽不将他所赐的官衔特别提出，但也不替我更正；这大概是要保持校长威严的缘故吧！然而我终觉默然受之有点近于撞骗，乃于讲演前自己郑重申明。

平日就以讲演为苦的我，在今日的情形之下，当然讲不出什么所以然来。所以不到半点钟，便点首向听众告别了。

后来我想，这位校长对我所赐的学位，确实有道理并且有来由的：现在到过纽约、巴黎、东京的文人学士，回国不常被人称而自称美国、法国、日本某某博士硕士吗？我住在南京时间上既有取得南京籍的资格（二年以上），住所与东大又近在咫尺，并且与东南大学四字多少有点关系，以此种种理由，推断我为东南大学的教育学士，其正确其根源不都与称凡到过外国的人为某国某某学某某士相等吗？既不责作俑的留学生与盲从的群众，而独于这位校长不高兴，毋乃不揣其本而齐其末乎?!

报纸

此地因为交通不便，京沪报纸到此常在一月以上（冬天水涸时费时尤多），所谓新闻都成陈迹；而此地一般人民都过的是“与人无忤，与世无争”的生活，不甚感着新闻的需要，所以据统贩京沪报纸的陈岳安说，《北京晨报》与《上海时事新报》，《民国日报》各销十份，《上海晶报》二十份，《申报》销五十份，《新闻报》除其通信员有一份外，在此很不易求得；其他各报因社会上无需要，他不曾贩卖（他为省外商务、中华以外各种新书之总代售者，每年亦做不到三千元的生意，购买力之弱由此可知）。本地也有四五种报纸，除了《四川日报》的后台老板为有力的军事长官有钱赠阅销数达一千以外，其余都只能销数百份。但据个中人说，凡报纸销数能达一千份者经济即可独立。这里的报纸售价并不贵，也是每月一元，一千元之收入可以维持者，完全由于开支之少。他们当然无特约的省外通信员（即有亦多系义务职，支薪最少），更无专电，关于国际与全国的消息自然是剪录京沪报纸，各县的消息大半由各机关供给或以报纸为酬请托友人而来，本城虽亦有访员，但酬资最高者每条一千文，最低者二百文，平均不过三百文一条（合大洋七八分），而每日登载者又不过十条左右，每月的访员费不过二三十元。此外最大的开支为印刷费，但每月不过三百余元；纸张则概用本地制造粗而黄的毛边纸，每日只出版两大张，每月所费亦不过二百余元。加以其他种种用费，每月八百元已足。实销千份，售报的本身上就有盈余，而况广告费亦可收百余二百元一月，故此地之报真能实销一千份者，一切馆员都可恃营业而有相当的薪金。

他们也有省外专电，但完全是从军政机关的公电中抄出改作，因此地电报须经过汉口重庆两处转线，京沪最快的电报到此亦得五六日（慢的比快信还慢，常延至一月余）。所以报上的专电消息，亦是京沪各地十余日前经过的事情。报纸的编辑形式，是学得上海《申报》的，无论什么事都不分类，只为流水式的记载。好在各种新闻言论均以二、四号字为本位，三、五号字为例外，一份全报，不到二万个字，读者看来还不费什么事。评论除《四川日报》外极少，这或者是记者感觉代圣人立言之不易而懒于执笔吧！本埠新闻也都是隔日的，即是今日的消息要到后天才发表，其原因之最大者就是人民不感着新闻的新字之重要，而编辑先生印刷工人都在下午五时以前出报馆。而且社会各种问题，除了有人代为撰稿投去或由什么机关送稿强其发表时外，就是记者亲身经历的事情也不会披露的。

这些你觉得很奇怪吗？然而我相信你重视我的亲身经历绝不会视为稗官小说家之幻想的！

小天堂

自重庆至成都，稍大的市镇都可以看得见礼拜堂及教会学校，成都城里的礼拜堂与教会学校自然也和其他各省城相同，遍布了大街小巷。所不同者，这里的城外还有一个小天堂！

天堂是和地狱相对的。吴稚晖常说中国所过的生活是地狱的生活，西洋人所过的生活是天堂的生活，我每觉得他过于形容，某次我们还有过一段激烈的辩论，现在若遇了吴老先生再说此话，我绝不会再反对他，就是他人不相信，我还当以我的经验作证。这一个结论就是由于昨日曾去此地的教会学校华西大学讲演一次而来的。

我们所谓西南唯一的国立高等师范，有皇城为校址，面积自然不算小，然而与华西比起来，则不及它几分之几；论到建筑与设备，更是无从说起：譬如我们除了少数的教职员用洋油灯外，全校都用清油灯，他们任何地方都有辉煌的电灯；我们除校长室、斋务室有几片玻璃外，其他任何地方的窗子都是用纸糊的，他们则连厕所都装满了玻璃；我们自头门以至后门无处不看见破垣败壁东斜西倒，无处不表现颓废的神态，他们则有整齐严肃，高楼大厦的建筑；我们除了头门内及校长室内与枇杷院等处有几株树在那里自然生长外，不容易看得树木，他们则夹道植树，绿柳成荫，远望之俨如丛林；我们的空地不是垃圾塞途，便是灰尘扑鼻，他们则青草遍地，马路如街。他们的图书馆虽然不算怎样丰富，但时时有新出版物添入，而且能好好保存，我们则新添者有限，旧存者反如风烛残年有朝不保夕之危。至于他们博物室收集的古物，与夫独立的健身房、大礼堂、教员住宅等等，更不是我们所能梦想得到的。——然而我们的学校固西南唯一国立学校也！

华西是英属加拿大教会设立的，学级自幼稚园至大学都有，而尤注重于师范学校；因为此校在中国教会学校系统上，是西南区的唯一大学，对于川滇黔三省的教会教育负指导与督率的责任，各地教师都仗它供给。

他们有学生会；我这次讲演虽然有校长及主任的私函，但请我的主体是学生会；讲演时一切任务也都由学生会的职员负责。

他们指定的题目是道尔顿制，我自然只能照例地勉强将在各处讲过的现成话背诵，自然没什么精义；然而屏息无声的听众与指挥如意的主席，却不能不使我生爱敬之感！

公园

成都最大的特色而最足以使人留恋的恐怕就是公园吧！

城内共有四个公园，第一公园在北面，是成都县立的，支矶石公园在正西，少城公园在西北角，中城公园在城中，都是成都市立的。四个公园，地点的分配不及东方，据说这一面是商业区域，目前不易得相当的地点。

第一公园就设在成都县文庙隔壁，面积很小，但花草树木却不少，附近的小学生常利用之为植物园，而且自己在里面种植许多花草。中城公园系新辟的，树木不多，面积也不过二三十亩，但以地点适中，游人也还不少。支矶石公园依城墙而立，宽只十余丈，长有数百丈，有苍郁的古木荫蔽全园，故有森林公园之称；唯游人不多。少城公园最广大，面积千余亩，有体育场、图书馆、通俗教育馆等，无论何时都是游人络绎不绝。

这里的公园都很整齐清洁，花木也绝不像南京鼓楼公园之常为人攀折。这自然是由于市政之修明，但人民爱清洁的习惯亦远过于南北两京，因为在任何街道中绝发现不着屎尿遍地的现象。

我曾经说过，成都人民的时间极充裕，常借茶馆以消磨之，若到各公园一看，更证明我这话不错。第一公园是以口字形的茶馆为中心的，中城公园的茶馆踞北部之一大部分，什么东西都没有的支矶石公园，也有一座很大的茶馆，就是少城公园各色俱备，但是就各种场所所占的面积看来仍以茶馆为第一。茶馆为游人休息最适当的地方，无论什么地方的公园都是不能少的，不过公园以茶馆为中心却是比较少有。而茶馆于其他游戏场所渺无人影时还是高朋满座，那更是少有了！

第一公园我只去过一次，中城公园虽去过几次，但萧索异常，不足以使我留恋，故我对于此二公园所得的印象都不深。少城公园离学校较近，课余常去，各种设置，在我都认为是不可多得的：如辛亥保路同志死难烈士碑的庄严，公共体育场的宽敞，通俗图书馆的幽静，通俗教育馆的雅致，绕园小溪的清冽，我每去一次都无不为之神往，而常常一人独坐其间听脑中的游离思想，如失驭之马自由奔驰，直等到无所联想而后起身。不过这地方虽然可以使你快心怡神，但络绎不绝的游客，声震屋梁的球声，雷鸣鬼哭般戏院里的锣鼓声、花脸声，无时不来打断你的思路，甚至常为聪明的士女视为无聊的疯子。你想，在这样的情形之下，所得又足以偿所失吗！所以我虽常到少城公园去，但对于它仍无什么大不了的好感！

我最欢喜的便是支矶石的丛林。在成都你要找丛林是很容易的事：因为所有的寺观差不多都有数百年不曾采伐而苍郁长数里的树林，不过那里面的清福，只有佛家弟子才能享受。（各寺观虽也可由人参拜，但非特别介绍不能进其丛林。）唯有这支矶石，既有郁郁葱葱古木参天的丛林，又可自由出入，而游人之稀少更不是其他公园所能及；有时除守门的警察外，什么都没有，有时虽有几个游客，他们有茶可喝，也就不到茶馆以外地段去游行。所以这里是最清洁而又最幽逸的地方。无论你有多少不可告人的污浊思想，也无论你有多少不可言状的愁闷，那四季不断的茂林中的鸟语，都可以替你洗涤、解除。倘若你有情人，你尽可双双携手坐在密林中自然所设的碧毡上，或卧在那人工所造的凉亭里，谈你们谈不尽的情话，也绝少有人说你是有背礼教（你须知道，在此地“礼教”两字束缚人自由的势力，比什么都还大，不可以沪宁等地的脑子来看它）而来干涉你。倘若你谈话谈得太多而口渴，尽可以到远在一端的茶馆里去喝茶；若果你嫌树林中的空气太闷不足以鼓舞你发扬蹈厉的精神，你又可上城墙上去看看城外田野间的景色，变换你的限界，扩大你的胸境。这样的公园实是都市忙人最良的休憩所，而且最适宜于我这样的忙人；只可惜没有你在身边，不能在幽林中共话儿时故事！

通俗教育馆

通俗教育馆设在少城公园，虽然入门者要收门票钱五十文（大洋一分半），有点名不副实，但内容都很不错：有博物室、音乐室、儿童图书馆、古物陈列室、讲演厅、会议室等等。就我在各省所见过的通俗教育馆看来，实以此馆为最完善。据说这是现任督办杨森在建设中唯一注重的一件事，搜罗的人才也不少，自下江货，以至“本地产”，自“留洋生”以至“留京生”，无不有之；经费亦比较充足，各校薪金常欠至十余月，此处独不欠，故所谓人才也乐为之用。馆长卢君据说很能做事而且好做事，所以馆中各事都布置得很整齐。倘若你是好清洁的人，你尽可到博物室外的公用凳上坐坐，遐想你所要想的事；就是不时有人从你前后或左右经过，扰乱你的思潮，但曾费去五十文买门票，最少都是有点雅兴的所谓上等人，我也不会觉得顶讨厌——实则上等人是最坏的东西，其讨厌还甚于一切人，我这里只是就表面的事实讲；我的意思你一定会明白的。

这里既是杨督办唯一注重的建设事案，一切职员也都敬慎将事；他们遇有可以宣传的机会，都无不利用之，所以城里各种大集会几全在此地举行，“通俗教育馆”几字也普遍地深印到一般人民脑海之中；而川中各种可陈列的物品，他们也可以以几行公文不费代价而索得，故此处有不易得之古物，有全川的土产，有各校所不有之模型标本。然而他们颇不自足，常思将馆中各种情形，用照片附以说明，编印成册，分布省外，以广传播。以僻在边陲的内地省会，而竟有如此成绩的通俗教育馆，实亦值得宣传。他们因我赞成，乃竟向我揩油，要我替他们择景摄影以为制版之张本。好在我的照相是非功利主义的游戏品，并且自己也久想照下，他们既不要我的底片，于我当然无损——在他们却很有益：因为此地摄影奇贵，每张三寸片要费一元以上——于是为之选照三十张（连公园在内），虽然感谢上帝赐我以很好的光线而不曾坏去一张，但我想全寄给你，有些实在是无谓，所以只寄上面的几张，你看看也就可以想象通俗教育馆的优美了！

放假

今日是阳历十二月十八日，学校原来牌示今日起考试，二十二日放假（开学日期却没有说），实则从十二日起便已考试，到今天各部都已考试完毕放假了。

我从上课至今不到十个星期，实际上上不了八个星期的课，居然就遇着放假，这一学期未免太便宜了我。然而其他完全不曾请假的教授先生们，每学期也不能教十二个足星期的课：因为经济不许他们延长。

我到校即曾详询校长本学期要何时放假，他告我最早当在一月中旬，我便把课程照着他所指示的时间预算；及牌示放假日期，我已为我所教的课程担忧，提早考试，我更为着急；然而有无上势力的经济的命令，谁也不能反抗，终于无可奈何地屈服了。而且伙食也由每日三顿干饭而改为两顿了！——据说这是假期的常例，不独现在如此。

放假是教员学生们的大赦。你想，在监狱被拘留几个月的罪犯们，一旦无条件被赦免出来，安安然然，自自在在，有家庭的，跑回家庭里去享家庭幸福，有爱人的，跑向爱人那去作絮语，有亲戚朋友的，跑向亲戚朋友那里去话契阔：他们应当多么欢欣，多么鼓舞。是的，他们诚然是欢欣的、鼓舞的，我今日看得那些住在近地的教员学生们的脸上都莫不有这种表示，就是有家归不得的学生，也有一种欢愉的神态：因为他们从今日起，有几个月不必受狱卒无理的监督，无理的干涉而可自由活动了。

我看得他们快愉，感情上不独不能引起共鸣，而且深感着悲哀；我竭力追溯学生时代遇着假期的欢跃，也竭力追溯近几年放假时的心情，但结果终是一个空虚，心影中已往的残像，终于敌不住现在深浓的悲哀。“我老了吗？我真老了！”我虽明知还是正是有为的中年，然而终于频频这样地自问。

我感到悲哀，并不是惜与同事或学生别离，也不是看得别人有家可归的反感，更不是对于教书的生活有什么恋恋。我来此两月余，除了少数学生与我的思想有交通外，其余和我的关系，并不超于路人以上，合与离，于我们都是无关心的，他们的悲欢也与我无何种关系，便也无从发生反感；至于牢狱式的教书生活，是我多年来想脱去的枷锁，这一次若非游川之梦蛊惑我，我绝不会再入牢狱；我且早已决定，只要借这机会把峨眉、青城游过，我便即日东下，脱去这桎梏灵魂的枷锁，永远不使它再与我圣洁的精神接触；我何尝系恋着这牢狱式的教书生活！

我所感到悲哀，完全是一种孤独的悲哀；我自脱离学生生活以后，为着生活而不得不过牢狱式的教书生活之日起，便感着孤独，而且为着孤独，曾受了许多打击；然而所感无如此数月来之深。其间最大的原因，就是你不在我身边。未放假时我自然常常为孤独所苦，但是还有机械式的工作，使我不能将全部的注意力集中于此。现在，桎梏灵魂的枷锁，既可暂时取下，一切也可暂时自由，你想：久梏笼中的飞鸟——思想——一旦被解放，还有不腾空万里、去来自如的吗？我今日特感孤独也正类此。

但是在无聊的孤独之中，终于得着安慰了！

岳安因学校放假特来相访，约我不时去附近寺观游览，劼人也可作伴。我想这倒是消磨时间分散注意的一个好方法；倘若在此时期能游览若干可游览的地方，更遇几个可“与之言”的朋友，那么也可以得着一点安慰，也不必时时为孤独之感所扰了！

消寒——谈话与讲演

几日来，满想与岳安、劼人游览寺观，借佛家的香火医我的孤独。谁知不作美的天公，竟连绵地下起雨来，使我这微渺的梦想都不能实现；而在这几日中又为着种种的事情仍然在暂时释去的枷锁，架上了一部分。

也许我这无谓的虚声是以欺骗青年。学校放假而后，常有校内的男女青年来访，有时竟至整天与他们谈话。他们之来都是挟有大欲的：有的要我解答教育上的问题，有的要我指示文学上的途径，有的要我讲述政治经济上的各种主义，更有讨论救国方法、婚姻问题以至于个人生活上各方面的问题的。我感激他们对我的热忱，但同时也可怜他们的“谬采虚声”。照理，我靠着“教育”两字的招牌生活了若干年，对于教育问题应当能解决几个，然而除却摭拾他人的陈义敷衍生活而外，我对于教育唯一的心得，只有“作伪”两字。我以为一切的教育都以教人作伪为目的，中国的教育，除此而外，更教人成仇；什么教育是完成人格、创造生活的话，都是教师持以为解决生活之道的幌子，根本上就不是那么一回事。文学吗？我更外行；在休闲的时候，我固以阅读文艺书籍为个人生活上求慰藉的方法，但有人问我易卜生、莫泊桑、歌德……的生平，我甚至连他们的国籍都举不出；至于文艺史上的什么派、什么主义，更绝对不曾在我脑子里占得一席地。讲到政治上经济上的种种主义，自然是现代时髦人所不可不知道的，但在我都是无关心。我并以为人类一切的罪恶大部分都是万恶的政治造成的，中华民国人民一切罪恶，更可说完全由中国万恶的政治造成的；我远它如鬼神，畏它如蛇蝎，我哪里再有闲心去研究它。而且，近来救国的人，出救国方法的人，都有过量之感，也再用不着我这样的人去管。其他如个人生活问题、婚姻问题等，我虽也有些片断的见解，但决不足以为解决这些问题的标准。所以许多青年乘兴而来，都不得不扫兴而去。然而去者虽去，来者仍来，结果，我又套上“矛盾”的圈子，为校内学生开一个寒假长期讲演，为校外学生作几次公开讲演。

在校内的讲演总题为“怎样作教师”，自然是告他们以怎样虚伪的方法；但是，无论如何总不会教他们如何教人成仇的。校外讲演的题目很多，都是些无关得失的闲话，用不着再详细告你了。

消寒二——摄影

全校只有我一人时常以摄影机自随，很得许多人的注意，而不时有同事学生以至他们的亲友来请我照相，某次理化部上照相课，也请我去作实验的导师。这大概是物以稀为贵的心理在背后驱使他们吧！好在我临行时带有十打软片，现在又请陈启天在沪代购十打——这里不容易购大批，而且价格比上海高两倍以上——所以来者不拒。时间自然为它消磨不少，然而我的孤独却从此中得若干慰藉，故也并不怎样吝惜。

放假以后，大家都空闲了。云南有位马耀武，是数理部三年生，自备了一具白朗尼小方镜，特地向我投师。他很诚恳而热心，不论怎样失败，总是坚忍着进行下去，并且找得一间空房子，拿了许多黑衣、黑布、黑纸之类作成一个暗室，整日在那里作冲晒的功夫。他的天性虽不见得怎样高，但他深得胡适“自古成功在尝试”的精神，终于不上一个月而学得很好了。此外还有校内的王大全、刘舫、林静贤女士是由淑班介绍而来学的——她们是预科生，我未教预科的课——校外刘、岳二女士，又由她们介绍而来。她们五人都是一女师的学生，先后同学三四年，都是“好朋友”，所以共同上林家设一个暗室为实习冲晒之用。但学习起来仍分成两组。故我的照相徒弟可以分成三组：第一组是马，他学得最早，成绩也最好；第二组是王等三人，她们虽然同时在学，但除刘备有照相器具外，她俩是伴太子进馆的，所得很有限；第三组是刘等二人，她们二人共备一副照相镜，很肯用心，也有相当的成绩。

因为环境的关系，此地人对于时间都不很重视。有多少日，我竟自日出至于更深，都轮流着为他们讲 focus、distance、time、light 的种种问题，但结果他们还是渺无所得；后来觉得不到水里去教游水，终于与不教相等，于是常常要他们带着镜子于风和日暖时同到野外游行拍照，回来再分别冲晒。我有显影箱，用不着暗室，他们都不能不在暗室里工作，因之，我于校内指示马君，又不时要到林家去。

林家一对老夫妻外，其儿子一对，女儿四个，大儿子与大女儿均做了父母，其余自二十岁以至十一二岁高低成行。学校没有女生宿舍，刘舫就以与静贤为同学的关系住在她的家中，而由她供给其伙食——这是农业社会制度下的所谓古风，文明都市中是不会有的——她家对我很诚恳，我去她家的第二次，全家的人我都见过了。那种忠厚纯朴的家风，很能使我回想你我的家庭，而引起许多乡思；然而在孤独悲哀中，有时也感着一点家庭的慰藉，不过只是偶然瞬感而已。

消寒三——游览寺观

在纬度上，成都与上海虽同在一根线上，但气候却大大不同。夏天不酷热，冬天不见雪。一月来虽曾下了几次雨，但时间并不绵延，温度最少也在四十度以上，一遇太阳便又升到五六十度之间，所以虽在严冬，仍然可以出外游览。

起初的游伴只有岳安与劼人，以后加入马君更加入王女士数人，有时并加入林家的弟妹；寂寞的游侣也逐渐变为有说有笑的队伍了！

天气虽不是怎样不适于旅行，但一则因为快到阴历年边，岳安不能有长期的空闲时间领我们到远处去。二则怕“棒老”请我们上寨，所以游踪所及只以城内外的寺观为主。

岳安是成都佛教会的会友，若干年前，并且做过一次挂名的和尚——就差头上九个艾疤——现在又代佛家流通经书，所以陈居士的招牌在成都各寺观里，比起黄炎培在江苏教育界的招牌还要红。因而无论游什么地方总是他作向导，我们护随。我们同他走，真有无穷的益的：无论什么寺观的历史，他都很熟悉，只要你愿意听，他可以滔滔不绝地告你一切；无论其寺观有什么可以看的特点，他都知道得很清楚，你若要看，他有方法使你看得着；无论他们有什么好吃的东西，你若要吃，他尽有方法使他们恭而敬之地给你吃。有了陈居士同行，只要你的五官争气，总能使你满载而归。然而他也知道投桃报李的古训，无论到什么地方，若果扰人家一顿，他必定要我替那些和尚们照些相，以为交换。那些有疤的光头们，虽然口里说着许多谦虚的言语，但心里对着这神奇的摄影都已乐不可支。我的摄影竟有这种实用的效果，真是我始料所不及的！

这回来，我们游览过的地方不少，照片总在一百余张。有许多在我以为不甚重要的，连底片都送了。剩下的虽然不少，但我最感趣味只有寄上的十余张。

从这些照片中你会首先感到成都各寺观的幽静。不错，那些和尚道士（青羊宫、二仙庵均为道士）真享尽人间的清福；他们有很轩敞的房屋，很充足的庙田，我们终日忙碌的衣食住问题，绝缭乱不到他们的心意；我们觉得城市太嚣，他们虽然在城中，但有葱郁的丛林，无论何时，都有百鸟歌唱给他们解闷；只会使他们觉得太静，而绝不会使他们觉得太嚣。他们的生活，在我看来，真是神仙不如！

然而他们也有他们的烦恼：每日五鼓就得起床念佛；禅堂静坐，沿门乞食，尤不是轻易的工作。在孟子所谓“食色性也”的人生中，他们便无缘与异性接触，就是食也只能满足其自然要求之一半；而况比丘们粗食薄衣也不是他们原始的冀求。几日来，很在几处看见他们的学校，学生的年龄大都在十二岁以下，他们有年长的和尚们教以识字念经，斋戒茹素；一切生活，都遵照各寺的戒约而佛化；每寺总有四五十以至百数十人，据陈居士说：这些都是穷无所告的苦人们为着经济的压迫，忍心将其子弟送入寺院中学习，预备将来为僧，以解决其未来的生活问题。我前在龙泉驿看到许多长不及来复枪的小兵，脑中遗留着纯洁儿童陷入火坑呼救不应的残酷现象，而时时乘机再现；今日看到这些，心更为之一悸。这许多纯洁的儿童竟为生活所迫而不得不陷万丈火坑中去求生，就是肉体幸得保存，灵魂也是焦烂无遗了。你们何不幸而为中国的儿童呵！

“佛门是一律平等”，谁也是这么说吧！可是人间的佛门，绝不是那么一回事。他们有种种的等级——我实在记不清许多，只晓得方丈是顶有权的——而且有种种的黑幕；不论寺规是传贤传子，若是想做一个富有资产的方丈的候补者，必得对同门善应酬，对长辈善侍候，对有力的施主善奉承，对当地的官绅善结纳，然后才有希望；否则——就是缺一件也不行——只有终老寺院做长期牢犯，甚至于求如牢犯的生活亦不可得，而终于被驱逐了。若果各种条件俱备，做了方丈之后，便冠冕堂皇地支配一切，而且出入都有年轻貌美的侍者前呼后拥地侍候。你看有张照相三和尚并立的现象——通常方丈的侍者是四人或六人八人，此方丈原有八人，只择优摄其二——也就可以想象到他在寺中的威风了。

在十来日的游览中，很吃了许多好的素菜。起初，我只以为是偶然的机遇，对于他们的招待不甚留意，后来每处都是如此，我们便常抱着吃的目的而去游；据陈居士说，各寺都有其拿手好菜，也都有其特殊的设置，“招客”之流，都是善于辞令、长于交际的比丘充任；他们要各为本寺求发展，平日总是竭力讲究所以求得善男子、善女人的欢心的方法，所以无论什么人只要你的势力足以直接间接影响到他们，他们总是竭诚招待，而且要使得你心满意足而后已。譬如对我们这些不讲布施的洋式男女们，招客便切实不着边际地谈时事、谈新学，遇着施主们便谈果报，遇着当地长官们便拿些“福庇”的话灌到他骨节酥软，然后于必要时请其布施或保护。就是饮食品也是随缘布置：如待我们质量并重，待高官力求质胜于量，待施主力求量胜于质。他这些话，自然告诉我们以和尚生活的内幕，暗示我们以做和尚之不易；然而也足以表示他之老于其道！

成都城的灰色动物本有充塞天地之概，然而绝不寄迹寺观，据闻此地的寺观是达官贵人们以及他们的姨太太们常临之地，而且多借此为欢迎准伟人、寄顿准伟人的地方，所以各处都能保持得很清洁。

我们吃喝他们的许多东西，最使我们念念不忘者就是文殊院的锅巴：锅巴本是香脆的东西，牙齿无病的人，大概都是喜欢的；但我们在家庭中所得的锅巴只是薄如纸片的薄片，而且不是太焦，便是太嫩；文殊院的锅巴真是特别，厚有寸余，而里面凝结的干饭粒粒都是黄而干。他们更用清油加盐煮透，香嫩无比；就是它的气味也足以刺激胃经而使人吞津厌咽。我们第一次尝着这奇味，无不感着满足而又感着欠缺——分量不甚多。离院以后，林女士尤为念念不忘，我们又设法使陈居士特于某日弄得些来而分嚼之。

那些比丘们人多事少，每逢我们吃饭时，便围满了许多执役者，自添饭以至送漱口水、提痰盂都有他们分任其劳，招待的周到比酒席的侍者还远过之。这样地做客，真是过于舒服。而我对于他们待客的艺术最受感动者就是添饭的方法。他们添饭，不是等客吃完了一碗再拿这碗去添，也不盛着许多碗的饭放在那里，等吃者吃完换上；他们知道第一种方法足以妨碍食客的继续进行，而且要扰乱全席的秩序；更知道第二方法有冷饭之虞使人不快，所以采用一种特殊的方法，就是于大家第一碗要吃完之际，由几个人观望形势，看看各人进行的速度，一面并另用较小的饭碗盛满了饭，等到那人吃完将有添饭的需要时，便一面叫着“再升”，一面从肩上伸手把预备好的一碗饭倒入碗中。那时，你不必停止任何动作而照常地进行饮食，又有一个圆团团、气冲冲的美饭团放在你的碗里，你的食欲受着美的鼓舞也要增进许多，而况努力加餐的注意力又完全不要分散，更足以增进你勇往的精神。我们无人可役，对于这种添饭的艺术只得临渊羡鱼地欣赏而已，“惟望役人”的显者，举着这种艺术，无限地增进你们的食欲！

除夕之夜

时间过得真快，今天又是阴历除夕了！

三个星期前，曾经过了阳历的除夕与元旦；元旦那日，学校及许多铺店都曾挂了五色旗，通俗教育馆并举行民意测验，街上并添了一种为成都当地人士从未见过的东西——说是崭新的十二辆黄包车。黄包车初上街，街上的人都争着去看，有钱的人也争着去坐，而车夫穿着新制的红边蓝布号衣，更昂然自得地拉着人向前飞跑；虽然一日之间撞倒了两个人，但车夫的勇敢，观众的人数，并不因而稍减。这些都是很有趣味的事情，也足以表示元旦的特征。然而我的心并没有什么感动，只是照常过去而已。

今日却不然：好早我便记得今天，而且计划到今天应怎样消磨。同在客中的克仁夫妇也早就替我感到寂寞，三日前便约我在他家吃团年饭，吃饭后便打牌以消永夜。我不是道学先生，自然不以打牌为有损道德，不过我的习惯终不合；有生以来，不曾坐过通夜，要我目不转睛地注视着“中”“发”

“白”，踞坐一夜，实不是我的精力所许。而且几日前，林女士便告我成都除夕夜市的情形，约我和刘女士及其弟妹于晚饭后去游夜市；所以我于六时在克仁处吃了晚饭，便驱车到我们约定的中城公园一同出发。

夜市在成都原来是有的；东大街一带每到日落月升、各家店门关闭之后，廊檐外便满布了各种物品，顾客也逐渐齐集，比白昼的人还多；是因为从这地方可以购得许多价廉物美的东西的缘故。这样的夜市我同克仁、淑班曾去过了几次，虽然也感着趣味，但与今夜比较，却相去甚远。

我们从中城公园出来已是万家灯火时矣。辉煌的路灯加上两旁的蜡烛，街上已映成白昼；而各店门首一对一对之朱红纱灯与夫伙计们喜充眉宇的忙碌，更表现一种除旧迎新的气象。我们从商业场转过东大街以后便信脚所之，走过许多不知名的街道，除了白日常见到的各种货物外，并添了许多不轻易见的东西，如小孩玩具，年节礼物之类。最特别的是香烛铺的面前都要燃烧高逾五尺、大如饭碗的一对烛，以表示其营业上之特点。我们走过许多地方，遇着闹热的地方也曾前去看看，想购买几件东西；但我们都不要换新帽，也不要换新鞋子，更不要敬祖宗，所以经过通夜售帽子、鞋子、香烛的各店，都不曾买得什么。最后，我在某处购得五六件玩具，备将来带回来供宁们玩。

我们一面走，一面各讲个人度岁的经验，一直走了几点钟，都不曾疲倦，但走到一个分路的地方，忽然得记克仁家消夜之约，终于依依地与她们分途返校了。

她们去后，寂寞之感忽来占了心意的全部，街上景物虽犹如故，但都不能得着我的注意。蹒跚回校，疲倦异常，不赴克仁之约，就闭门就寝。可是睡又睡不着，多年来度岁的往事与目前经历的新境，都一一浮现于心意之中，恍惚间听得工人消夜的欢乐声，街邻的爆竹声，锣鼓声，一阵一阵地起伏，一直到五时半始蒙胧睡去。

我因怕坐通夜而不打牌，谁知睡在床上倒整整熬去一夜，真是我始料所不及。不知你今夜的心情又是怎样！

你有小孩绕膝谈心，他们追问爸爸去处的时候，你的心自然要为他们所激动，然而你的寂寞他们却可以破去一些，当不至于像我这样感孤独的悲哀吧！

一月二十四日

病中

这一次假如你在我身边，你必定要急得手足无措。

阴历元旦以后，曾在各处吃了几顿饭；大概是因为饮食不节与寒气内袭的缘故，几日来不大舒服，前日的体温竟升至一百零四度。

在孤独的悲哀中，忽然遇着这样的病，苦痛真不可言状；最初发热时，我以为不过是受寒所致，自己服了些阿司匹林，热度渐退而感冷，但退后又复增高。到前夜，脑子竟一步一步地紧张，温度也一步一步地增高，坐立不能，只得掩被而卧。

卧后不能入眠，于是种种旧梦，都一一无系统地再现于脑中：回忆到我们数年来的甘苦生活，回忆到数年来我在社会上所受的侮辱，回忆到我脱离学生生活的种种幻梦，回忆到我八年来在教育招牌之下所过的虚伪的生活之苦痛……这些涌在我心头时，真是五味俱备，不知所可。

你曾知道：生死在我看来，不过是自然的幻变；一切人，一切生物，有生之初即是待死之日，谁也逃不出这必然因果的支配，所以我对于生不加喜，对于死不加悲；虽然我亦曾极力主张有生乐生。然而这次的病境，竟使我感着一种有情的矛盾：设想到我竟由此而死，并设想我死后的一切；我对于我的死并不感着什么悲痛，对于现在的世界也没有什么系恋，也不觉得有什么未竟之志要待结束，更不计虑死后社会上对于我的批评。果真就这样地死下去，我的髑髅一定埋在四川，倒是我心安理得的事。但是想到我死后的你们，全身的热气，都一股一股地向上升，陡然发生寒战，头更疼而心更紧，若用句陈语来说明，真是五内欲裂。我想我在社会上劳苦八年，除了和你过了仅免饥寒的生活，生得两女一儿以外，只有几架破书。这些破旧的书籍，自然是我的精血所寄，然而饥不可以为食，寒不可以为衣，堆起来还要占去一间房子；你要抚育儿女，无暇用此，儿女们又不能用此，在你们实是一件累赘；倘若你要拿去换钱用，恐怕尽其所有，换不到你们的一年半年粮。我知道凭你的手工——缝纫，刺绣，编织不论哪一样——可以养活你们四人，但在抱的宁儿，时时刻刻不能离你，正走得的淞与进幼稚园的湘，又何时不要你照顾；你为儿女们所累，根本不能自食其力，在生活上便已发生问题。就算也有我生前的朋友，看得你们的苦况而有所周济，但是我的朋友，愿周济你们的，其穷与我等，都是力不能胜，力能胜者，又绝不是愿周济你们的。而况当今之世，一切人的人生观都从实利方面走：我在，你向旁人通有无，他们或因我在某种情形之下可能于他们有利而情愿帮助；我死，这种期待已无对象，除了你的情感能略备几成交换条件外，你想以可以资生的手艺去抵押是完全无用的。然而我知道，这是你绝对不能办的。

我又想到：也许有仗义之士看得你们的孤苦，一身承当你们的生活费，一直至于湘等能自立；也许我的著作因我死而大销，你们可恃版权为生；也许你于无意之中购买一张彩票而发一笔横财；无论哪种假想实现，都可以解决你们的生活问题。可是，不一会儿，脑子又告诉我：姑无论当今之世，宇宙间无我所想象的侠义之士，就是有，大千世界中还有苦于你们若干倍的人们待周济而轮不到你们；靠版税，姑无论我的著作不成东西，不会有人购买，即能大销，从杀人不见血的书贾们手中漏到你们，已经有限得很；而况我死了，书贾们以后没有利用我的姓名替他们做广告的机会，就是白送给他们印行尚有问题，还说是抽版税、靠版税维持你们的生活；买彩票，倒有点希望，只可惜它的可能量太少了！

我又想到：就是你们的物质生活方面完全无问题，精神生活也难得过去。你曾因同情于未亡人而洒过多少次的伤心泪，你来信曾说某次预备到东大看电影，因看得同居者双双同行而陡感孤独而中途退出。如果我真死了，你在社会上一切活动的权利，都将因“未亡人”三字而被剥夺：你不能随便与异性交接，你不能单独出入公众场所，你不能自由选择职业，也不能自由运用你的技艺自活。你从前看得我乡向三嫂寡居生活的枯寂，与她受社会上种种不平等无理由的虐待而劝她早死，现在我果死了，向三嫂经验过的一切，你都得一一身受，你能不死吗？就是儿女看见她们的伴侣都有长厚的爸爸荫蔽一切，而她们一切的苦痛，无爸爸解脱，一切的不平，无爸爸铲除；她们精神上的缺憾，终身不能补偿，她们的生活也就永远陷在悲恸的境地。这样的人生，你们还能过得下去吗？

我又想到：灵魂之说若果实在——这是我平时认为不合理的胡说——我们一齐死去同在阴司或天上重过我们甘苦共享的生活，倒是最有趣味的事情；但是，潜意识又屡屡暗示我这种想望不可靠，仍使我心志忐忑，无所寄托。

最后，更有一种立将死去的预感来袭，好似我的生命几分钟就会不能保存的一样；我极力想挣扎些时间，冀得与你们见一面，后来知道我们相去太远，非一二个月——此时水涸上行要一月余——的时间不能与你们相见，便又感着失望，只竭力追忆去年十月十四日夜十五日晨的依依话别情形，以为最后之安慰。

我几次曾梦见你们都在我身旁，但是你们的悲容我不忍卒看，你好像也预知我一定会死，而急得手足无措。有时我看见你在室隅暗泣而亦泣，卒至两人抱头大哭，小孩们也哭。及听得有人叫我，睁眼一望，原来都是梦境。

几日来不大出去，克仁夫妇与朝夕相从的几位照相朋友不时来看望，昨日林刘两女士及其弟并在此照料一日，且要接我到他们家里去住，她们的盛意可感，我的孤独的悲哀也就因反映而更增加，恐怕住到她们家中更增苦痛，终于拒绝她们的请求。午前十时以后，热已大减，下午三时，得她们的提示，与之同到法国医院。

这里的法国医院的医生是两个法国人，据说内外科都好，为成都最好的私立医院；医药费也不贵，每次一共只取两元。我蒙他们之中的一个详细诊治，并刺血在显微镜下验过，最后断定是疟疾，我始知前晚服阿司匹林感冷之由来。他一面给我内服的金鸡纳丸，一面为我注射盐酸鸡纳水。五时返校，虽然恶心难过，两耳雷鸣，但寒热竟不再来，晚间亦略能安眠。今日午前九时又去医院一次，下午便只略觉疲劳而已，其他都无所苦。

一场惊心吊胆的恶病，就这样痊愈，真是便宜了我。今日回想到前晚所幻想的种种，实在可笑。然而我想到：人之所以贪生恶死，或者就是这些截不断的葛藤，在那里做线索，矛盾的人生也许都是这些线索织成的吧！

一月三十日

新都之游（一）

几日不曾出游，大地的春色正在那里一日千里地增长，院前的小草已渐渐披上浅绿的新衣，门前的桂树上，也来了许多不知名的小鸟在枝头唱着迎春的欢歌，我虽卧病新愈，也感到风和日暖不当蛰居室内辜负大好的光阴。

成都可游的地方，阴历去年底大概都已游过；我们游伴曾早有一个决议，在元宵以前必得去附郭四十里的县城新都一游。

岳安、劼人拿定天气大晴，可继续十余日不下雨之后，于是通告游伴整备一切，于阴历正月十一日早晨在林家聚齐后起行。

此行的游伴，共有九人，除我与岳安、劼人外，有岳安的大儿子，林刘两女士，及林女士的母亲、弟弟、妹妹，我们九人之中除林母是以烧香为目的外，其余都专以游览为事。

新都是自成都至汉中必经的大道，道路宽敞，中铺以石，虽然与成都相距四十里，但官道极其易走，所以我们商议除林母坐轿外，一律步行。

从九点钟出发，由北门出城，至昭觉寺旁分路下乡。走二十五里到三河场打中伙。

成都城内外各寺观的丛林，本已足以洗涤久困城市生活者烦恼；但是，因为受了都市环境的影响，一切都不免有几分都市化，而且丛林所占的面积究属有限；走到深林之中，每觉得阳光稀疏，阴气沉沉，使人发生苦闷之感。城外虽无古木参天的园林洗涤你的烦恼，但平原千里的田垄却能扩大你的胸境。我们经过昭觉寺以后，都觉得别有天地，喜跃不已。十一岁的林小妹快活到走路只是跳，她并不计及前途的远近，时刻要和她姐姐和哥哥在途中赛跑，遇着阡陌间什么可爱的野花，也不惜迂路去采摘，摘到自己拿不了的时候，然后分赠给我们，我们也因着她而花香扑鼻了。起初我们都以为她这样地跑来跑去，一定要在中途扒上她母亲的轿子里去的，谁知走到三河场她仍然在前面高歌相招。

我们因为要赏野景，都走得不甚快；除了林母的轿子远在前头外，林小妹是先锋队，陈本立（岳安子）、林仁宇（林女士弟）两人打二阵，林女士与刘女士居中，我与岳安、劼人三人为殿。我们虽不曾有意这样排列，但每次休息之后走起来，总是这样的自然而然地结合，几次我们故意要把林小妹挤在后面，她终于从间道抢先，使我们的次序仍复旧观。

除了林小妹时快时慢，彼此距离没有一定外，我们每队相隔都不过一二丈，我们各队的笑语声虽在两队之间都可以彼此听得，但谁都不曾留意谁的笑语，而“队自为政”地各说各事，就是为某队很大的欢笑声所激动，也只于问声“你们笑什么”之后而不再追究其他。所以我们各队的说话，都能极自然地进行。

田垄间的春气勃勃，久伏在道旁田中的小草，都伸出头来瞻仰践踏者的声威，飞翔空中的候鸟，正昂然自得地唱着胜利之歌，而久为寒冷屈服的蛙，也因为春神的爱护而不时在水畔呱呱而鸣。乡里的农民也乘着这春和日暖的时候，在那里从事耕耘，而替小草、候鸟、青蛙们助兴。

十一点钟的时候，我们都走得有点倦，但离三河场还有八九里。我们路过一家农家，便借着他们墙外的竹荫坐下休息。主人为他忠心的狗的吠声所惊动，持着茅竹旱烟壶走向前来与我们话桑麻。他是一位年近五十的老者，须发虽然有点斑白，但精神极其矍铄，只穿上一件单衣（我们还穿夹衣）。起初他不知道我们是什么人，面貌上很表示一种惊异的神态，后来林小妹上前与她说出所以然，他忽然由惊异而欢悦，且立刻请我们到他家里去休息，并告我们以种种耕耘的情形。我们不曾为他带得拜年礼，不敢造他的门，他乃唤小孙儿孙女们替我们搬凳倒茶。虽只有两条长凳，不能容我们全体坐下，然而他这亲如故旧的态度，已使我们感到人生的真趣，而泉水煮粗茶叶的茶味，尤能解决我们当前的要求。这样温情的厚待，是我近数年来所不曾有过的。临行时，他们都上前去了，我还呆立着依依不舍，直到岳安、劼人走上前几十步站在那里叫我，我才与老者道别。

下午一时我们到三河场，早由林母选定了一家此地最大的馆子午餐。吃了泉水做的豆花，吃了五六样荤菜，劼人并喝了酒，结果还费不到一元大洋，生活程度之低很与小北路安岳一带相似。

到新都已经是四点钟了。我们不进城，沿城墙直趋城东之宝光寺。因为陈居士早有信通知方丈，所以我们进去不感“背履历”的麻烦，迳由招客招待至内客厅安息，方丈也即时出来照料一切。

文殊院，昭觉寺的丛林，在我以前的经历中，已算观止，今日到宝光寺，又觉它们与之相较，未免有大巫见小巫之诮。它的围墙周数里，从晚霞的阳光中，远远望去，俨然一朵极大的晚云悬在天空，随风为微波的起伏，那树叶之茂密真无以复加。它前面的院墙与照壁成一字形，延长线总在半里以上，除了照壁内之八字大门前为空地外，其余都为丛林密布，最特别的，就是丛林中各树都有全黑的乌鸦栖止。每到天将晚的时候，它们成群蔽天从四方来集此间；未到以前，在空中唱着欢歌互相牵引，近寺之时，则疾飞而下，其声有如旋风摧树。它们落在树上，决不一落即定，必得飞去数十丈而又再回者数次。落定以后，又复互相欢唱，声音如奏乐般有抑扬起伏，已不如来时之嘈杂，等到天黑以后，一切声音都寂然无闻，它们已在交颈而眠，过它们的甜蜜生活了。等到东方将发白的时候，它们又零乱着唱着起身歌，等到大家起来，便又如夜来时结队在附近数十丈回翔而分途去觅它们一日的生活之资。而僧众们的起卧，也按照禅戒与乌鸦们同时，所以我们六时吃了晚饭以后，在院外看乌鸦归巢正有趣的时候，已有招客请进去安息而封关了。

寺内的房屋极多而且极静爽，除各种佛殿及禅堂僧众住室而外，客堂就有好几处：有专会普通施主的，有专会习佛居士的，有专会军政界伟人的，有特设的食堂，有专备的寝所；各处的设备，都以客人的身份为准则，而且是男女各别的。

六点半钟便将岳安、劼人、本立、万里及我五人安置在南院，把林母等四人安置北院。我们虽然知道禅院的规矩是要早卧早起，但除万里、本立两人外，我与劼人、岳安竟不为习惯所许，于是劼人的法国故事，岳安的和尚故事，便又连二接三地说个不清；我却因为乌鸦与禅院的诱惑，只努力在想怎样做和尚。

新都之游（二）

我们起来，已经日上三竿矣，和尚们早已赶过斋，就是林母等也吃了早点，收拾齐备，在等我们去游桂湖，我们匆匆吃了和尚特制的菌油面，便同他们一道出去。

桂湖是新都城唯一的名胜，以桂树得名。湖中桂树成行，遍地皆是，有大至合抱者，每逢中秋前后，桂花盛开，香闻十余里，树上黄金与水中荷花相映成趣，可惜我们不于三个月前来此，现在只能对绿叶的桂树与干涸的池塘（湖中凹处，实系人工凿成的小池塘，水亦无来源，并非真正的湖）瞻望赞赏而已。

桂湖地居城之西隅，一面沿城墙，有楼可望外的田野风景。湖内有亭台水榭、有茶居、有摄影处，平日实为一公园，现在则因各处玩把戏者多，而且天气尚冷，故游人甚少。我们于周览之余，即在茶亭上喝茶，直到午后一时寺中招客来请回去午餐而后返。

桂湖的爽适，宝光寺的幽静，本可以留我们久住，但是和尚招待得太客气：前晚和昨晚都是八大八小的便席，昨午又吃了十二大十二小的正餐，虽然都是素的，但有特制的菌油，其味远胜荤菜。就是晚间的被帐，也完全是新的。我觉得这样和尚生活比那忙忙碌碌的教师、商人、著作者都高得多；寺中的设备尤远过西南唯一的国立学校，倘若我能长久居此，我的俗气，一定会被这湖光山色洗涤干净，我的身体也会特别健强。然而他们太客气了，一举一动，一饮一食，都有人在旁伺候，反使我们心里不安，而且事实上也不容我终老于斯，故于今天吃过早点之后，为他们及罗汉们各摄一影而依依地与他们告别。

他们真太客气了！我们除陈居士带有几件拜年的礼物，

其余的人什么都不曾带去。厚扰他们两宿一天而外，临行时除还了一些礼物外，并且给我及劼人、岳安、林母每人当二百的大铜圆六枚，其余的各给三枚。我觉得这实在太不合理了，一定要联盟退还才是。但他们无论如何都不肯接收。最后陈居士替我们代收，据说这是一种例规。我不知道他们对于贫苦的拜年者，也实行这种例规吗？在我们取之实有点伤廉。

二月五日

薛涛井

薛涛两字，恐怕读过唐诗的人都曾知道。小时读诗，听塾师讲薛涛的故事，便想象到薛涛的才貌，必超过于现代的一切女子，她竟因韦皋召令侍酒而入乐籍，她固不幸，韦尤可厌，可是除了臆造一个倾国倾城的美女外，关于她的一切都不曾知道。

此次到成都后，久想瞻望她的遗迹，但为着“棒老”的恐怖，终于不敢独自出城去。昨日偶然在书店购得一部《洪度集》，忽又大发游兴，而且想到冬防已过，“棒老”当不会在白昼出现，所以决定今日邀林、刘两女士同游望江楼。

望江楼在城东十余里之锦江南岸，楼因临江而得名（成都之名锦城，亦由此江而来），薛涛井即在其中。据闻有修竹茂林，楼阁水榭，为游人休憩之所。我们于早九时出东门，因贪看沿途景色，十一时半方到。

望江楼因年久失修，颇有倾倒之象，但楼上游人仍然不少。我们去时并有似学生之青年数人占着楼上的正房，正在那里打牌；两旁的偏房也为他人占去，茶房乃引我们到游人不常到的方一楼上饮茶。这地面积不过三四亩，但配置得当，临江的这一面有楼两座，对面为薛涛石像及关于她之各种碑室，井则在东北面。

我们坐在楼上饮茶，眼看得对河市上商贾与河中船夫的劳碌，忽然联想到薛涛的孤苦可怜，好像一个纯静的美女站在我面前受摧残而我无力援救者一般。她过了一生迎来送往的生活，总算是历尽人世之苦了，然而除了几个所谓词人骚客借着她的姓名舞文弄墨以自鸣风雅外，当时以至后世何曾有人为她洒同情之泪！她的遗迹又何尝不是风流自命的人捏造的，她的真正的血和泪我们又何从得知！

我怀疑薛涛的遗迹，我深悔不该来此白费光阴！

刹那间的偶然思想自然是无根的浮萍，那竹林间的鸟声竟将我无谓的幻梦惊醒，不一刻又遍将园中景物一一摄下，而且对于薛涛的刻像，感着特别的趣味。特要楼上侍者觅人代托一张以备摄影。“矛盾矛盾”，我这样感着，然而我同时想到：人生之意义，也许都是从矛盾里产生出来的。

我们于一时在此午餐，吃了一碗成都所最不易吃得而最贵的鲫鱼。

这里的景物，我想不必要我用文字来描述，从照片中你可得到比文字描述更详细而精密的印象。

二月十二日

风波

这几日来学校忽然发生一种特殊空气，就是学生教师们都谈着学监刘某与女生高某结婚的事情。有许多学生并来告我以此问题之前因后果而征求我的意见：据说学校或将因此问题而引起轩然大波，非得我说几句话不可。

刘某在名义上与我是同事，但是我的脑子里还没有他的形影，高某则更风马牛不相及。我知成都也和其他的中国地方一样，是礼教之邦，只年老有权有钱的男人们讨年轻貌美的新式女学生们做一房、二房、三房……姨太太（实际上，讨去者也不尽是女学生），绝不容许人因爱而自由结合的，我的意见绝无发表之余地，就是发表了，即或于我自己没有什么不利，但于当事者之不利是可断言的。所以总不肯说话。

不几日，他俩竟在某处举行文明结婚。两方旗鼓相当，终于由调人调解了，一切文明结婚应有的手续如证婚人、主婚人等等都全备无缺，学校的教职员自校长以下大半都曾送礼观礼，学生们也有许多参与盛典的，唯有我不知“先礼后帖”的习惯，只以为未得请帖不便送礼而不曾参与。

他俩在最近的名义上虽然有师生的关系，但是他俩的结识却不自她去年入高师始，而是正式经过了父母之命、媒妁之言的，虽然结婚时采用一点文明礼式，但大体上总与礼教不甚冲突。谁知过了几天，校内的空气竟一天一天地紧张起来，我来此从未闻名的教授会议也由校长请定几位教授而开会处决这问题了；刘某辞退、高某开除的风声也传遍了全校。学生们对于这问题更有趣味，反对他们这种结合的固然是请出礼教先生作后盾，就是赞成师生结婚的也从图书馆翻得一本甘肃某女师范校长与女学生结婚的记载，从其中查出他们因社会攻击而请法院、教育厅、教育部以及名人如张謇、张东荪之流的种种利于师生结婚的法律根据与论据以为抗，而主张一切如故（即刘不能辞，高不能退）。结果，将刘调职、高仍留校，以平二方之气。

这样的问题，在我并不见得怎样感兴趣，一校教职员与学生因意见不同而结成派别以互相争持，互相杀伐，我更不以为奇。然而不在主张上用功夫而假借吃人的礼教作幌子，我还未到修养功深、见如不见、闻如不闻的地步，总有点不舒服。所以遇着学生们以及社会上有人来谈此问题，我也不自觉地发表我不健全的意见，而且在某次竟公开地讲演了。

我以为礼教是有新陈代谢作用的，是永久不能破坏的——就是旧的破坏将终，新的又已建成取而代之——它的吃人也是无古今无中外的。而且我也曾设想到社会上若无这吃人的东西制造苦闷，人生也就要根本失去存在之意义，所以我不曾做普遍地打倒礼教之幻想。然而我对于吃尽中国男女青年的买卖婚姻的礼教却痛心疾首去之唯恐不力。

买卖婚姻的苦痛，生在二十世纪以前的中国人，大概都曾受过，人人都欲言而不敢言，于是事实上发生多妾的制度以满足强者的男性的要求，而将弱者的女性踏入深渊，使她们永久不能翻身。自从欧风东渐，男女平等，恋爱自由的名词，始渐灌入中国少年人的脑筋，他们为着积极方面无人可资模范，消极方面旧势力干涉太过，在新的进程中，已不知牺牲若干生命，而尚未达坦途。所谓长者不知从积极方面设法指导，而专在消极方面来摧残，其心已不知何居，倾轧人而亦用此，那真是狗彘不食矣。

我不相信维护礼教的人不曾知道师生是不在他们所谓圣人所规定的五伦之内的，也不相信他们都未读过韩愈《师说》，全不知道师生的地位是随时可互换的。而且，所谓礼教拥护者又大半是实行有妾而赞成有妾的。他们果真智不及此吗？亦曰醉翁之意不在酒而在乎山水之间耳。

刘高之结合是否以真正的恋爱为基础不得而知，然而要以礼教——尤其是无根据的礼教——的名义来摧残两性间爱的结合的萌芽，我还不能见如不见、闻如不闻，我应当早离开此地了！

二月二十日

植树节

今天是清明，大家都得去东门外牛市口东之官地去种树。

以清明为植树节是袁皇帝以后全国通行的一个节日。我也很感着中国童山太多，极赞成有这样一个植树节——虽不一定是清明日。——使一切人民都欢欣鼓舞地开垦荒地，种植树木。可是若干年来，这样的节令都只以教育界为限，一般人民还只知道清明祭祖而不知种树；而且，就在教育界中，也是奉行故事，教师学生借此休息一日，真正去种树，种了树又去培养使它得遂其所生也是不可多得的。然而今年的植树节不然，成都教育界的分子，固然是人人要于清明日去种树，就是军民长官以至各机关的工丁也得于斯日去种树，而且通成都城的居民，也要按照警察厅所奉上峰命令的布告，一律要出钱向农林场购树秧，一律要于今日去城外种植。

今日诚是我生未曾经过的植树盛典，虽然因为下雨，牛市口一带地方很湿，但自督办，督办的几位太太，以至凡属有轿子的人（不单属教育界）都一律去牛市口外的植树场，男女学生们整队去的更不少，就是城内的居民也有好几十人。所以未到十点钟，那农业学堂预先布置好的种树场便已轿满人满，而预雇的农夫也已忙得不亦乐乎了！

今日种树的形式也和其他各处教育界种树的情形差不多：预先由农业学堂勘定地段；用木牌标出某段属于某学校，某段属于某机关，并将各机关各团体的领袖人物的地段选定，而将各领袖官阶都用木牌标出；先由预雇的农夫挖下小孔，将种树秧的大小，按照官阶的尊卑分别放在小孔内，等着行礼的时间一到，即由军乐队奏着胜利之歌，由最高长官领导大众行礼、训词、演说、礼成，然后大家分散到预定的地段；学生们便在存秧处取出树秧各寻一小孔丢进里面，由工人慢慢地覆土；官长们则亲至工人预定的地方站着看带来的听差和工人将树秧插下、牌子竖好，然后离去——有些好事的领袖也曾屈着腰抚摩树秧——于是各寻良友谈心，一等最高级长官离去此地，然后鱼贯地退出场外。

我因为不曾预先报名，所以筹备者没有替我预备木牌树秧等等；我不报名，并不是我的潜意识和我作对，实在是不忍将农场里发展很好的树秧，为着成全我的留名，（在数千里外竖一块有姓名的木牌，总不能不算是留名）而将它的一生于刹那间牺牲在荒郊上。

回校以后，追忆一日的经过，真是笑逐颜开；参与这样的滑稽戏，真足以消痰化食有益卫生呵！

四月四日

花会

在这干戈扰攘之秋，居然有最高级的军政人员提倡与民同乐的花会，真不能不算成都百姓之幸福，尤不能不算我的机遇。

花会的官名叫作劝业会，创于清末之某实业道，民国来少有举行，故现在还是第五次。会场设在西城外二仙庵山门外之左方，时间自三月十四日起至四月十四日止。

二仙庵本位于田垄之间，平时阡陌成行，五谷甚茂；每遇花会便将庵外之田踏平，搭建棚房以为开会之用。最初此地有一种习俗：每逢春初，附近农人即以此地为市场，各携冬间储藏之种子以及家庭工艺制造品互相交易。而此时正当百花怒放，农人播种之际，故交易品以各种花木及农器为最多；花会之名，据云由此而来。清末某实业道即利用此习俗而扩充其范围，于春初征集全川各县之出产而展览之，更名为劝业会，意在奖励实业。所以现在的官名仍是劝业会，不过百姓们都呼作花会。

会场所占的面积总在数百亩，场中各物俱备：凡城内之商店，大半均在此占一席地以伸张其营业势力；城中人亦于此时无男女、无老幼、无贫富、无贵贱齐集于此，于是荒凉之地段顿成最热闹之闹市。而成都城最多之茶馆亦于此时集中此地，而占去其面积二分之一以上。

场内除茶馆酒店外，便是洋货绸缎店；各县虽然都有特备小房间陈列其特殊物产，但因战事与交通上的种种问题，全川百四十县，竟只有四五十县有陈列品。然而今年花会之闹热，决不受其影响；因为上有达官伟人之提倡，下有文学士之赞和，场内有电灯、自来水、跑马场，各军官及其多数太太们并时来跑马，引得当地以及附近各县之民众如醉如狂地参观新事业；就是昔日男女分途的办法也于今年革除，女子可与其家人同赴会场，而不虞𫊸神[1]。所以会场里面的人也就特别增多。在一个月之中我曾去过两次，第一次在三月二十日是个人独去的，第二次是同岳安、劼人以及所有从我习照相的男女徒弟同去的。

我虽去过两次，但对这会中所有的陈设，除了各种花木外，并没有感什么特别的兴趣，而且觉得茶馆与终日坐在茶馆的人都太多——我不知道我何以不欢喜茶馆与坐茶馆者。这里的瓶花自然是各色俱备，最难得者是高二三丈的灌木也可以移植在此；使平野的旷地，陡成丛林，使你于稠人闹市之中保持清气，所以也还没有恶感。

四月十五日

毕业宴

照部章高师三年生最后一学期是实习的，本校今年有三班毕业，照例是如此。不过三月上旬方开学，四月中旬又得出省去考察，所以实习时间也就缩短。我的功课也只得潦草完毕。

在科举时代，前辈常告我们以读书人的两件乐事，就是大

① 𫊸读妥，𫊸神两字为成都最通行之名词，义为调笑妇女之男子。

登科与小登科。现在科举废，名义上不再有大登科了，但是内地父老，对于子弟之在学校毕业乃视为大登科，故边僻的县份仍有毕业报条，而县教育机关对于高师毕业生也很重视，每于毕业，供给三四百元，以为出外考察教育之资斧。不过现因兵事扰攘，除滇省毕业生全部有考察费外，川生得各县考察费者不及三分之一，所以出外考察的人数也不限多。

当毕业考试完毕之后，诸事已结束，同学之间因为聚首数载，一旦远别，都不免有依依之情，故各级各会饯别留别的事情也就纷纷而起。我以远道之故，多蒙他们相邀；每次并得演讲。演讲在我本是一件苦事，但终于不得不说，说了又须得罪许多人。所以最后因学校周刊记者刘云阶之索稿，而作成两篇短文说说我当年毕业时的心情。

追念（一）

与同学偶谈中的几个片段并致将毕业诸君

诸君！承你们不弃，不时有一个人或一个人以上到我这里谈话，而且谈的时候，都是无拴无碍地自由发抒己见，虽然你们和我或我和你们的意见有两极相左，而至于辩论，然而讲完了，大家都感着愉快，始终没有什么“隔膜”；这真是我最高兴的事情。我想：人世间的种种事情，都为着“不了解”的缘故，发生许多不当发生的问题，更产出许多不必要的苦痛。诸君！——不时来和我谈话的诸君，能够把人间的“隔膜”

掀开——也许诸君还没有被什么东西隔着膜着——赤裸裸地向我讲这样，说那样，我纵然为黑沉沉的浓雾蒙着，也不得不鼓着勇气去拨开它，把八年以前的我——和你们现在相仿佛的我，显呈于诸君之前。

诸君！我在八年前的这些时，所处的境况，也大致和将毕业诸君现在所处的相似：我那时是一个就要毕业的高等师范生，是一个在学校负“能”名的高等师范生！学术界虽然不注意到我那沧海之一粟的小卒，但因为我两年前曾和朋友在长沙创办一个日报，而且不时好在报纸杂志上发表些不成熟无系统的直觉意见——现在还是如此——社会上有些人提到代表我的符号，也摇着头、皱着眉、点着首，好像起了追忆一般的情绪，在那里推敲想象我是一个什么样的人。我呢？正是生气勃勃，自然是昂然自得；虽然不敢说是目空一切，可是做过的好梦也就不少。这些过去的云烟，当然不能蒙蔽诸君的前途，更不能增加诸君光耀，然而在离开纯洁学生生活日与社会作无谓周旋的现在的我追念起来，却是五味都全，似乎应当陈列出来和诸君共赏，诸君吃惯了“川菜”，偶然尝着一两样“湘味”，或者还可调和调和胃口吧！

我将要毕业时的那学期，腹中的经纶，不知道什么缘故特别加多：古人所谓安邦定国、经世济民的种种才能、种种计谋，好像都具备于我一人之身。我当时曾想。

“我现在是一个高等师范本科毕业生，资格虽不及留学国内外大学的博士硕士学士，但在本省总可算是登峰造极了！社会上虽不能以待博士硕士学士之礼待我，但至少亦当另眼相待，教育界更当替我留一个位置；而况我们英语部学科三年的英文完全是美国人直接教出来的：书虽然读得不多，但关于教育和哲学的教育、美学、心理、论理、哲学、伦理等等，关于文学的中国文学作品，美英文学作品，中国文学史，英美文学史等都曾读过，而且最大部分是用英文读过的。我虽然因好在图书馆乱翻的缘故，学校成绩不能称顶好，但全班三十人排列起来却也没有出过前五名；至于作文演说更是我的长技。以我这样有才干的人，何愁到社会上去没事做；更何愁事业做不好。——若果社会真不容我做事，而且我的事真做不好，那是真社会之过，我当然不负责任……”

想到这里，精神自然很兴奋而愉快，好像什么事都能办：倘若有人请我教书，不消说是干得下来的，而且预定几天工夫，就可以把学生教好；若有人请我作校长，那便更中下怀，更可以展我所长；就是不在教育界而改入政界、实业界——我想挟着我的英文中文科学——亦将无往而不自得，世界上到底有没有难事！拿破仑说他的字典中无“难”字，其实那时候我的字典中也是无“难”字呢！

可是再一深思，便发现前半段的观念完全无用，而且立即被排斥于意识阈之外，因为我当时并曾想：

“社会上的群众是盲目的，资格两字是盲人辨别他人贤不肖的标帜。不管你的法宝怎么高，若是你没有飘过海，别人总不信你是神仙。要在社会上作头等人物，只有努力设法飘海……”

于是意识的全部，又完全为“出洋”两字占领者不知若干时，并且想尽了方法谋这理想实现。虽然未曾仿照科学家的办法，把种种臆说都去实验一番，然而假定的臆说却也不少：第一，希望政府派遣大批留学生出洋，我亦为其中之一；第二，从“人力”方面单独向政府交涉；第三，向亲朋之富有者借贷；第四，向家中设法；第五，到国外去半工半读……大概可以想到的方法都曾想到了，而且每想到一种方法都感着特别的愉快。我当时也未尝不知画饼不可以充饥，然而除了自己画了几个饼子而外，又有什么方法呢！所以饥只尽管饥，饼子还是不断地离去！

至于学校的功课，自然是不必留意的：因为一则中外古今的书已读得不少，这时正是筹划经国大计的时候，自当弃小就大；一则画着的饼子，万一果真成为饼子，那携书本上课堂的生活更多着，又何必斤斤计较这短少而无用的时间呢！

追念（二）

草色青青柳色黄，

桃花历乱李花香。

东风不为吹愁去，

春日偏能惹恨长。

这四句诗，我十岁读《千家诗》的时候便曾读过，当时教师虽然也曾讲过诗中的意义，可是我却除了声音与符号而外，实在没有别的感触。后来有时也曾读及，但还只能知道字义之解释，至于诗中意趣，仍是无从领会。自从到长沙岳麓书院旧址的高等师范以后，便觉得这四句诗的意义特别增加。岳麓书院本是宋时朱张讲学的故址，在历史上自有特别可纪的地方。然而我所爱的不是它历史上的光荣，却是它当地的景物。岳麓山本不甚高，山中的古木自然不及衡山、泰山中的那样苍巍；然而满山的枫树，到冬初都戴红冠，穿上红衣，和太阳争辉，使我们一些爱自然的青年，每到阴历十月都要于落日未坠时，到山麓的池旁去赏观它们映照在水中的秀色，而且要向水影中看看自己是否也如敷粉的潘郎。有些好饮酒的，并且要偕三五良朋，携一樽好酒，坐在朱张从前看红叶时曾经坐过的爱晚亭中，一杯一杯地对酌。这些我现在回想起来自然很有兴趣，但是我不想也就可以忘去。我不想还能不时再现于我脑海之中的就是春日的漫游。

岳麓书院建筑在岳麓的“麓”下，冬天有红叶的枫树映照它，自然足以使人低回，但是除了那些着红衣的有几分喜色而外，其余的都带着些愁惨的气象，也就足以使人感着美中不足。可是一到春天，一切草木都换了新衣，姑不问两旁田野间的“草色青青柳色黄”，也不问正对湘江的园林中之“桃花历乱李花香”，就是山前山后不入流的草木，也在那里争妍斗艳，把满山都放遍了红花白花黄花，从远望去，好似临夜的黄浦江间，万家灯火都映在水中如天上的恒星样。那时，蜜蜂忙着工作，百鸟忙着歌唱，寂静的山林，平添了无限活气。就是远居城里的人，也不惜渡重河（由长沙城至岳麓须渡河两次，因江中横亘一沙洲，将江水隔而为二，长沙即以此得名），三三五五络绎不断地来拜岳麓，我们处在近水的楼台之中，自然有权先得月，所以一到春日，便是我们最高兴、最舒适的时候。——平日最不欢喜出游的人，到此时也为着“春色”的支配而时时至麓田间游行，我则春日的余时几完全消纳于田垄园林之中。

每到春季开学的时候，我预想到春日的漫游，精神便为之一振。等到春日将尽，百花渐凋，便又怅然不乐；然而迎春送客成为习惯，春来春去也就视为寻常。有时也于春去时感着寂寞，也曾诵着“东风不为吹愁去，春日偏能惹恨长”的两句诗。但是这句话，真义何在，却始终没有悟领。大概少年意气自豪，本来就没有什么愁与恨吧！

民国六年的春天，草色、柳色、桃花、李花，还是一如往年的青着、绿着、乱着、香着，我也照常把我余暇的时间消磨于田垄园林之中。但无论如何乘兴而出，尽兴而返，心里总不安舒，总似失去一件什么东西一样；鲜红的桃花，雪白的李花，青绿的秧田，垂腰的柳条，当时看来，好像都变其昔日妍柔妩媚的态度，而在旁边窃笑我无所依归的孤独。是的！我真感着孤独，真感着无所依归的孤独！我想到四年来同学间的切磋，想到教师的指导，想到工人的劳苦，想到家庭的供给，想到只管求学不问其他的生活，想到图书馆的书籍，想到朱张的遗迹，想到乡民的和善，想到山林的鸟音，想到田间的蛙鸣，更想到冬日的红叶，秋日的清泉，（山腰有白鹤名秋最清冽）夏日的古寺（山腰有寺名万寿宫），古木苍阴，盛夏如初秋，为我们常游之地，春日的百花……无一不足以使我系恋，无一不足以使我愿终身生活于其间。然而无情的时间，偏如流水一般地过去，一转瞬四年期满，我终不得不离开我爱敬的师友与可依恋的景物。

只离开不愿离开的人与物也罢！偏偏离开后又要走入举目无亲的社会中，只走入举目无亲的社会中也罢！偏又要在茫茫人海之中自谋生存。我本愿终身作学生，故未离校前，也曾画过许多饼子，然而画的饼子终于不能充饥，在学校求学的希望完全打消。做事吗？当时既在教书，自然不患无事可做。可是什么事是我当作的？我最宜作什么事？只教书吗？还作其他？为五斗米折腰吗？还是效陶渊明躬耕？专心做事呢？还是一面求学？求学怎样求法？因财务的防阻，不能求学又怎样？凡此种种均使我寝食不安，梦魂颠倒。于是听得东风，愁肠百转。看得春日，离恨千结；“春风不为吹愁去。春日偏能惹恨长”的真意义，始真领悟。——不但领悟而已，当我们行完毕业礼，不得不携行李出校时，竟因愁恨交加而哭了。人生快事的“大登科”，只是如是如是而已。

诸君的心绪如何，我不得而知，但我总望未毕业诸君，趁时努力学业，趁时珍玩景物，毋再效我当时临去而哭！更望即毕业诸君，努力创造事业，努力发扬校辉，毋再效我今日悒悒追念！

运动会

学校自开学以来，还发不到一月之五成薪俸，所以教职员于四月初便自由罢教了。我因为不是团体行动，对于罢教的举动与目的全无所知，只见到上课的教师一天一天地减少，而惊异自由缺席者之多，谁知到十五以后，便上课铃也不听得响了。我本想和考察团同行返宁，但因为功课未讲毕，不能如愿，故在二十以前仍然照常上课，而且加多钟点，希望早点了结，早点起行。然而大势所趋，终于不能特自独立。政府无款可发。

也就乘着这个机会将预定之全省学校运动会提早于本月二十一、二、三，三日举行，使学生练习体操而不至无事可做。

运动会是在东校场举行，地面很大，一切设置，一切活动都和其他各地运动会的情形相似。

四月二十四日

喜剧

国立成都高师的校长教职员竟为我演了这样一幕喜剧，恐怕是你梦想不到的：

运动会完毕之后，便有学生告我学校将以我为对象而起大风波。我当时很不以为意，因为我早厌恶教师生活，这次为着巴蜀景物的诱惑而来此，孤独的苦痛已经受够，只因不忍将自己担任的功课中途停止，及青城峨眉两地还未游历，不愿遽去，否则早已经离此。而且来此数月，除了孤独的苦痛而外，还使我了解教育界的污浊与人生的虚伪；我为着涉世已深，诸事不敢为尽情的攻击，但精神上苦痛，实为有生以来所未经，而数年来脱离教师生活的决心亦由此更坚。我曾将我离此的时间与离此以后的生活计划告学生，而且正在觅替人。我何故而可以作引起风潮的对象？

过一日学生中将此消息相告者更多，他们说这次的计划是很周密，背后有很大的靠山；他们又说，所以致此的原因，是由于我平日的言论不检，有损校中要人的声威；自己要去，又要觅替人，有妨同事的生活。我自问到此而后，涵养的功夫已与日俱增，就是觅替人也是受学生多次请求不得已而为之事，而且其人未必能来。以此而竟劳他人起一次风潮，真使我百思不得其解。

他们的报告毕竟不是假的，前月二十七日，某女士以女同学告发其与我有恋爱关系（注意关系两字）的罪名而退学。学校处理这件事是只通知本人而不用牌示的，然而，从未闻知的学生会产生了，而且以为一切罪恶都应由我负责，于晚间开会对我讨论办法了。谁知开会之时，某女士竟亲自出席，登台说了些有侮师长的话，其朝夕相从的某女士和之，一部分男学生又和之，竟至逼得当局者亲自承认收回成命而后已。于是我的罪恶更加深重了。其实当夜我却因友人之宴直至夜十一时方返。校中的一切都是被称为“拥舒”的学生于翌晨相告的。

此校素日是用严格管理的，然而二十八日竟为着“拥舒”与“收回成命”的问题，闹得不能上课。午后竟完全停课，学生中发生争斗，教职员则集若干人开全体教职员会议，最后由学校具备公函由当局者带领教职员学生代表亲赴督署请下令通缉，并带兵一队到处搜捕我，其罪恶是“诱惑女生，师生恋爱”（这两种罪名并行不悖，非他们的聪明才智实想不到），谁知我早已得一部分学生之掩护而出校。他们在校寻我不得，以为我必在劼人家中，到劼人家中搜索又不得，乃将劼人捕去为替。

这一日，我本有被捕的机会数次，都为学生掩护而免；及至劼人捕去，我觉得这样地连累无辜，实在于心不忍，决定一面向法庭起诉，一面亲自投案。谁知竟因朋友的解释而二者取消。他们以为成高的当局初意只在借此骗我，以为平日言论不慎的报复，现在的一切，也不是他们的始愿！第一，他不料区区的弱女子竟会不遵命令，第二，不料一部分学生竟义正词严地逼得他收回成命，第三，不料校中竟有老成持重的教员责难他；他既闹到下不得台的地步，所以不得不变其“丢面子”的初衷，而改采“履之死地”的最后手段了。如果有法律，决不会自创千古未有之奇例，请令通缉，请兵逮捕，更绝不会捕及劼人。所以我也不得不忍心使劼人代我受苦而匿居不出了。

从各方传来的消息，知道劼人的生命没有危险，至于他所受的苦痛，我想以他那文学家的浪漫态度享用之，反而于他作品有益；就是他的老母与妻子也淡然视之，反常来安慰我。所以除了在可能的范围内托友人援救外，也就不再为他惶急。

当初我以为他们也不过是用点恐吓手段，出出他们的气，或者借故报复报复劼人（他们恨劼人或者比恨我还过之）而已。谁知学生所谓置之死地的话竟非神经过敏之谈。他们于二十六日遣人守着各城门口，并在我平日过往的一切地方与教堂洋行里查访，而且悬了赏格通电全省缉拿务获，我现住的地方不能再居，为我通消息的学生也因斋务处两张严厉的布告而不能随时出来。然而终于有冒万险的青年于晚间点名后从墙上跳出为我报告一切，而且给我许多证据，我竟以此而重迁三次，而使他们几次查出我的秘密住所都在我迁去以后，真不可谓不是天幸！

几日来，成都报纸都满载着关于此问题之消息，而且有几家并由编辑者申明是成都高师盖印的原稿。我曾经作过记者，对于记者的苦衷深能谅解，所以始终不曾要求他们代我发表文字，只冥想到恋爱与诱惑两罪俱发的滑稽，校长函请通缉并带领代表率兵逮捕教员的奇迹（我想在教育史上大概总可称为奇迹吧），读那“天地之所共愤，神人之所难容”的滥调传单，听那满城风雨的传说，而漫写着经过的一切以消遣。倘使我果能生还者，你当有机会看得这喜剧的内幕。不过这事的关系太复杂，我的劣根性又太深，虽然写的很多，但是时刻顾念着他人，顾虑着社会而不愿立即发表，只好留作遗著吧，不过这件事我认为终当公布于世界，我不能生还，有人为作传时，也请你请他代我把这段故事加入。

本月三日又在报纸见着某女士要求该校立即答复的申辩，我知我的罪过又会加重一层。果然，该校的人员极其大度，而且特别尊重女权，无论如何都要拥护她为被恋爱者、被诱惑者而帮她申冤（?），所以对于她的申辩一字不复；甚至后来她的旅省同乡会去公函质问，在法庭申诉，亦无消息；唯集其全力于缉捕我。一般朋友都以为我有立即离此之必要，然而劼人未出，我终不忍独去。我相信我所处的地方还安全，我绝不愿放弃这样的好机会，只静居山间，尽力搜集材料，充实我的笔记。

其实这样的事情，在四川并不奇怪。前日报上又载与此相类的一件事：这是发现在重庆某女师范的，发生的时间与这里相去不远。其起因系某女生的月经布欠收检，舍监查见，悬牌记一大过，女生愤而服鸦片烟自杀。经救起而舍监以为是图赖，更须立即开除以儆效尤。在开校务会议处理此问题时，教师周某力言不当，于是他与她就被人指为有恋爱关系而开会散传单，闹得满城风雨；所不同者，重庆当地的军政长官不理这些问题，只听大家笔枪墨戟地战了一场，至她与他都离开学校而即了。我看了这段新闻，自然有德不孤之感，但地狱中的一切冤苦，也都活跃于我的脑海。这样的中国，真不是人所能过活的呵！

前日下午，劼人被释，并来看我，且与岳安等为我筹划种种脱险之法。我对他们这种侠风无话可说，只有泣而受之而已。我决定明早化装出城。虽然有通电通缉，但此地的命令与北京差不多，都是不大出得城门的，只要经过两天无问题，便可以庆生还。倘若万一不幸而不能脱险，我有遗嘱一纸存此地友人处，他一定于我死后寄给你的。一切请你照遗嘱而行。最要紧的，我的遗稿，你一定要代我印行，这次的故事，你一定要参照我自己所记的情形加入我的传中。你要知道，我是人，而且是凡人，决不会因为做教师便变成神，也不当因为作教师而变成鬼。则我一切的人和事，都当明明白白地宣布给人们共见共闻，决不要隐匿一点。

也许这封信是我最后的手笔了，你得珍重保藏留给儿女们长大了阅读，使他们知道所以没有爸爸之故而努力与恶势力宣战，为人类放光明。

归期

现在总算脱险了，胡子与京话帮助我不少。

这封信本可不写，但为着种种关系还得在这里发表一篇不必发表而且不愿发表的文章，大概有一星期的耽搁，所以先写这封信给你。

我是十一日早五时由成都起行的，今日午后四时到重庆，一切经过，另有记载，将来你总可知道。

这次事变我并不悲愤，只感到我的力量太薄弱，不能拯救为传统思想所误罔的青年，涉世太深，不敢正正堂堂拼命与恶势力作战。然而有许多青年之冒万险救护我，与劼人之不惜牺牲一切代我入狱，及几位不愿具名的朋友之不恤人言代我周详筹划脱险之方，总算我此行不虚。现在我只望此次与我为敌的人们自求进步，在五年之后不再有与此类似的举动，十年之后深恶这种举动。在我除却学校的功课未教完，青城与峨眉未游历而外，一无遗憾；而且深感谢于他们给我以真正渗透人生的机会。这样的经验是有钱买不到，有力取不到，是踏破铁鞋无觅处的，是最可宝贵的。我幸而得之，使我生活上的意义顿然改观，我后半生的生活虽然未见得都受它的支配，但最少它得占一个重要的位置。我现在只研求如何善用此经验的方法以增进我生活之意义！

我是人，而且是凡人，我既不能为着要过教师的生活而成神，也不常为着作教师而变鬼，今而后只有毅然地弃去这神鬼式的教师生活，而努力作一个平凡的人。

“相见有期，不尽欲言。”

五月二十日，重庆

北游杂记

其一

民国十年十月十八日至二十日

午前九时半乘特快车赴北京，十九日午后六时二十五分抵津。此行之目的有二：（一）为中国公学之风潮须与王敬芳先生接洽，（二）为参观京、津、宁三处著名学校。我本预定直到北京，至津访梁任公先生，悉王先生将于翌日来津，遂即在津候彼，寓日租界德义楼饭店。

天津虽系租界，但地旷人稀，绝不如上海之喧扰，旅馆犹宁静；赌博叫局诸恶习均无之，居其中俨如乡间庭院，殊为难得。风闻天津南开学校名，今既至其地，遂决往参观；原拟二十日上午去该校，适梁先生招谈，未果。下午王先生来，谈校事甚久，并约翌日下午同车赴京，南开之行，亦改至翌日。

十月二十一日　星期五

午前至南开学校，晤校长张伯苓先生，谈教育问题甚久。

该校校址在电车公司后，占地一顷，但光绪三十年创办时，学生只七十三名，校址即严范孙先生之偏院。今则分中学大学两部，中学生千二百余人，大学生男女二百余人，总计一千五百余人，校内执事并拟举行大募捐，募建筑购地费三十万元，预定添设女子中学，学校经费中学年需十万元有奇，大学六万元有奇，除中学每年受省款津贴三万余元及学费外，大学经费，概由私人捐助。此校在纯粹中国人之私立学校中，规模学额，俱首屈一指，然而该校校长及董事等十七年以来孜孜经营之热心毅力有足多矣。因急需上车，未及参观校舍及教学，拟返沪过津时，再去详看一次。

下午同王先生赴京，即住中原公司，适胡石清先生定明日起行赴欧美考察实业及教育，中原公司何君设宴于南园饯行，我亦作不速之客焉。席中与胡先生谈及出国目的，彼谓此行固注重在实业及教育，但亦旁及于社会状况；盖实业及教育之发展与否，皆与环境有关系。回公司，畅谈甚久，并承赠亲书一屏。因商务印书馆之教育杂志明年由李石岑编辑，李在沪会嘱为代约撰述人员，而胡先生夙注重教育，并办理学校多年，遂请其将国外教育状况作通信在教育杂志发表。

十月二十二日　星期六

午前至高等师范晤周调阳君，周君系前在湖南高师英语部之同班学友，六年毕业后，吾在长沙，彼在衡州第三中校主持教务。今年因求知心切，特辞去校务至高师教育研究科研究教育。骤然相见，颇为惊讶；盖四年余未曾晤面，我知彼在京，彼不知我北去也。原拟参观学校，只以斯日系星期六，各校下午无课，遂同周君至城南游艺园一游。八时往车站送胡石青先生。回寓约周君明日游中央公园。

十月二十三日　星期日

晨九时周君来寓，同至尚志学会访林宰平先生未遇，继至北京大学访徐六几又未遇。乃去中央公园，参观卫生陈列所，监狱出品所。夜回寓，与王先生及李藻荪先生拟定从明日起参观北京男女高师及其附属学校、北京大学、孔德学校、清华学校、香山慈幼院。清华与慈幼离城甚远，并承王先生假以汽车与李先生同去，殊感激焉。

十月二十四日　星期一

午前至琉璃厂参观高等师范附属中学校，首遇该校教务课陆光宇先生，谈论甚久，承引导参观校内一切设备，并晤傅种荪先生，傅先生系该校数学教员，并在高师数理研究科研究数学，译有罗素数理哲学，七月间在沪同住数日，聚谈甚欢。此次见面，招待殷勤，至为可感。该校现在学生百人，另有女生一班，以校地窄狭，均未寄宿。教职员对于校务颇为热心，校内组织有中等教育研究会，将各科分门研究。修业年限四年，至第四年分第一第二两部：第一部注重文科，第二部又分工业科与商业科。下午并邀该校教务主任王先生谈学制及其他教育问题甚久，一切详情，当集合京、津、宁各教育家之谈话与各处中学校之现在实况，参合个人之主张，撰中学学制问题一文，在十一年一月份教育杂志发表，此不具赘。

午前十一时在附属中学参观毕，承陆先生引至附属小学，因时间促迫，未及细观各班教授，但见其商场及儿童图书馆组织完善，为其他小学校所少有。吾国出版界本不发达，关于儿童用书犹少，而该馆陈列书籍颇多。据主其事者云，现已有书千余种，分类仿照杜威之十分法，星期日亦开放，任外面儿童来馆阅读。商场亦系分类组织，有糕饼店、文具店、衣服店等等，皆学生经营，教员辅导之。十一时复承陆先生引至高师晤教务主任程时煃先生，程先生前为附中主任，对于中等教育颇有研究，与之谈教育问题甚久，并代约其为教育杂志撰文。寻晤该校心理学教授张耀翔先生，相见即谓昨读尊著，拟即通函，畅谈一番，不料今日大驾忽来焉。盖彼现组织心理学会，由该校研究科同学分搜国内关于心理学之译著，余年来所作关于心理学文字亦曾为彼辈搜集也。承赠关于心理学印刷品多件，并嘱在沪介绍会员。我对于心理学颇有兴趣，当允尽力。斯会系彼今年于南高暑期学校中发起，会员百余人，除各心理学教授外，大都小学教师。内分研究、编译、测验、调查等四股，预定每季出季刊一册，由中华书局承印发行。

下午由傅种荪先生引导至女子高等师范附属中校参观，晤该校算学教员韩桂丛先生，承其恳切招待。该校校舍较狭，学生通学者甚多。但其陈设清雅，颇具美感。校内行政组织为会议制，校内一切进行事项均由教职员会决议行之。教职员会之下分设教育会、教务会、庶务会，各会之下，又分设各种会议如学科主任会、操行批评会等。学校课程与教育部章无甚出入，不赘述。参观毕即同傅先生至女高师，略一走阅即回寓。夜在寓晤朱经农先生。

十月二十五日　星期二

八时同李藻荪先生赴香山参观慈幼院。该院系熊秉三先生所创办，共收贫儿男女八百余人。院址系前清行宫，地面极宽。山景清幽，极为可爱。在北京居数日，颇觉闷沉，入其地，精神为之一爽。校内组织设备，颇为特别，兹略述如下：该院经费系熊先生于办赈余款项下所提拨，此时每年需经常费约十万元，因儿童之衣服、书籍、伙食等项概由院供给也。据熊先生云：现在每人每年需百元上下，则八百余人即需八万余元，加以教员薪金及校内杂用自非十万元不可。院内原分教育股、职业股、事务股及评议会分任各项事务，除评议会外各股均设有主任负专责。现以年在六岁以下之儿童甚多，特增设保育股，聘美人夫妇两人主其事。教育股主持儿童教育事项，分设男女两校舍，有高等国民两科。并有幼稚园，男女同学。职业股主持儿童之技艺训练，事务股办理院内庶务事项；评议会则由校长聘请京中著名学校教职员十人至二十人为会员组织之，决议教育职业两股进行事项，交由院长采择施行。据熊先生云，前以院内设置未尽完全，评议会尚未组成，本期当可开会。此系该院组织概略。该院僻在京西，地旷人稀，且所收儿童，多系赤贫之子，既无家可归，复少机会与社会接触，若照通常学校之设备，学生入院数年或十余年之后，势必成为纯粹书呆子，置身社会，不仅不能治事，且不能生存。故该院之教育设备，须合家庭、学校、社会为一炉。熊先生对于此事颇费经营，据云年来建筑费已用去四十余万。院内有医院、商场、农场、工场、图书馆、理化馆、市议会、公园、村庄，凡日常生活所必需、所应需之件，无一不备，俨然一完好整齐之社会也。贫儿之幸福真不浅哉。

该院一切设备，不仅为中国学校所无，即世界各国恐亦少有。评者多谓其设备不类贫儿院，而以名额不广，不能容收多人，及场面过大，恐难持久为虑。唯据我个人观察所及，设备完美，名额不广尚非重要问题；盖此时中国之社会，不完备之处甚多，一切组织自然不能如我们理想所期望。唯该院儿童年龄最大者只十四岁，小者三四岁，离成人之期，少为六七年，多则十余年。六七年至十余年之后，中国社会情形当有所变化，变化之结果如何，虽不可预期，但主持其事者却不能不有一未来之社会的范型使之逐渐实现；若主持者认未来之社会必须有此种种组织，则一切设备，虽与今日社会实况不十分相符亦不足责。至贫儿之所以为贫儿，亦偶然的不幸，并无何种先天的预期，其机会应与非贫儿相等，绝不能谓其一经不幸而为贫儿，即须永生于贫儿环境之中也。学额能广固佳，不能广亦无伤，以世界上待教养之人极多，只能尽其力之所能及，无法一一置于安适之域也。此为我对于一般论该院者之意见。至我对于该院认为急需留意者亦有数事：

（一）该院实际教育状况如何，因时迫促未及详看，不敢有所论列，唯见幼稚园生徒年龄有大至十岁者。询其故，据云彼等程度不能入国民科一年级，只好置于幼稚园。近来智力测验法发达，考察儿童所得之结果，生理年龄与智力年龄多不一致，但除低能者外，常儿少有相差及三年者。幼稚生平均年龄在五岁上下，而有十龄儿童加入其中，此等儿童果系低能，则置于常儿之中亦难教授，若非低能，置于年不相若之儿童中，更难教授。盖儿童因生理心理上之关系，年龄相差至一年以上，即有显著之区别；有许多事理为八岁儿童所极容易了解者，以之教六岁儿便觉费力，以其经验复有差别也。我极希望该院注意及此。尚虑此等儿童之程度不能入国民科一年级，尽可设补习班以救济之。该院既有儿童八百余人，其中必不能无低能儿，似宜另设低能组以教育之。

（二）学年制戕贼儿童个性，国内教育者几无不知之。有许多教育者日思有以改革之，只以为经费、人才及部章所限制无法见诸实行，该院既系特殊学校，当然不为部章所限制，经济方面似亦无所困难，尽可多延教师，实行能力分组制，使学生个性得适当之发展。

（三）院内儿童数百，一切衣食，现在虽由公家负责，但教育之目的，在使人人能有生活技能。职业的陶冶，虽为该院所特别注重，但总觉其不脱中国通常小学之习惯；于此我极愿介绍美国现时极流行之葛雷学校制度（Gary school system），盼该院主持教育者加以研究，择要采行，以谋学生生活与社会生活接近，而使学生之技能增加。

（四）该院设备既称完备，对于教员之待遇亦希望有根本规定，俾教师能久于其事。

（五）至该院图书馆、理化馆均系新建，书籍概由熊先生以家中藏书捐入，自难责其全备，唯图书馆之设置系以儿童本位，则关于儿童用书，不可不多为购备，甚望主其事者于儿童用书加意研究（北高附小儿童图书馆颇可参考）；理化馆所藏关于生理标本尚多，唯少植物标本，倘教师能采集附近植物制标本，于教授理科当大有裨益。

（六）他如教科书之编纂，对于儿童家庭调查与联络，我亦视为重要者。不知熊先生及诸教师以为如何。此外我有一种感想，即该院为研究儿童学极好试验所。通常小学校之儿童，虽亦可供教师之研究，但每年总有变更，对于一儿童颇难有继续至十年以上之考察；并且小学生在学校寄宿者少，每日出入于学校、家庭、社会间，环境上当亦有几许影响。该院贫儿既由院供给宿膳又多无家可归者，在学校继续之年限甚长，倘能施以团体及个别的考察，将其逐日逐年关于生理上心理上之变化，记载汇列之，于教育界实有莫大贡献。尚望该院执事注意于此，更望近在北京之教育家留意焉。

本日参观该院，承熊先生殷勤招待，甚感。午膳毕即同李先生乘车赴清华学校。该校历史，知者甚多，毋庸赘述。入校有一事颇足记述：吾辈驱车入该校，仓促未在传达处停车，比至该校科学馆下车，则渺无一人，正在不知从何处晤办事人员之际，忽来学生一人，殷勤问余辈何事，告以来意，彼即至教务课请该课职员来谈，态度极为和气，可见该校平日对于学生训练之一斑。适该校正开职员会议，教务主任王先生未能引导，特遣庶务课胡君接见。问校内情形，觉不甚了了，乃晤该高等科学生梁思成君。梁君现译威尔士历史纲要将成，在该校为高才生，对于校务颇为明了。承其引导至各处参观：先至图书馆，并承该馆主任指示一切。馆内藏书甚富，分中文西文两部。中文旧书目录，仍照经史子集分类，中文新书及西文书则仿杜威之十分法。据云每年该馆需职员薪金及杂用费二万元，添购书籍费二万元。建筑设备，在中国殊不多得。校内有体育馆、科学馆、医院等，地面宽敞，建筑宏壮，学生居其中精神上颇觉愉快。该校分中等高等两科，中等科办法与普通中学无大出入，高等科则全用选科制。学校行政分五部办理：曰总务、教务、斋务、会计、庶务，校中一切办法系参合各国学制与中国教育部章程者。披露于报章者甚多，此不具述。唯关于成绩评定之标准颇可研究。该校对于学生成绩，无客观的标准，只分超、上、中、下、末五等。将每班或每组学生人数作为百分。预定每班或者每组百分之五为超等，百分之二十为上等，百分之五十为中等，百分之二十为下等，百分之五为末等。如此计算，每班或每组之学生无论如何优异总有百分之五不及格。据梁君云，此规程未实行（民国八年实行）以前，学生对于社会事业颇为热心，自此规程实行以后，学生皆孜孜于功课，对于社会服务逐渐冷淡下去。有许多天资较劣或自尊心盛之学生，甚且寝食俱废，以求及格与作前列生。此种办法，以之敦促学生注意功课，固无以复加，唯各科学之成绩无客观的标准，完全以人数为比例，无论如何，终有不及格者，则此组之不及格者，未见其学绩必劣于他组之及格者，他组之及格者亦未必优于此组之不及格者。以一组为单位，学绩固有标准，合全校比例，实无平衡之准绳。此种驱策方法，不知在教育上之用意果何在；且所谓学问者，不仅书本上之知识，学校内之功课已也。学生在相当范围内参加社会活动，所得之知识与经验未必不及教科书与讲演录之所授予者，学生既有无妨功课之活泼之精神，又何不任其发展耶。

该校校舍颇宽，参观毕已五时半，即趁车返寓。夜间傅种荪、徐六几来晤谈甚久。

十月二十六日　星期三

午前八时尚志学会李毓崧先生来，商议我在长沙第一师范所编之教育心理纲要稿件事。此稿原允交该会为丛书，后以体例与该会丛书不甚合，即交商务印书馆单独发行。李先生之意颇诚，允回沪向商务言之。又去年曾以实用教育学一书交该会发行，此书现已五版，唯其中颇多谬误处，教育心理学纲要不交该会，唯允将前书修改一次付去。李致谢而别。午前九时至北京大学晤徐六几、胡善衡、郭梦良、罗敦伟诸君。由六几引导至北大参观。该校适正开学，一切尚未就绪，蔡孑民先生又病在医院，遂略一浏览，取得章程数种而返。下午一时晤瞿世英君于北京大学，即与六几同至孔德学校参观。斯校系蔡孑民先生等组织之法华教育会所创立，一切组织制度，完全将教育部章程打破，并系绝对的男女同学。兹述其概略如下，以供国人参考，更望一般自命遵守部章之恂恂学士一寓目焉。

该校系单系制，定十年毕业。一年至四年与部章之国民学校程度相等，五年至六年与高等小学之程度相等，六年至十年与中学程度相等，五年以上各级之外国语科专教法文。此时已有八年级，学生男女二百七十余人，女生较男生多十余人。学校经费除学费外，概由校外捐助，每年共用一万二千元上下。学校行政组织有校务讨论会，研究议决学校一切事务。其下分筹款委员会、聘任委员会、教育研究会、校务委员会四种；前三种皆由校内外人士联合任之，第三种之下又分教科书编纂会、各科教授研究会两科。第四种则由校内人员组织之下，分教务、文书、会计、庶务四科。校内无单设职员，一切职务，概由教员分任；教员亦男女兼有，此时男多于女。该校校舍甚狭，男女生寄宿者十余人，并有美国男女生二人。在该校谈论甚久，一切询问，均承该校教员轮流作答（因各人均有功课，不能由一人旷课陪客），甚为感激。唯当时所谈教育问题，我至今尚认为须讨论者略述如下。

第一，学制问题。该校由小学至中学共十年，比现行学制之年限短一年，现行学制中学以下之年限较前清又少二年（前清高小四年中学五年），除法国十一年外，其他英、美、德、日有十二以至十三年者，年限既缩短，程度便相悬殊，在理论上便有讨论余地。又该校小学既缩短为六年，所定各科程度，又与现在普通小学相等，我颇怀疑以该六年之时间能否做完他校七年之功课。当举此相询，某君谓该校六年以前不授历史、地理，可以腾出时间教授国文、数学等科，但数学程度颇赶不及，相差约一年。至七年以后能否补完以前未习之数学课程，补完数学课程是否与他科有妨碍，现在因无八年以上之学生，试验未毕，尚无从断定。然此就六年习完直升七年级之学生而言，倘习毕六年之学生即须直入社会做事，数学程度相差一年，不知发生困难否，此事实之须讨论者。

第二，学科问题。该校六年前无历史地理，当时亦曾问及。据云虽无历史地理科目，但史地教材有时包含在国文科之中。此在四年级以下自无问题，五六年级是否须教以史地上系统知识，此亦似不可不加以讨论者。

第三，男女同学问题。男女同学在中国教育界是一极大问题。稍旧之教育者极端拒绝，所谓新教育者，固亦有几许人主张小学与大学可男女同学，中学不可，其理由为中学时期正学生身心发育之时，男女同学恐发生两性问题也。此议我不谓然，我在教育心理学纲要讲两性问题时曾经谈及。该校男女学生有十八岁以上者，据该校教员言，历来并无何种问题，我极望反对男女同学的先生少谈礼教，实际到孔德学校去看看。

在孔德参观毕仍回北京大学，与耿济之、胡善衡、郭梦良、徐六几、瞿世英等至东安市场晚餐，聚谈甚欢。八时去彭一湖先生处，谈至十二时方归。

十月二十七日　星期四

早车回津，下午再至南开学校参观。复承该校校长张伯苓先生、大学主任凌冰先生、中学主任张敬虞先生殷勤招待，引导参观全校校舍及设备。并承凌先生邀至私宅晚餐，谈教育及心理学问题甚欢，直至九时方返寓。

南开历史，前曾言及，现就其学校行政组织及当日所见者约略言之，以供国人参考。该校现分大学中学两部，虽同在一处，但其内部行政完全独立。中学大学各设一主任，主持各部事务。中学分设教务、训育、斋务、庶务、体育五课，各课设主任一人，因事务之繁简，各设课员若干人；关于各课事务由各课会议执行，关于各课共同事务由校务会议议决分交各课执行。大学部因学生较少，事务较简，一切事务只由主任与各教授会议执行，不分设各课。大学现分文理科及商学专科、矿学专科三科，文理科又分言语学、算术、天然科学、社会科学、哲学与教育学五门。现行积点制（即学分制）；学生须习毕百四十绩点，并考试及格始能毕业；平均计算大抵四年毕业。中学毕业生即可直接考入，无预科，此与部章及北京大学学制不同者。中学现仍四年毕业，系学年制，但因其同年级之学生甚多，可依各科之程度，分为若干组，又年限已届毕业期而所习之功课有一门或二门不及格者，升入本校大学后仍可一面在中学补习；则实际上即学科制也。中学前二年为普通科目，后二年分文、理两科，至第四年文科之中又分为文、商两科。据该校统计：中学毕业升学者，占百分之九十三，又以入本校大学部者为最多。升学人数如是之多，亦现在中学校之特殊现象也。

南开中学精神活泼，课外组织甚多。有一事颇足供各校参考者，即师生共同组织之校务会也。该校张校长于创校时即任斯职，至今十有七年，热心毅力，百折不回，真令人钦佩。然在五四运动之时，学生因一时之误会，竟发生绝大风潮，张先生几至不能维持，后幸校友觉悟甚速，未几即恢复原状。张先生知学校风波之起，系由师生之间不相谅解，于是有师生校务会之组织，即由大学、中学教员学生各举代表若干人，单独组织会议，凡关于各该部一切事务，除学校行政外，概由各该部师生校务研究会详细讨论，交由校长核准执行。此种组织，确足以解除师生间之误会，唯亦须师生对于校务有共图进步之精神，始足以行之无弊；盖教职员之间有不以校务为前提而以个人利害为前提者，反易被利用也。吾为此言，非不赞成其办法，只因现在教育界怪状百出，事实上或不免发生问题，希望仿行者审慎耳。

我斯日到校参观，适系星期四。该校每星期四下午二时半至三时半为中学生集合训话时间，三时半至四时半为大学生集合训话时间。训话者或主任、或校长、或教员、或由校敦请名人，题目临时宣布，即以此为修身课程。学校一周内兴革及学生所发生之重要事件均在此时由主任报告。斯日中学系张校长讲演，以校内偶发事项讲演资料，予学生之印象甚深。其中有“我们相信教育能解决一切问题，犹如宗教家相信天上有天堂一样；天堂之有无，虽无人能证明，但在宗教家之感情上总称是有的，总得设法向天堂走。教育能不能解决一切问题，现在虽不能证明，但教育者应当信以为‘能’，向前努力做去”。此数语吾辈教育者当共勉之。学生千余人，相聚一堂，笑则举堂哄然，静则寂然无声，平日训育，诚不可及也。我对此种大集合之讲演报告，极端赞成，唯中学学生四年之中，除此项讲演之外，不另授以伦理课程，尚不敢赞同，理由过长，当另篇详论，此不具述。

十月二十八日　星期五

午前赴北洋大学参观。该校成立最久，工科地质科之设备颇完备，在中国可称首屈一指。时间匆促，略一浏览即返。午后二时乘车返宁。

十月二十九日　星期六

午后四时抵南京，寓下关中华旅馆，即电请南京高师陈启天君来谈。约翌日至高师参观，并约晤王克仁、郃爽秋、向达三君。

十月三十日　星期日

午前九时至高师晤王君等，相见甚欢。斯日系星期日，照例不能参观，因我明日即须回沪，不能久留，遂由诸君引导至各处参观一次，并在校旁菊厅午餐。菊厅系高师农科所附设，即在该科农场。厅内陈设清洁，一切点心酒菜均有出售；校内外游人在内饮食者甚多。该校农科主任秉志先生，据云极能干，一切设备均驾各科之上。现在经费除学校款项外，由外面团体及私人捐助者年数万元。教育科主任陶行知先生原思一晤，因于日前同孟禄博士赴广东讲演，未获见面，殊怅怅。餐后承王君等赠该校教育科心理学印刷物全份，并引至附属中校参观。该校主任廖茂如先生二十日赴京，在途中错过，亦未获晤谈。校中一切组织与制度拟于《中学学制问题》文中发表，此不赘。参观附属小学并晤该校主任俞子夷先生，以时间迫促，未及细谈，购该校出版之助教一本以备参考。午后并承向君引导至金陵大学晤袁自堂先生参观其科学馆，并乘便至暨南学校，五时返寓。预定明日上午参观第一女子师范与第一中校。

十月三十一日　星期一

午前九时即至第一女师晤杨文伟先生。因先承王克仁君电告，故杨先生在校等候。接谈后即至教务处，晤其教务主任陈希东先生，谈教育问题甚久。该校除师范外并有中学班，一切办法，大致与附中相同。十一时承杨先生伴至第一中校晤其训育主任王衍康先生，谈未久，校长陆殿扬先生来见，相与讨究学校中一切问题，直至十二时方罢。陆先生极诚挚，办事热心负责，学识亦足副之，所谈关于学制及教育上重要问题，具拟在教育杂志发表。彼任一中校长职仅一年，此一年中所经困难甚多，波折亦不少，现正拟刊行纪念册，将其失败成功之一切经过直陈于社会，以供参考。并谓彼等办理一中有六字自勉，即“不负气，不灰心”。此六字本抽象语，无论何事均可适用，但治教育者更不可不服膺。盖教育乃工多效缓之事，若无毅力，势必中辍；又因教育负改良社会之责，一切设施与现时社会习惯，总多少有不相容之处，最易引起社会反感，若因一时之气而愤愤不平，洁身引退，则永无达到目的之日。此六字，我愿一切教育者共勉焉。因事急需附车回沪，午后一时即回寓，夜十一时到沪。

中国公学风潮未发生以前，我原预定从十月十四日起，在上海各校参观两星期，即赴南京、北京、天津、杭州各处参观，其意盖以为欲谋学校之教育能与社会生活接近，及确定教育方针，使中学教育能与小学大学教育相衔接，均不可不从事实际考察。现在虽不能照预定计划进行，但先参观京、津、宁各处，再反观上海杭州等处之学校，结果当无二致。唯以六日之力，参观十余校，每校所费时间均只数小时，各校内容，一瞬之间，自不能望其毕露。即与之接谈者，亦因时间关系，未及详加讨论。上文所论列者，自信错误在所不免，尚望各校执事加以指正。我所提出之教育问题，亦望教育者加以讨论。

我此次参观各校之主要目的，为学校行政之内部组织，其次为学生团体活动，再次为理科设备及图书馆；对于教学因时间过迫俱未细察，故上文论列均未及之。

此次参观对于中学特为注意。总合各教育者之谈论，有下列数问题为目前各校所感困难者：

（一）学生入学与毕业后出路问题。

（二）学生增加无法收容及学科制问题。

（三）中学教育以升学为目的抑升学与职业兼顾问题。

（四）考试问题。

（五）训育问题。

学生入学问题。忆本年七月间陆殿扬先生在《学灯》有一文论及，阅者当可查阅不再赘；唯中学系介于小学与大学之间者，入学问题与中学本身及小学校之关系最大。毕业后出路问题除中学本身与大学之关系外，更牵及于社会，盖照中国现行学制之规章言，中学固以升学为目的，但在事实上则绝不然。就我此次调查所及者，只有南开中学毕业升学者有百分之九十三，其他各中校毕业升学者最多不及百分之五十；然此犹指都市而言，内地各中校毕业升学者当更少矣。此时国内专门学校有限，每年不能收容如许中学生，则毕业者势必有一大部分在社会谋职业；且因学生个人之家境及个性关系，亦不能尽入专门学校，则一部分学生如何处置。欲其在社会上谋职业，则照现行学制之中学，四年之内，实无相当之职业训练，绝无有适当之生活技能。即曰有之，此时社会上对于学生犹以“读书人”相待，亦未见能引用。则此一部分毕业生，主持中学教育者，果有何方法以使之各得其所；实现今中学校之一大问题，急需详加研究以求解决者也。

学年制之戕贼个性，学科制之较为完善，教育者几莫不知之，然以部章、人才、经济种种问题均不敢骤然变更；年来国内专门学校之程度逐渐提高，中学四年毕业之后，入学颇感困难，于是有主张五年者（如长沙之岳云，明德及南京之一中是，唯一中是省立，章程变改颇有束缚，于规程上加一但书曰“但遇特别情形得延长为五年”，据陆先生云，该校之第五年拟由校友会名义举办），但亦无统一办法，此亦现在主持中学教育之问题也（写至此适报载全国教育联合会在广东开会议决中学以下采六三三制，则此问题当可解决）。第三项有两派意见，张伯苓凌霁冬诸先生主张中学完全以升学为目的，不加职业教育，陆殿扬、王克仁、郃爽秋诸先生与我主张中学加职业教育。此问题与第一项、第二项有连带关系。学制系统既解决，则此问题即可迎刃而解。第四、第五两项讨论者甚多，理由散见报纸杂志，唯至今无适当方法解决，尚望主持教育者，划定范围，逐段研究。我对此将有长文发表，此不再述。

我此次参观所及，觉得各教育者有一种共同之新趋势，即对于现行学制抱有不安之态度，而思有以研究改革之也。此种趋势直接固由于五四运动而后思想界大起变化，将从前之部章迷信打破有以致之；间接实由现行学制本身不良，不能以满足社会需要有以使之然也。现在学制系统此次教育会联合会议决，可以大定。但施行之困难甚多，施行后所产生之结果能否如现在所期望者，更难预定，则此种态度不可不继续保存，研究精神更不可不继续增加。此心此志，愿与一般教育者共勉之。其他关于教育上之诸问题，一时不能忆及，以后再谈。

吾此游津、京、宁三处为时共两星期，社会现象之足以引起我感触者甚多；最足以使我不忘者，北京城内，黄如磷光之电灯，南京下关彻夜喧哗之旅馆。吾居京数日，眼为之败，居宁数日，神为之昏，不知久处其地者，果如入鲍鱼之肆，久而不觉其臭否。友朋聚谈之足以使我不忘者，为二十七日在北京东安市场与亚洲文明协会之夜谈，二十八日天津凌霁冬先生家之夜宴，与南京菊厅及第一中学之畅论教育问题是也。

其二

民国二十年五月三日　星期日　晴

午前七时起，料理诸事，八时半起行。五时至南京江边渡江过浦口，热达八十一度，头晕口痛。车七时开行，晚餐时购沙滤冷水一瓶饮之，大便骤通，较舒服。

今日有两事可记：（一）京沪车上与两日人对坐，彼等手不释卷，并将阅毕之报纸剪存。所剪者为《大陆报》之对于中国贸易统计，其人之地位颇不低，似公司经理，此种精神国人最缺乏。（二）在津浦车上见一李某（因卧车外均有姓名，故识其姓名）与其侍从谈话。满口官僚腔，而其侍从之满口“是是”亦足以配之。李年约四十，面团团如大腹贾，携其肥胖相似之妻同行。听其口气似为财政官。口口声声夸自己节省，谓家中老太爷只请两人伺候。大奶奶二奶奶病入医院，每日要数十元医药费无法出，嘱其侍者住在公馆，诸事要节约，并以每月津贴十二元除去膳食外应余钱寄家，侍者除赞美外并谈及某老爷某小姐之私事，此二人很可代表现在中国的官场现象。惜无暇详写耳。

五月四日　星期一

上午阴，下午雨，温度上午七十，下午六二。

六时二十三分即到徐州车站。中国废府已十余年，独铁路邮政之地名仍称府，行政之效率可知也。下车直寓徐州花园饭店十一号。房间大而陈设坏，日取三元。八时去中华书局晤经理王敬之君。上午同去参观徐州中学初中部，晤其数学教员高季可君（近日因经费问题，各校长多去省请款）。据谓读我书不少；系前江苏五师毕业，教育常识颇好。他说现在学校一切科目均成为文字讲授，自叹设备不好。参观其理化、数学、国文诸科，教课，均除讲授文字外，无他教具。且以校舍狭隘，教室即为自修室，而桌椅过低，学生曲腰写读，于身体尤有妨害。参观其图书室，仅一见方地，藏书不到百种。我以为此不仅是经费问题，无读书习惯实是一大原因。他谓此地学生颇俭朴，但除读死书外，不肯作他种活动；但如活动又易受不良思想之引导，实一可研究之问题也。当要求讲演，却之。

继至公安街小学，晤其校长吴君，全校学生二百八十余人，分六级，每月经费不及二百元，教员月支十八元，尚须自备膳食，其生活之苦可知。但据王言，钻营者大有人在，校长亦常更换。吴君着一粗毛灰夹衫，已破数洞而未补。学生均女子，盖前为女子高小也。校具极简陋，几无参考书可言，但正在改建办公所，据云系募捐而来。

继至公共图书馆，晤其馆长李正昌（号运周）君，据云曾在上海见过我，曾任教育局局长；年四十余，颇精干，办事亦老练而善交际。该馆成立仅年余，经常费三千元，竟募购得新旧书籍万余册，且有若干日籍。此外如木刻二十四史等，颇为外间所不易得。

继至大巷口小学晤校长孙君。校舍极狭，仅教室四，办公室二，不及两方丈。但学生四级共有二百七十余人，表册亦不少。经常费每月一百三十余元。教师不用教本，均自编讲义。当地人士很为宣传，恐鱼鲁亥豕，贻误学生，或亦难免。盖自编教材非有优长学识、丰富经验、充足时间、充裕经济莫办，绝不能责之人人。到该校正十一时，值放午学，很以为异。据云此地人民习惯每日两餐早饭十至十一时之间，夜饭四五时之间，故于此时放学。未及参观其教学，托王君代觅其讲义一份。

下午同王君去徐中实小，晤其教务主任周鸿仪（号柳堂）君，教育常识颇好，学校即张勋生祠，故校地很宽敞。学生二百七十余人，经费每月千一百余元，除去地方教育指导费外，月有九百元，较公安街多四倍半。设备虽较好，但趋于形式；其组织一如江南之实小，有所谓市政府、乡镇等等名目。无专科教室，每年级之教室中备有学生阅览之书若干种，图表若干种，但书多近日之文学作品，颇不适于小学之用。教学情形尚好，幼稚园尤难得。

继至铜山县立师范晤其训育主任王君，亦谓读我书甚多，并欲请讲演，却之。全校共四级，中师各二，学生共二百七十余人。经费每月千余元。据其计划表，拟采用道尔顿制。但少参考书及其他设备，恐采用亦多困难。晤国文教师史君，谓吾局高中历史教科书过深。当请其将意见以书面写寄。

继至女中，晤其事务主任侯佩蘅君，据云前曾听过我的讲演，坚欲请我向学生说话，仍却之。校为府衙门旧地，故宽敞而疏落。此校设备较好，有图书室，藏书可三四百种；有理化室，略备粗浅仪器；有艺术室，略有石膏模型及画架。因已过三时，仅有图画一课，正教静写法。

四时半返寓。以明日放假，决定明日去开封。

今日之感想如下：

（一）穷为中国教育上之最大问题，要谋教育普及不独不要拘于现在的学校形式，即教科科目及内容，亦宜尽量求简及与社会需要相合。

（二）中国地方太辽阔，语言（如南方官话说“能够不能够”，北方只说“能不能”，南方说“房子”，北方说“屋子”）习尚均相差太远，除了基本的人生知识与国民常识外，课程应尽量予地方以活动余地。

（三）“陋”亦为中国的顶大问题，其情形正与“穷”相等。这所谓的“陋”不是指由物质的贫所发生的，而是指由习惯的“愚”所发生的。如房屋用具之不整洁，与无求知的习惯等。我以为倘若我们有了求知的习惯，虽无充裕的经济，但绝不至设备上全无计划（与其作形式的什么市，不如将其时间来整理清洁，将其制招牌的钱来买书）。

（四）人民的知识实太幼稚：一面要提倡说书的风气，一面要努力于基本知识出版物之发行，用大量生产及有组织的方法，切实从开通民智上着手（当然要从政治上努力制造应用知识的机会）。

（五）感到此次新编之小学教科书无多大益处（详编教学书，或于营业上有所补助），而国民百科辞书有立即编辑之必要。

（六）贫与陋之现象既如此，个人物质生活上应力求节约，求知欲亦应努力发展。

在社会现象中当补述者，即此地币制之紊乱。每圆换铜圆五千文，但除极少数之四川当百当二百铜圆外，概系当地商号的票子。而票子又可将一千或五百文者分成两半（横分）以二百五十或五百文作用，可称奇事。

昨日在车上想到人生问题。以为人之生与死为自然界之必然的因果，生为出发点，死为目的地，所以有生之日即待死之时。不过在此生与死之间却不得不谋过渡的方法。就人生的本体说，也如草木一般，不过是若干原子的集合体而已，本无所谓意义。只因这“不得不”的时间太长不能不假设若干意义以免生活机械化的苦闷。于是有以宗教为最后的归宿地者，有以国家为唯一的实体者，而努力将其毕生的精力牺牲于其上。实则一切假设都是“自骗自”的把戏。人生的活动，原可以食与色两字包括之。不过仅仅食与色的满足，绝不足以使人愉快，因为这两件都是暂时的；物质生活不能解决的人，自然要努力于求食，两性生活不能解决的人，自然也要努力于求色。可是二者满足之后再无一种更高的理想以为追求的目的，则人的无限自觉创造性便无所附丽而要感厌倦与疲劳。若以宗教为追求的目标，因为它太渺茫，虽能满足感情的要求，但不能满足理智的需要；至以食或色为追求的目标之非永久而单调更无论矣。故我以为在各种“自骗自”的生活方法中，要以文化观为最真实而最有用：因为个人的死，固然为必不可避免的事实，而社会的绵延也为历史曾经证明，而且永久会无变更的事实。则人于自存存种之外，更当努力于文化之发展，以为这“不得不”的消遣方法，实是最要紧的事情。故人生应于食色满足之中谋文化的发展，于发展文化之中使食色满足，方称完满。故就业当注意到个人与社会的利益，求爱当注意到两性的满足与文化发展的协调。倘有其一或二而妨害其他之二或一，都不足以称完满的人生。这可称为我的文化的人生观。

八时半，敬之将车票送来，并凑足五十元为零用。

夜间，军警查栈，询来由至详，但态度尚好。

因隔壁住有某师长，开留声机，甚闹。

五月五日　星期二　雨，下午更大

早七时敬之带同学生一人来照料行李，敬之并送至车上。车八时起行赴开封。下午五时半到。正下雨，车夫围抢行李，及上车则索价一元，否则放下，其凶横较汉口之脚夫尤过之。不得已请警察帮忙。车夫一见警察，则又不敢动作，卒由警察开价三角拉至新华北街中华书局。但已超出常价一倍。途中且恐其掉枪花而将行李拖去，故特别留于警察岗位。至局晤经理王泽生君，略谈即寓河南旅社。因房屋为中国式，间壁均以板制，甚闹，雨又甚大，不能睡。致伯鸿一长函，告以昨日之感想。

五月六日　星期三　晴

此间风沙本极大，因雨宛如江南，殊为难得。

午前九时去河南大学访李廉方、刘天予、王效文、王希和诸君。廉方亲出迎，坚欲讲演，约以下午四时为教育系诸生讲中国教育出路问题。当由廉方天予陪同至第一小学参观，校址甚敞，办法与形式略如南方。赴博物院，见陈列各种风俗及人种模型，据云系冯玉祥所为。藏佛像甚多，均系洛阳所掘出者。赴图书馆：以圣庙为馆址，藏书数百种，复藏新郑出土之古物，钟鼎、爵觥甚多，甚难得。正午由廉方等四人宴于又一村。菜中黄河鲤鱼味极美，一鱼两吃（一制汤、一清蒸）更为别致。但鱼价甚昂，每鱼须两元余（据云每斤要二元五角）；饭后效文坚欲拍电影，乃同返寓取电影机，则见河南二师校长王春元（号纪初）君一函并高芝生君一片，坚请二时讲演，以已与大学约定，复以明日再说。同至龙台，为宋太祖銮座旧地，在城外，两面为长河，中夹一堤，台高十余丈，据云系宋时遗物，现改为公园；当摄电影二十余尺。寻至线塔，高十三层，二十余丈，形如竹笋，皆琉砖为之，佛像甚多，且可登；甚伟大之建筑物也。塔后有铜佛一，高三丈余，其伟大为素所未见。三时去河大参观，从大门起遍贴欢迎我之标语写有“教育专家”“导师”“中国教育改造者”等词，真是哭笑不得，由此可知标语病之传染力量。其校舍之建筑地面均甚好，唯藏书不多耳。校旁为省党部，前省议会旧址，富丽堂皇，为他省所无。

返寓，泽生来访，约定明日还请廉方等。四时第一女师校长卢文斋君来访，坚欲请演讲，十时高级中学又来电话请讲演。如此忙碌，非病不可。到平非静养三日不能见客也。

五月七日　星期四　晴

午前八时半去第一女师，头门内仍贴有欢迎标语，略为参观，即停课请讲演，题为中国女子教育问题，以嫁妆教育、装饰教育为现在女子教育的症结，而以经济独立为诊治之方法。

十时去第一师范，参观半小时，亦停课请讲演，题为教育零感，将缺乏求学习惯、注重形式、不注重实际生活三事略为说明。十二时由高芝生及王纪初两君邀请午餐。

下午本约定去高中，并由其教务主任钱鹤君接洽定为三时半起讲演。一时三刻正在酣睡，茶房破门而入，持何广汉（号翘森）君名片来请见，谓高中学生将于三时去参加游艺会，请于二时半去讲演。二时将出门，又一陆建唐君拦门请见，请将讲演改至夜七时或八时。因有宴会，约以明日下午二时半去。

二时独去北仓女子学及两河中学参观，均私立。北仓年有经费万余元（赵倜之产曾拨归该校，现收回，由其家年垫七千二百元，余为中原公司捐款），两河仅公家津贴二千元，余概为学费（每生每年二十元）。两校均初中，图书各有千数册，颇难得。到两河时见一女教员教初中学生唱歌，正教黎明晖作之蝴蝶姑娘，深以为异。阅其他各曲，亦均此类。询其当事人，据云，教师为苏人，在一师教歌舞者。教师范生以各种教材尚可说，教初中学生亦以此，颇不宜。

两日来之感想如下：

（一）北方学生甚俭朴。女生均布衣，且极少用脂粉者。在北仓见女生均自己洗濯衣服。男生亦未有一服西装或绸衣者，此在南方实不可得。盖此地尚是由农村走入都市之过渡地方，农村之旧习尚未尽去也。（大学生每年二百元，中学生每年百元即可过去。）

（二）不清洁。男校尤甚，无论何地均可看见纸屑满地；衣服不整齐者亦多。女生较好，但与江南比则远不如。不过江南之修饰成为病态美，此地之不修饰尚有自然美也。

（三）设备不注重为中国各地学校之通病，北方尤甚。即以桌椅论，不整齐与破碎者极多，且高低不称，学生脊柱常受影响而弯曲；至于电灯光线不够，与无电灯（电灯公司之电常有毛病）而用洋灯之于目光有损，更无人注意及之。

（四）教具素不讲究，故一切教科书均为文章。看某校上生理课，由教师印极详之表，而无半张图，更无标本。

关于一般社会之感想如下：

（一）人民甚勤朴。但知识甚低，对于官厅尤服从。省县两党部之富丽堂皇，尤为他省所不及。

（二）生活低廉。乡人每月二元，学生三元即可过活。交通不便，水利不讲，一切都靠天吃饭。国际资本主义的势力逐渐扩张，更无法生存。唯有沦为匪世界而已。

（三）此地教育经费自十年李廉方任教育厅长确定契税后，至今未曾动摇。今年除每月照发外，还有余款还四五年前之旧欠：此为中国全国所无者。

夜在又一村宴李廉方君等，到李、刘、王、王及施友忠、高芝生、张宾、赵青与及王泽生与张某共十一人。席间，有王公度君函廉方邀我明日为注音符号传习所讲演；初本不应，因廉方固请，乃允明日午前十时去。王为教厅三科科长，该所即在教厅也。

席间闻知开封私立中学达十校之原因，为近来因军事影响，四乡不能安居，稍有资产者概迁城内，需要增多而然。

返寓时，见街中有吹笛之小乐队（兵六人，三吹笙，一鼓鼓，一吹笛），后两人抬火一盘，又一人执一方架。据行人言系搬家。

此间少雨，故一遇雨人民即视为重大事件，每每闭户停业；盖地无阴沟，交通不便也。

馆子吃饭，先用清汤一碗，菜则由堂倌在每客之旁报菜名，由客各指定一样，亦此地特俗也。

五月八日　星期五　晴

午前八时，教育厅第三科王公度君复亲来约为注音符号传习所讲演，允十时去。八时半去民众实验学校参观，见其妇女补习班上课，年二十以上者仅一二人，余均未成年者。询以困难，据称妇女之已嫁者，忙于家事，无暇读书，未成年者亦常因家事牵制，而不能按时或长期上课，且家庭应用文字之处亦甚少，故学生与用字机会两问题亦无法解决。十时去传习所讲演，题为乡村教育问题：分小学教育及民众教育两部分，小学教育以实用为主，不事形式，民众教育须注意教育以外之社会生产与交通问题。教学则主张以单级、导生、诸法解决之。

十一时半讲毕，王等坚请午餐，因日来多说话，胸膛感痛，本不欲去，因其意甚诚从之，直至一时半方散。午后二时去高中应讲演之约，至则全校正开运动会，乃留一名片而返。

四时孟哲赞君来访。七年前东大附中之学生也，现任河南民报编辑主任，相谈甚欢。

五时半起行赴郑州，火车六时开行，八时半抵郑，即投分局。经理李申祥君返籍，由同人张君招待寓大金台。

五月九日　星期六　阴

午前八时即去店同张君赴扶轮第一小学、扶轮中学、私立第四中学、私立女学参观。后三校因参加五九纪念会放假，仅看其校舍。一小虽成立仅两年，但学生秩序甚好。校长赫春林（号杏村），北平人，办事甚勤敏。有图书室，备儿童书不少，有仪器室，虽所备不多，但为此行所仅见。扶轮中小学均铁道部为铁路员工子弟所设，经费较充裕（但近亦常欠至四五个月），不受地方政治影响。小学校长佟庙华君，北平人，年四十余，长此校九年，甚精干。为谈两年来军队占据学校事及应付之情形甚详。校址系租借民房，但宽敞适用。成绩室陈列男女生成绩甚多。图书室除学生及教员赠送之旧杂志外，少新书。据谓每生初入学时缴图书费五角，故经费极少，又谓学生勤操作，教室及隙地均自己打扫，且均甚清洁。中学成立方二年，共五班，初中一二年级各二班，三年一班，共约三百人，男女同学，女生四十余人，均极朴素。教师均南方人，校长黄富强君，粤人，年二十余，毕业于沪江大学；并晤教员冯杂康（名义），亦粤人，均甚英俊。据谓学校直属铁道部，不受各方影响，可自由处理校政；又谓同人均甚负责。图书馆备有四部备要及万有文库，对于男女生之处理尤为慎重，以冀引起社会信仰。下年并拟辟高中部。因两年来军事不断，飞机时临，今日所过各校均有特建防空地洞。但据佟君言，此举亦不过聊以安心耳；实际上飞机若掷下炸弹，等不到集合已受害，若正中地洞则更无幸免。为言两年避飞机之情形，绘声绘色，可作小说听也。

今日之感想如下：

（一）此地据陇海平汉两路要冲，商业颇发达。商店之形式甚壮丽，但文化甚低，学校亦甚少（两中学，五小学），出版物除教科书外，最流行者为半旧半新之小说。

（二）因交通较便之故，人民较清洁，各校之清洁程度几与江南各校相等，徐州、开封远不如。

（三）冯维廉君言中国地大物博，各地方生活情形，教科书应注意将各地方生活习惯，互为介绍，以谋全国之统一。史地中应特别意及此云云，甚是。唯各地方之特殊情形如何，事实上不易得明确之材料。若交通发达，隔阂自会减除。

（四）冯黄言下对于本地生活颇不满，但待遇尚好（每月教员一百三十元，教十六至二十小时），事尚易办，故勉强留之。此实中国社会上之一大问题：凡能力较好之人，均不愿去内地，实交通有以阻之。但求学习惯之不良，亦一大原因。若有好习惯，尽可于必需之经费中筹一部分购订书报，亦何尝不能求进步（近豫教厅拟筹百万元为各校设备，但不知如何用法；用不得当，有款亦无益也）。

上午去中国旅行社订票，因系中途车，须明晨九时方有正式之票出售。因大金台甚闹，下午移至国民饭店，甚清静，午后静卧几二时。店员宋世有君送沪寄到之《教育建设方针》二十本来。当告以斟酌赠人。

四时去外摄影，风景平淡，天气又暗，无所得。

饭后无聊，去双庆戏园看戏，所演者为滑稽杂耍，不感兴趣。

五月十日　星期日　阴

午前九时半出寓，由郑局张君送至车上，十时五十分开车。头二等拥挤异常，仅有上铺四，幸昨日早至旅行社得购一票，否则无铺位矣。

因热达七十四度，夜间不能睡，三时即醒。

十一时半过黄河时，曾摄电影二十余英尺。过河之铁桥二百余墩，车行二十分钟，建筑诚伟大。现在河水干涸，只五分之一之河床有水，如黄泥浆，泊岸之船极少。

车停黄河两岸时，见黄丘之下土洞甚多，洞外有门窗等，询之同车者知系本地人之住宅，旧戏薛平贵回窑之窑即此物，南方绝无所见。惜时间促迫，不能入窑内看其翔实情形也。房屋低小；屋顶均以泥糊麦秆而成，略作曲形，非如南方之作人字形也。

五月十一日　星期一　晴

七时过保定，下车摄电影数十英尺。十一时四十五分到北平前门车站，楫已在站招手相迎。下车后同去分局晤经理周支山君，由周导至东交民巷利通饭店，即寓居于此。楫君于七时邀至且宜川菜馆，八时同至彼校。据谓师大自去年起男女宿舍完全开放，故约我去一看。彼现与妹同住一室，颇精致，谈至九时方返。

五月十二日　星期二　晴

数日来旅中疲劳异常，拟休息三日，再看学校。故早起甚迟。

十二时，楫君同其去中国医院诊病，她之鼻病已半年。完全为气候关系，故久不愈，暑假后去沪，当可不发。

下午四时同楫君去北海及中海公园，风景甚好，地面亦寥廓，但游人甚少。在中海池畔石上坐谈移时而返。

五月十三日　星期三　晴

午前嘱分局预备明日去西山，后日参观学校诸事。下午楫来相与闲谈，至晚餐后方去。

五月十四日　星期四　晴

早八时分局以汽车来，即去师大约楫君姊妹及叔和去西山，十时半达到，先游八大处，至第四处即大雨倾盆，且杂大雹，半时方止；再上时衣履为湿。但远瞩雨后山景颇为爽适。一时半去香山，午餐于路旁小馆。三时去碧云寺，看中山先生停柩处。寺中唯水泉院最幽静。四时去玉泉山，泉水清澈异常。五时去燕京大学访张东荪君。七时返。

五月十五日　星期五　晴

午前九时常燕生君来访，请其代约李大年、余子渊于午后一时前来此午餐，当与王绰然君同去燕冀中学女子部及市立第一小校参观。女生仅十余人，单独设校颇不经济，设备亦甚简略。

标语在北方成为流行病。第一小校终极点贴有“某某先生来是我们的幸福”之语数张，均为教师所写。看其上国语时，对学生无从解释，盖语言之含义，原只如此而已。六年级教六厘法，系本局教本。此法固不适社会需要，教师照教授书念，更无办法。英文照直译法而不注重发音。一二年复式手工，教师在黑板上画若干折形之线，而不实际教之如何折，亦系教授书所误也。

十一时去市立第四中学，校舍很宽敞，学生很朴素。此校在平市中最难得。盖校长每任职达八九年，而对于学校之用费限制极严：通知家长，每年不许超过一百七十元也。图书馆仅两小间。藏旧书五千余册，新书甚少。

五月十六日　星期六　晴

午前八时半，同王君去北郊看改良私塾二：一名广育学校，校长（教员也是他）丁君，年约五十，以私塾方法收学生七十余人，学生纳费每月自一角至一元不等，并有免费生二十余人。据云每月可得薪脩近三十元。学生分为四级，合一班，除教科书外并读六言杂字、百家姓、千字文等。校址即其住宅。一名丽泽小学，校长吕君，学生亦七十余人，情形略与广育等。但室内外贴有标语甚多；并有所谓教务处、校董办公处、图书馆整理委员会、出版委员会等之名目。实在均其一人之独角戏也。所谓图书馆者占面积不及一方，有破旧不堪之教科教授书百数册，灰尘已数分厚，所以须整理也。两校均于午前八时上学，十时放午学，下午一时再上课，但课程表则规定为八到九，九到十，十到十一，十一到十二等均有课。十一时看民众第一小校，则完全一初级小学也，不过学生年龄有大至十六岁者耳。男女同学。

今日之感想如下：

（一）私塾以教师为主，学生入学均系自愿，故经费上不发生问题，更不受政治影响。若国家予以监督，其收效未见得比新式学校不若。

（二）私塾学生甚为发达，自然是得着当地人士之信用，也可以说其办法还适合当地社会之需要（如不放暑假寒假，珠算读千字文之类）。教育行政机关，何以不愿社会现状，而必各地学校放不必要的假期，与读不必要的书。

（三）百家姓、千字文、六言杂字等从新教育原理上讲，固然不合，然而在现在的社会，还很有用处，教育行政机关何以不根据社会需要编辑基本课本（现在的民众千字课可以说与社会的需要相去很远）。就两校的情形看来，毕业生在社会上做事，反较从正式学校毕业者受欢迎，则现在的课程应当注意如何于迎合社会需要之中改进社会，而不当努力于强制灌输现社会所不需要之知识。

（四）我国社会生活的阶段实太多而相悬太远。就北平言，城内与城外俨然是两个不同的世界，时间上至少相差五十年。若不努力于求平衡，则愈去愈远，将冲突至于无办法。

五月十七日　星期日　晴

约定觉明十时来同去故宫博物馆，因楫昨日言，叔和将于十时前约同赵望云来访，久候不到，以电话促之，十一时半始同来。赵为画家，修养甚好，带赠画集两册，还赠以美的西湖一册。

五月十八日　星期一　晴

风大，灰沙甚多，鼻中竟干烧至于流血，眼睛亦不舒服。阅报载，北平各医院统计，呼吸病竟达五分之一，可见灰沙对于身体之影响。楫之病固由此而来，倘再不迅离此地，会将生命葬丧于此，真不值也。

八时半同王君去孔德学校参观，由其校务主任李君引导。校址为旧宗人府，甚宽敞，设备亦好，其特点如下：

（一）自小学至大学，均男女同学，十余年来即已如此。

（二）幼稚生及一年生均教注音符号，在文字数学上得益不少，学生之发表力，亦远在他校之上。

（三）于普通教室之外，并采道尔顿制方法，设理化、音乐、文科、图画各作业室（高小即如此），由教师指导学生自习。

（四）教学均采自动主义，用启发式（绘图阅书等均由学生自动，教师从旁指导）。

（五）图书馆藏书亦较他校为多。每年经常费五万元，图书购置费约一千元。

因照相机开关不良，于十一时即返，三时去北平图书馆访觉明。因图书馆正在迁移入新馆，故书籍零乱，无可参观，只同其在周围一游，摄电影二十余尺。四时，至建筑尚未成功之图书馆，据云共费百二十万元，但房屋并不多，书库只能容书六十万册。只因一切均照美国图书馆办法而设备又极华丽，遂致费用太多，与中国社会情形相去甚远。实则与其以如许雄资建一图书馆，不如划一部分作购书费。常年经费二万余元，但阅书人数不及一万，真可谓不济之至。因此款为美国退还庚子赔款之一部，主其事者大半为美国留学生，自难求与中国之需要完全适合也。

书架均钢制，间隔之高低，可自由推移，甚便，可仿办也。

五月十九日　星期二　晴

午前同王君参观艺文中学，为高仁山君所创办，中国中学完全实行道尔顿制之第一校也。高民国十六年因党务关系被杀，由其友人及其妻陶曾谷等继续之，现已六周。设施较一般学校为好。现任校长为查良钊君。查在陕西从事赈务，由薛培元君代理。薛甚能治事，对于图书之设备甚为注重。除英文以讲授为主外，余均用道尔顿制，设有各科作业室，学生八十余人，男女同学。并有小学及幼稚园。参观毕，薛谓其国文教员闽人陈璧如女士，因四年前看我致青年教育家一文而辞去教员一年半，后经几费周折，始招之返。当约其谈话，思想甚清敏，读其六周纪念上之文章亦很好，诚女界中不可多得之人才也。

四时半，支山来，谈营业及编辑上各问题，七时同至东安市场六华台晚餐。此小馆为北平之最时髦而最贵者。其鸡绒汤包，系将鸡汤成冻包入面皮中，蒸熟后，包中全为汤水！颇不易抓入口。菜四样，共四元余。

五月二十日　星期三　晴

午前八时荆植新君来访，八时半查勉仲（良钊）君来访。查述其在陕西放赈，所见灾民之苦为人所想象不到。并谓今春曾为绑匪绑去八十一日之经过。以为人到极苦处，什么都平静。卒以无条件放回。归后仍无所惧，而继续从事于此。九时同王君去师大中小学参观，晤中学主任张鸿来（号少元）君、教员某君。设备教学一如普通学校。中学图书馆尚有书数千册，小学之新书籍甚少。两校未及两小时即毕，只是走马看花而已。十一时一刻，参观师大图书馆；建筑既不适用，书籍亦甚少，晤其主任黄象文君。十一时三刻访李湘震（建勋）君于教育系。该校原有教育阅览室，但书籍甚少，中国新书尤少。李之名久熟，但见面为初次，颇爽直。请其为教育界作中国教育的出路一文。

三时半，瞿菊农君来访。据云甫自定县来，为谈定县平民教育会之情形甚详。他们从美国方面募集基金数十万（现每年用二十余万元）在该县做实验。认定中国现在的问题为穷、愚、弱、私四事，故以生产、文艺、卫生、公民四种教育补救之。其进行方法，完全注重从农民现在经济能力、社会习惯之下逐渐改进。用“表证式”使农民从实例中自愿改进，不为施予，亦不借政治力量。经过五年的时间，据说颇有成效。其方法未尝不善，但如此迂迟进行，不知国际压迫能否等待耳。

五月二十一日　星期四　晴

午前同楫君去颐和园。园为清慈禧避暑地，建筑甚雄壮。有山有水，昆明湖水清澈尤为难得。门票极贵，全游统券售二元四角一张，楫来此多次，故道路甚熟。二时在园中午餐。

四时半，去清华园访朱佩弦君不值，乃与楫君在园中漫走，并摄电影照片。五时半正摄其大礼堂时，洪范五君走来，彼此深以为异；盖他不知我来，我不预备访他也。当由其约至校中合作社吃点，并约定下星期六同去故宫游览。六时返城，赴菊农家晚餐，席间晤孙伏园，初从法国归，谈甚欢。在菊农家谈至十时半方返。返寓得师大教育学会公函，约请讲演。

五月二十二日　星期五　晴

午前九时陶国贤来访。陶，成高之旧生，毕业于清华研究院。十时师大教育学会派代表陈、曾两君来接洽，约定明日下午八时至十时赴师大讲演，讲题定为“中国教育出路问题”。

十二时去楫君处午餐，饭后同去万牲园（现改名天然博物馆）。树木甚茂，有水田庄稼，但游人甚少。

五月二十三日　星期六　晴

午前十时陶君来访，十一时半朱自清君约我及楫君午餐于庆林春，谈笑甚欢。二时同楫君游天坛，摄电影数十英尺。七时返寓，晚餐后即同至师大，八时起演讲二小时，听者数百人，因座位不敷，立听者不少。

五月二十四日　星期日

午前九时师大、英一学生吉林人马文焕一谈边疆教育问题，谓拟办二日刊，将各刊物之佳作剪辑于此刊之上，分寄边疆小学教师，用意甚善，但经济人力均无办法。

下午四时同楫去中山公园，七时同至黔阳馆晚餐，大吃贵州米粉。

五月二十五日　星期一　晴

午前九时，赵望云携其画两张来，盖昨日在公园中见之，约其来此一谈也。其人甚朴素，对艺技视如生命，穷不改志，将来之成功无疑。第一次见画时印象极好，几日来常想设法助之，昨日见之，更思延入局中任事。

决定下午二时去定县，午前约平民教育促进社于十一时半送车票来（因非该会不能购特快车票也），并将不用之书籍等交分局代寄上海。

上车后，中华送纸烟六罐，当取其二。适在车上遇庄泽宣、王西征、熊佛西诸君，沿途相谈甚欢，颇不寂寞。我与庄及熊均为初见，但思想素相通，故在教育上与庄王谈甚畅（二人之见均超出一般人之上，庄尤精辟，绝非普通留学生所能望其项背）。在艺术上与熊谈甚畅（熊并将其最近所演之爱情的结晶剧情详说一次）。八时至定县车站，即有持“平”字白旗帜之人照料，乘人力车至其特设之招待所，九时方到。街上无电灯，但路甚好。

五月二十六日　星期二　晴

午前六时即起，与庄等同去平民教育促进会总办事处，晤其职员熊君、郑君，即在其食堂早点。

八时半起，晤其干事长晏阳初君，学校式教育部主任汤茂如君，社会调查部主任李景汉君，文艺教育部主任陈筑山君；每人均将其所主持之事件详加说明，大意与菊农所说者无出入。十二时汤君宴于其家，设备甚富丽，房屋亦宽敞；盖此地生活程度甚低也（鸡蛋每元八十枚）。下午二时复晤筑山，由其详述公民教育之种种问题与计划。三时去城外农场，晤其主任冯锐（棣霞）君，改良农村之设计甚有成绩；五时去东门外之牛村，该村有平教实验区事务所，设职员二，理补习教育诸事。有“表证农家”，系受农场指挥从事畜牧者，其成绩甚好。有保健事务所，为该会卫生教育部所设，备有简单药品，每逢期三、六派医生去该处诊疗。全村共一百五十余家，一千余人。每次受诊者二三十人。有阅览室，备有该会出版之书报等。见有阅报者四人，年龄自十岁至二十余岁。七时返寓，略事休息，赴晏宅宴会。各部主任均列席。八时半食毕，晏再三欲请我与庄表示意见。我谓他们之热心可佩，在中国教育上确是一个出路，但仅从枝节着手，而不注意于整个的社会，仍恐不免发生更困难的问题。所谓一着失错，全盘毁弃也。并告以注意于养成地方独立进行的能力，与不必注意幼稚教育而以全力注意于成人补习教育诸事。庄则谓看见他们现在的设施，尚嫌其不能将所受西洋之束缚解放，遂致仍多落到现在学校窠臼处，望他们再胆大一点。晏汤陈三人均有答词致辩；盖在他们初不知我这两书呆子如此不客气也。

今日所看虽极匆忙，但所得不少，简括之如下：

（一）他们认定穷、愚、弱、私为中国现在之四大病，而以生计、文艺、卫生、公民四种教育补救。他们将此四者并列，不分轻重缓急。实则应以生计教育为目标，其他都只能视为达此目标之手段，必欲四者平列，反失去重心。然而他们却绝不承认此说。

（二）从实际生活去求教育改造与社会建设的道路，方法诚然是对的，但忽视社会经济及国际势力而仅仅努力于目前的问题。结果纵如所愿，万一社会组织骤变，至少亦是前功尽弃，甚且形成一种死制度，反于社会有害，但是他们主持其事者，绝不注意及此，而且嫌其对于社会、经济、政治各方面之常识不十分充足，一切都 YMCA 化也。

（三）他们方法之中最可以采取而最有成绩者为农事试验场之农事设计，与社会调查部之各种调查。前者就现在农村的经济能力为之改进生产，后者就已然的事实中指出问题：均是根本工作。然而这种事情，大学的农科社会科及专科学校职业学校均当负责任，并不必另起炉灶也。

（四）他们在成人补习教育上很能超脱东西洋现行教育制度之束缚，但学校教育又陷入现行教育的陷阱中。在乡间十岁以下之儿童可说是不需要受现在学校式之教育，而十岁至十二三岁之间，则确要一些生活必需的知识。他们将学校教育分为二岁至四岁、四岁至八岁、八岁至十二岁之三段，又中了儿童中心主义的毒，与社会不知相去多少万里也。

（五）从他们的方法中联想到师范课程应该加农业、治疗等实际科目，对于现代社会背景亦当注意；小学课程应当根本改造，应以农民之生活背景及其需要为根据。

（六）现在的教育可说完全失败，要改造是多数人所感得到，但应当从何处下手，则各人之意见不一致。庄主张高等教育革命；盖谓中小学之坏系模仿大学而然，倘大学及留学教育能养成真正的领袖人才，移风易俗之力甚大也。其方法，则主张就当地情形设专门学校（如东三省之殖边，工业发达区之机械科等是)。我亦赞同其说。

五月二十七日　星期三　晴

晨三时即由工人叫醒，因特快车过定为五时也。收拾毕，与庄起行出城，王熊二人则后日方返。因庄王等嫌此次之谈话时间不够，约定星期日午前十二时在熊家午餐，并邀菊农入座。我则于晚间大宴北平学术界。

夜因月光甚好，与楫同至店外小花园闲坐，巡警竟来干涉；谓此园为美领事署所有，不许国人入内。上海公园昔曾如此，现今已成过去，不料北平现在尚有此种事。

五月二十八日　星期四　晴

午前八时半电瞿菊农，告以佛西之约，他乃于九时来谈，略将昨日之感想告之。十时去基金会访任叔永、余上沅二君，谈关于中国教育问题达一小时。他们对于科学教育的补助大为失望，拟改弦而无办法。我告以两事：第一是补助农业学校，一面责其研究学术，一面责其将研究结果，注入民众生活。第二是自办师范学校，予以特殊训练，使之能担负改进农村生产之责。十二时访杜赓之、邱大年二君，即在大年处午餐。二时半访师大校长徐旭生（炳昶）君谈我之三馆制。五时访周启明、孙伏园两君，周允为世界文学名著译日本小品文章若干。

五月二十九日　星期五　晴

早八时半，杜赓之君来访，九时庄泽宣来，九时半向觉明来，十时雇一汽车同去宣外南横街岳云别业，张百熙之祠堂也。张为清末管学大臣，与近代教育史之关系甚重要。祠中存有关于译学馆及光绪二十九年十一月奏复张之洞办学章程之奏稿（此稿共二十字十二行之红格纸十六全张，两半张），其论学校教育与应学哲学之处甚详；并有遗像一。当将其遗像及奏稿摄下。十一时去陶然亭。十二时返寓。

五月三十一日　星期日　晴

十二时赴熊佛西之宴，与王西征、庄泽宣、邱大年等畅谈至四时半方返。二时罗隆基君自沪来访，约之同去撷英晚餐。

六时去撷英。此次发请帖六十余份，除有约不能到者外，共到四十六人。可谓集学界名家于一堂。席间相谈甚欢，九时半席散。共费一百元。

席间与黎劭西君定明日午前参观中国大辞典编纂部及改进社藏书处。

六月一日　星期一　晴

午前九时去中国大辞典编纂处晤劭西，由其引导参观全处，其组织及工作另有印刷品说明。其主要工作为搜集、剪贴、整理：搜集司从书中集合材料（如巴字之“巴不得”，从水浒中求证），剪贴将各书同样之字与词一一剪出贴在一处，再从已剪之各片中寻遍其释义。唯经费有限（每月千元），故进行甚慢，预计非三十年不成。同时另编各种通俗应用之辞典，与出版界订契约，收垫款及版税以补助同人之生活。他谓中华大辞典确为历史上最有价值之书，唯各字义无总括，遂至阅者得不着一明确的概念；且释义太多，有许多非现在所用者，亦宜删去。他并拟代为修改，允以返沪商定后再说。于谈话中，忽想及我之国民百科辞书有迅编之必要。他谈及刘半农君近发明一直、点、钩检字法，拟与我一谈，遂约定在同和居午餐。十一时去帝王庙中华教育改进社旧址，看其藏书，甚凌乱，晤王西征、庄泽宣、张百龄诸君，西征坚欲请至其家午餐。十二时半至其家，约汤茂如、钱玄同、刘半农及劭西等同席。谈检字方法，觉刘氏所发明者，仍无用处，反不如四笔计数检字法之便。二时半返。决定明日去天津。楫君与其妹本拟同行，以楫现病，而我在天津济南又须耽搁数日，故我先去，俟到济事毕，再电约同车去沪。

六月二日　星期二　晴

十时去琉璃厂看旧书，一无所得，当至分局辞行。

四时，支山来送行，四时三十分同去车站。于门口遇泽宣。

车五时一刻开，与泽宣谈甚畅，他并约我下年来中山大学讲学一月，当允之。

八时二十分抵天津老站，即直趋日租界明石街熙来馆饭店。

六月三日　星期三　晴

九时电告津局经理张杰三君，彼于十时来访。

十一时费鸿年来。他们谓昨日曾去车站接两次未接到。十二时同去小食店午餐，下午一时雇汽车同杰三访南开中学蒋君，及大学黄子坚。黄君习教育，泽宣曾为介绍，相谈甚欢。出访教厅厅长张见庵君及陈筱庄先生，均因去平未遇。张为旧识，陈则于近代中国教育史料收集甚富，非一谈不可也。七时方返寓。

六月四日　星期四　晴

午前八时半同分店李君去南开小学。晤其指导美国女子Rankin及主任钱君，谈甚欢。R女士提议我们应注意编中国史地小丛书，专供小学一二年生之用，并介绍西书多种，用意其善。十一时半返寓。

下午去第一女师范，看其档案，选定最初之奏议章程等，嘱由杰三派人去抄。四时返寓。

六时宴天津教育界于分局，到三十余人，席间致欢迎词，由陈筱庄作答。散席后，与陈谈关于近代教育史之各问题达二小时。并约定我去沪后为之续成其学制史。他则嘱其书记将所藏各史料之目录查出寄沪，待我所无者再行借用。此行以此事为最愉快，最圆满。返寓已十一时。决定明日去济南。

六月五日　星期五　晴

早八时鸿年即来，漫谈至十二时方去。下午二时去店，晤连君，谈教育问题一时余，四时返寓收拾行李，六时半鸿年约赴美丽川菜馆晚餐。饭后并与杰三至车站。

六月六日　星期六　晴

午前九时五十分到济，初由中西旅馆接住，因无房间而改至正阳旅馆，设备极不好，及电分局李云亭君，因年迈，由其侄通甫代表来寓，当同去胶济饭店、平浦宾馆、济南宾馆各处，寻房间均无空。最后寓于中原旅馆。李邀午餐于某饭馆，云亭亦到，为七十五岁须眉皆白之老者，但精神甚健，且能读我之中国教育建设方针而大加赞美。当于席间致楫一函，嘱以如不能按时起行，则以电达中原。下午原拟去齐鲁大学，因过疲而止。四时去分店，同二李游大明湖；湖在城中，芦沟四达，占全城面积五分之一，济南之唯一名胜也。

六月七日　星期日　晴

睡至八时半始起床，但实在不曾睡得两三小时，胡思乱想的结果，竟得噩梦。起床后去街上购应用物数事，十一时返寓。二时同通甫去公园一游。园甚小而布置不佳，盖树木过密也。三时去省立图书馆参观，馆长王君外出，晤其职员某君，导视全馆。内藏中国旧书约三万册，新书数千册。新书均用开架式，陈列阅览室内，听人自由取阅。在国内图书馆中尚少见。其儿童阅览室亦如之。唯参考阅览室之书则由馆员取携。藏有汉魏以来之石刻数千方，当托通甫代为拓出。并辟有古物展览室，藏古彝器数千种。五时同通甫去趵突泉；大池中有泉眼二，水向上突出数尺，清澈异常。

六月八日　星期一　晴

午前八时去分店，同通甫参观市立第一实验小学，校长陈剑恒君，治事颇有能力，设备亦不错，为女生设有缝纫室，为他校少有。唯以行政费三分之一出一实月刊，而每月书报费不过十元。未免不相称（全校十三班）。

九时半去第一师范，十时半去第一女师范，设备均平常，但学生颇俭朴。图书馆书籍极少；男师有数千册，女师千数册耳，且系旧籍。照山东省各校预算，设备费占全校经费七十五分之一，实在无办法。

一师教务主任王砚晨君谈及乡村师范与师范学校问题，以为二者不宜并存。我则主张师范教育乡村化，无所谓乡村非乡村；盖中国现社会为小农制度，所谓教师均乡村教师也。他谓地方教育行政人员养成之重要亦不下于教育，但现在师范学校并不注意及此，亦甚有理。

在一女师，其教务主任刘君谈及民国十六年革命军初占济南时之教育情形，颇觉有趣，亦中国近代教育史中之一段史料也。据谓当时一切由省党部主持，而主持党务之人，又为黄浦军官生。于是凡学校之设施，教职员之进退，与学校的规章，均非经党部许可不可。主持者则以办军校与办党的方法办一般学校，职教员非党员不用，各校师生均须早操，上食堂课堂均须排队点名。据云每天排队至十二次之多，教师学生均不堪其苦（优良之教师更早他适），而以职教员限于党员之故，教师更不能如学生意，于是风潮迭起，不半年而将此种军队式之办法打破。可是改变方针之后，师资更为不敷，盖旧者优者均他适也。去年来始逐渐恢复原状。

济南在“五三”时，受损失甚大，各学校均有军队驻扎，设备几完全毁弃，现在所存每不及旧有的几分之几。

下午二时同通甫去第一乡村师范学校，地在东门外，为旧时之医专，甚宽敞。学生三班，本科两班，三年毕业；特班一班，两年毕业。共百十六人，女生十二人；附有小学，学生年龄最大者达十八岁。校长即鞠思敏君，甚俭朴。请为学生公开讲演一次，题为乡村教师所负的使命。谓其责任在发展农村经济，改良农民生活，指导地方自治。于书本知识外更当注意于应用技能，及坚毅意志。并主张其加社会调查学科。讲一时余。

四时半返寓休息，六时正欲赴鞠宴，余天休君来访，谈其近来主持之社会调查工作（他任齐鲁大学社会学系主任）甚详。指导学生为实际社会生活之调查，结果甚好；有印刷品，明日拟去访之。七时赴宴，座中有省立中师各校长及教厅义务教育委员等。席间谈各种教育问题，至十时方返。并约定明日午后四时去教育厅访厅长何思源，谈义务教育、师资训练、民众教育诸事。

六月九日　星期二　晴

午后二时，图书馆长王献唐来访，赠海源阁书目一册，谈半时而去。王年三十余，甚精敏，负责任。对于图书馆之常识亦不弱，其成绩颇可观。告以在馆内作定期讲演、作书评，设巡回文库（据云工人阅书者甚多）以车推书至各地三事联络读者，增加效率诸事。他甚虚心。

午后四时访教育厅长何思源君，告以义务教育，师资训练及民众教育诸事。因他正在开高等考试委员会，谈半时而别。约明后日在其家晚餐再谈。何年三十余，甚精干，其办公时间每日自早七时半至午后九时。勤勉如斯，殊不易得。

六月十日　星期三　晴

午前九时去齐鲁大学访余天休。该校为英美十三个教会所设，甚宽敞。天休所作之研究工作甚多编，有三百字课及改良中国文字计划书等。十二时同至德人所设之饭店石泰岩午餐。餐后复同至寓，谈至五时方出。

六月十一日　星期四　晴

五时独去公园，购报阅读，时局仍混沌如故。默想三小时，苦闷异常。昨晚致伯鸿函。尚自以为在教育上有一自信之办法，拟与南京教育当局谈之，今日细想，则其办法亦不可靠。盖中国今日教育之与社会需要不相适应，谁都知道是由于历史上的官僚教育及君子教育与近来国际势力所造成。更谁都知道要改良教育非从发展生产（尤其是发展农产）入手不可。然而办法如何，却是最大的问题。昨日以前，我以为从训练乡村教师入手是一个办法，今日觉得很不可靠：第一，历史上的传统思想不容易改变，第二，无人负训练之责，第三，无适当的设备可资应用，第四，少年血气方刚，做事一遇挫折，便易变卦，殊不易训练，第五，即使各项均无问题，国际势力是否尚能容许我们如此从容干去也是问题。想至此，苦闷不堪，消极之念油然而生。对于社会既找不着出路，对个人更感到无聊。

九时天休来谈，告以所感，他以为不必如此悲观。尽可从“实际使人得利”上着手去增加生产，并举各国及其友人之往事为例。继思其言甚有理：因现在一般知识分子挤于官僚、教师之两途，第一是历代士君子教育之影响，第二他们无实在的技能可谋生。倘若我们将其设施改变，使之有技能去开拓他业，自然不会挤在城市。因而将一月来萦绕之中国教育出路的零碎思想，构成一图，备明日午后六时何思源宴会席上与之详谈。天休十时半去，并约明午再谈。此行在济见他，为益甚多。

六月十二日　星期五　晴

午前九时去车站接楫君，忽遇悲鸿同其学生数人，他们本想去泰山写生，因团体车票不能用，改至下午行，相谈甚快。正午约天休来午餐。他为乐观主义者，对于社会上之一切问题均当作参考资料去研究，所以一切对他都不生苦感。我则生活太认真，所以昨日在公园竟至无办法。六时赴何宴，与谈教育问题达三小时。决定明日上午起行返沪。

六月十三日　星期六　晴

九时李通甫来送行，天休亦来，九时五十五分车到，幸由分局虞君先占得卧车一间，得不局促。十时三十五分车南开。

夜间与楫谈及妇女问题。她以为在现在社会情形之下，女子高等教育乃非必要而浪费的。盖在个人方面，女子终不能不嫁，嫁后，即为家事与生育问题所困，无法再从事学术，只要有点家庭及人生常识，便已敷用，根本上用不着高等教育；倘欲从事社会事业，则除牺牲家庭外实无办法，然而非人人所能办到，则高等教育之一段时间与金钱多系白费。因此她自知不宜于家庭生活，而爱情又无法磨灭，在不能两全之中，只有以爱情满足生的情感而努力从事社会事业。

江浙漫游记

从上海经杭州到南京

民国二十一年十一月十八日　星期二　雨

杭州与南京本是常游之地，但由公路从上海经杭州而去南京，则此行为第一次。

伯鸿自民国十八年而后，常患病，最有效之治疗为温泉疗养。南方只有南京附近之汤山为最便。彼于月初去该处，因外出不便，于日前函嘱放一汽车去，因我须去南京接洽稿件，乃请我与楫君押车去该处一游，我们于今晨七时半起行。

十余日来都很晴朗，不料昨夜忽然下雨，好似我们每次出游，都得遭天妒一般（去年去扬州即如此）。所幸今早雨渐小，起行后，在牛毛似的细雨中微露阳光，从沪南方斜路至漕河泾即入沪杭公路，空气清新，绿野在望，颇为爽适；而新雨之后，灰沙不扬，更是公路旅行之难得机会，则昨夜之雨，反大有造于我们也。

漕河泾入沪杭公路之起点处有两亭柱，标明自此至杭二百十九公里，通常四五时可到。我们以日前报载卫生局局长胡洪基因在新路开快车致车覆人亡的消息，而今日又在新雨之后，更恐路基不固，发生危险，乃决定以七小时达到，再加途中休息及午餐，下午四时前可达杭州。同时因今日为阴历九月十九，海宁尚有午潮，并决定于十二时到海宁午餐，借便观潮，故规定车行速率每小时至多不得超过三十哩（约五十公里）。

八时到闵行，因黄浦江横亘其中，桥梁尚未建造，渡河须以小火轮拖平底趸船摆渡。每人取渡资铜圆六枚，汽车免费。但营业汽车则须纳全程通行税数元。过河后，天气逐渐阴暗，寒风袭人，雨亦渐大，而道路系沿海塘新筑者，土方尚未坚牢，经昨夜之雨更为松脆，故行车既不能快，而且颠簸异常。过平湖，路渐低斜，入海盐则路面甚狭，两车经过，须慢慢让过。在海盐境行未几，前途忽为车阻（沿途停车十余辆，无法前进）。最前一西人，带领工人数名，正在用起重机引曳堕入堤边之一新汽车，据云即系胡氏之车；此处本系弯路，又系新筑，而胡氏之速率达六十英里，遂致转弯不及而覆车。经十数分钟，覆车不能拖起，而后来之车愈增，始让出路面，听我们通过。出海盐经澉浦、黄湾而入海宁县境。此段系就旧日之驿路改建，故比较坚固，但仍有颠簸，不过不如海盐境内之大起大落耳。到海宁县城近十二时，即在城外午餐，据当地人说，今日下午一时半有潮，故饭后即去海滨观潮。

海宁之潮闻名中国，民国十八年居杭州时，曾两度观览，兹录当时之日记如下：

九月十八日　星期五　晴

午前七时，同李劼人、刘范猷等至新市场中国旅行社候海宁观潮专车，八时三刻方开行。沿途风景甚佳，唯灰尘极大，颇不适。十时一刻到海宁观潮处，则人山人海，拥挤不堪，旅行社之围场亦无座位，我与劼人即共踞堤边，静候潮来。

十二时四十分潮来，望如白练一道，渐近渐大，同时声震耳鼓，有如千军万马奔腾前进。及其退也，则海面呈浮沫，极显污浊，故观潮最好只观其来而不送之去。今日之潮高达十二英尺，据云为数年来所未有。下午四时方返。

十月十九日　星期六　晴

因岳麓旧同学陈云卿现在海宁县署任职，日前来杭谈及海宁潮之佳处不在海宁城外之观潮处，而在离海宁城二十里之八堡；且阴历九月十七、十八之潮较之八月者尤大，故昨日与伯鸿决定今晨重去海宁观潮。但陈君在杭有事，不能即归，而我们不知八堡之所在，非由人引导不可，乃由陈君函介该县县长阎幼甫及李文俊君。

早八时即与伯鸿夫妇同车赴海宁，因中途迷路，误至临平，迂走二十余里，故到海宁已十一时。因阎县长已先得陈君函，故在署等候，见面未就座，即促李君引导立即起行赴八堡。到八堡为十一时四十分，在车上即闻潮声，下车即见潮来。因有东西两潮相撞，故声高而流激。两潮相击时，有如山崩。击后水渐平，未及全平而二潮又至。二潮激初潮之水上涌，声势更壮。至两潮相合时，波浪高出堤岸五六尺，虽经李君关照，远立堤岸丈余之坎上，然衣履亦被溅湿，否则将与波臣为伍矣。今日之潮，可称壮美已极，以观潮处之湖与此相较，相去真不可以道里计。李君谓本地人之好观潮者，均来此处，而夜潮尤美；若在月夜之下，静听潮声，远望白练，更是一番风味也。二时返县署，即由阎在县署招待午餐，亦力言夜潮之美，而邀留我等于夜间再观一次，我们以无时间，且不便过扰辞之。

饭后由李君导至海神庙游览。庙为清乾隆时所造，殿由大理石方柱十余建成，大可合抱，高五丈余，工程之巨，可以概见；出庙至堤上散步。八时半即驱车返杭，途中与伯鸿商定赠阎及陈、李诸君以我等著作数种以为瑶报。六时半抵杭，即在伯鸿所寓之新新旅馆晚餐，谈至九时半方返家。

今日之午潮甚小，且无观潮者，故堤岸极清静。我在海宁观潮今日已是第三次，无特别感应，而楫君则为第一次。她的观感据其日记所载如下：

午餐毕已一时半，我们冒雨走出饭店，沿着大道向左，再右转直至堤的尽头处即达高坡的堤岸。滔滔的钱塘江水横在目前，远远地传来军马奔腾般的声音，知道潮已来了。这神秘的声音愈来愈近，循着它望去，是左前方的一条高数尺的直线水沫躺在黄浊的水面上，形成一道白光，很迅速地向前奔来，冲动岸边的石墙，激成浪花，立即经我们站立的地方奔向左前方去。吼吼之声亦在这潮水进行中不断发生，只是愈响愈远，愈远愈轻，而黄浊水上那道白光，也越走越远，越远越细，以至小得如一根白绒线而慢慢地看不见。

我不觉低头暗想：神秘的潮只是如此。怡问我的感想如何，我说：

浙江潮吗？一道美丽的白光，一阵奔腾的怒吼。它们起焉勃然，灭焉倏然，正好象征短促的人生！

我们在车中局促了四小时，坐得腰酸背痛，乘着观潮的机会，在旷野舒散舒散，谈谈闲天，虽然潮不大，不能如我们的预期，但于我们的身体总是有益的。二时回到车上，继续前进。过海宁县城，即不再走沿海塘的路，而入平原旷野。虽微雨蒙蒙，我们不能从车窗中远望一切景色，但清澈的大气却给予我们精神上许多的滋养料。入武康县境而后，道旁修竹，亘十余里，尤为楫君所心醉。她谓幼在故乡常喜在竹园里生活，居北平时，亦每因看竹而去中山公园；南来年余，虽然泛游江南各处，但极少见竹。今日遇此长廊竹道，应为生平快事，故与我下车步行，而令车夫前开一英里等候。此一英里竹廊，我们慢步偕行，且兼摄影，遂至费去半小时以上，到杭州已是下午四时。但此行之最愉快者当推此竹廊漫步。

我们以新市场一带太闹，故驱车直往里湖之新新旅馆，但该馆无停车处，不得已而转至西湖饭店。因连生（车夫）从未到过西湖，想游览而不敢开口，楫君揣知其意，乃于房间住定后，命其开车，从湖南之公路经苏堤出岳坟经玉泉去云隐一转，并在岳坟玉泉小憩，令连生同入内看岳墓及秦桧铁像与观鱼，偿其夙愿，六时半方返。七时半赴西园下小馆晚餐，餐后去湖滨公园小立（因曾下雨，公园椅不能坐），静观环湖灯光映在水中，因风闪动，有如歌舞明星穿上珠翠舞衣，在灯光之下周旋进退一般。两年前我们在湖滨夜谈的种种情景又一一涌现脑中。只以天寒雾浓，未半时即返饭店。

十一月十九日　星期三　晴

昨晚打听由杭州去南京，公共汽车要十二小时，私人汽车要九小时，但因昨日下过雨，车行较难，至少也得准备十小时，再加上午餐及中途休息，总要费上十二小时，所以今早六时即起，匆匆早点后，六时三十分即上车起行。

由西大街出城至莫干山一段之公路甚佳，平坦与上海附近之方斜路相当（民国十八年曾两度去莫干山，因路系新修，车行颇苦）。过莫干山入长兴境达宜兴，以及由溧阳达句容，均时而碎石路，时而泥土路，高低不平，车子跳动异常。局促车中，手足无法伸展，已觉难受；而有时泥路凹凸太甚，车子上下跳动，竟至头碰车顶而发昏；在碎石路上，则车粼粼振荡，有如在四川简阳一带坐鸡公车（独轮车）。但因要赶时间，既不能中途休息（只在宜兴城外午餐时，休息半小时），又不能开得太慢。我们因局坐太久固然叫苦，连生也常叫两膀酸痛，只望速到。这种乘自备汽车在碎石路上为急遽的长途旅行，不知者以为是享福或出风头，身受者则情愿乘公共汽车。因公共汽车，车厢大可以伸腰，沿途停靠，可资休息也。（由杭至宁若作两天行走，则乘自备车亦不甚苦。）

由宜兴到溧阳之一段，路较平坦，且沿太湖环行，风景亦佳，但为赶时间之故，仍未下车休息，只在车窗中远望水天一色的湖面，四周围着苍翠的绿野而已。不料由溧阳到句容的一段，路面更坏，每遇低洼之处，积水很深，车子经过，不独车身车窗都溅满了污泥，有时且跳起一二尺，而每感到会蹈胡洪基的覆辙，真所谓心惊胆战，“栗栗自危”了。所幸到句容还只有五时半，离汤山不过半小时的路程，而路面亦较平，乃在城外较清静的地方略停片刻，大家下车伸伸手足之后，再开慢车前进。行抵离汤山三里的地方，远远地望见路中站住两人，招手停车，近前视之，则伯鸿与其公子铭中前来接车也。于是停车请其上车，询其何以知道此时必到，彼谓自有神机妙算。实则下午五时彼即携铭中在途中徘徊也。到陶庐，只六点过五分。

陶庐是一所私家花园式的旅舍。正厅之外，有楼房一座供客住宿，浴室即在楼房之旁。汤山本为濯濯童山，无景可言，唯以温泉而著名，故来游者，大抵以沐温泉浴为目的（此庐在数年前只有正厅，偶有游客来居，即在正厅两旁设榻，近因金陵建都，来游者众，乃新建楼房为客室，庐旁并有军事委员会俱乐部及名公巨宅），故我们到正厅坐就，即由伯鸿夫人命侍者开浴室；坐未几，即入浴。此地温泉为石灰质，颇与日本日光者相似；浴室为池堂，亦似日本式。我们经一日之颠簸，骤下车，颇感晕眩。坐在客厅中仍觉如在车上行走而有摇摇欲坠之感。经温泉浸浴移时，精神大振；出溶室后，虽仍感荡荡，但不过如下秋千后之情景耳，晕眩已全去。入伯鸿代为预定之客室略事休息，即至正厅晚餐。由伯鸿特备此间名菜清烹鸭子等数种，相与大嚼，一日劳顿，已在谈笑中消散，而恢复平日的旧我了。饭后谈至十时半方就寝。

十一月二十日　星期四　晴

昨日到此，即感气压重，呼吸促，楫君颇以为异。告以此为温泉地带之普通情形，她谓北汤山并不如此，当为水质之不同而然。

晨六时起，沐浴后，同铭中去汤水镇上一游，市房湫隘，街道狭窄，完全内地之普通乡镇也。唯乡人在此交易者不少，挑柴者（南京附近均以山柴为燃料）尤多，以至街道拥塞，行走不易。由铭中开路，匆匆走过全街，即返寓早餐。伯鸿夫人知我素以挂面与鸡蛋为早点，特嘱厨房早为预备。楫君谓做客而有如此主人，情愿天天做客，永不归家。伯鸿则谓我们都是客人，此处只有陶保晋君（陶庐业主）是主人；再推而言之，陶君亦非主人，真主人唯此汤山与温泉耳。实则楫君不知伯鸿夫人之贤惠远不只此；盖伯鸿忙于职务，在私生活方面她固为他的保姆，在公生活方面，亦为之分劳不少也。

我虽于民国十二年至十七年寄居南京，但以尔时交通不便，未曾游览。伯鸿则以疗病之故，在此寄居数次。饭后彼乃自称汤山通，而大谈其汤山温泉。他谓汤山的温泉有五源，均出于汤山东部已受变化之石灰岩中，沿东北麓而东而南顺次排列，呈一弧形。最北的名汤山温泉，为汤水镇公所所有。民国十七年新建镇公所，内设浴池大小各一，其设备略如普通浴池；浴资分三角、二角、一角、二百文、八十五文等，可容纳四五十人，现由商人租办，每月付租金数十元，营业颇不坏。该处之北面附设民众女浴池，东面设民众男浴池，任人入浴，不取分文。此三浴池之温泉皆出一源，即第一泉也。由此往南约五十步，有汤山女浴池，亦为镇中女子公用，东去不远，则为军委会之俱乐部，内有浴池四所。此二者由第一泉分成，合称第二泉。再南则为陶庐，有浴池十所，浴资每次一元，住宿连饭食沐浴（每日两次）每人每日五元至十元。其泉称第三泉，但系由庐后相距二十余步之两泉汇流入宅，故有人称汤山六泉者，即将此二流分计也。由陶庐南去百步外有桃花泉即第四泉；称桃花泉者，因此泉仅于桃花盛开后方大涌，秋令量微，甚至绝源。现经某巨公凿深数尺，水量骤增，终年不竭，但闻对于他泉之流量颇有影响，第五泉在汤王庙之南，离镇约里许，唯乡人沐浴其间，但天旱则流甚微。他又谓汤山温泉，经由北平协和医院化验过，据云含钙及重碳盐甚多。以之沐浴能健胃活血，并能疗治筋骨酸痛及肺病、皮肤病、脊髓痨、半身不遂、各种慢性呼吸病；而饮用则能疗心胃疼痛、肠胃病、传染病、风湿病等。彼每来此小住，颇有效验云。我谓如此为陶庐现身说法作广告，陶保晋君至少应不收费，相与大笑。因顾荫亭君定我们今日在其寓午餐，乃于九时返私室略事休息，于十时同伯鸿等起行赴南京，十一时达户部街顾君寓所。

午餐后我与楫君移寓中央饭店，伯鸿等仍返汤山。寓定后即雇车访友，因与大部分人接洽稿件，而其办法又相同，为节省时间计，乃约十余人于中央饭店晚餐。十时散席，一切事务均已解决。

十一月二十一日　星期五

三日来劳顿异常，不事休息，势将生病。故昨日伯鸿主张今日在此或去无锡休息一日。并谓若在此，必得换房间改姓名，否则不独不能休息，且要被宴会吃坏；盖知我在京之友人甚多也。昨晚与楫君商，去无锡虽可清静，但旅途仍多麻烦，不如从伯鸿之计，当即改换房间，而以她的姓名悬诸门外，并嘱侍者如有人来访，则告以某号客人已于夜车去沪。今日九时方起，十时半雇马车去玄武湖。因属冬初，天气渐寒，虽天晴，但游人仍甚少。到码头决定租一小船自行驾驶，便在湖中停留或驶入偏僻处所晒太阳。当去与船主言明至下午五时止，租金一元。彼利租金较平时多出一倍半，亦无异议，但码头旁之警察则不允许，谓此间无客人自行驾船之事。询其故，则谓恐旅客生事或自杀。我们请其检查，告以不曾携带武器，当然无法为非作歹，至于自杀，无论从何方面看来都不像，当示以有头衔之名片，并告以我住南京六年，到过玄武湖几十次，对于湖中的地方都很熟悉，也曾自行驾驶过多次（民国十六年前确可租船自驾）。我们欲自驾船是要自由驶到各处观赏风景，采集植物标本，摄取美术照片；公园规则并无禁止游客租船自行驾驶的条文，则我们自愿驾驶，船主又经允许，当不违法。彼乃再四将我们注视，并将名片细阅，知道不会出乱子，遂听我们上船。于是我持篙，楫君操桨，慢慢从马路东之湖中驶去，但以湖水过浅，不能于通行航路之外多辟航线，虽在途中水较深处驶出数次，但最多亦能离通行航路数十丈，仍须从原路绕公园前进。不过在纪念碑外之芦蒿中停半小时，卧晒太阳，并得照片数张，总算不负此行。

下午一时半至五洲公园上岸午餐，因游客稀少，较大之伙食馆均停歇，仅一甚小之本地菜馆名金陵者犹在招客。入内询之，则只有活鱼及鸡蛋两味：盖今日为星期五，游人在湖中用膳者极少，故只备可以储存之菜，以备万一；非若星期六下午及星期日之多备可以出售也。询其价则鲫鱼清炖红烧均取值六角，熘黄菜四角。因无其他客人，我们决定亲自下厨，请主人取鱼三尾，声明由其供给作料，我们自行烹调，价格不减；主人取鱼来谓每尾有一斤重（实际不过半斤），三尾须售二元，亦允之。于是由楫君作四川式之干煎鲫鱼一味，我做湖南式之红烧鲫鱼一味，再教厨子作一味清炖鲫鱼汤，命堂倌将桌椅移到该馆对面的竹林里，清闲自在地吃我们的鲫鱼席。直至下午二时半方返船。由西路撑回，即算包围五洲公园游览一周。抵玄武门已五时矣。当雇车至高楼门附近之孙俍工家中。他和王梦痕女士很惊奇地以我们自天而降，立即由俍工去三牌楼买菜，归来并亲自下厨；八时方晚餐。餐时为之述今日之生活情形，给他们平添许多笑料。九时半雇车返寓，唯分局送来伯鸿一信耳，无任何客人。伯鸿之计，可谓售矣。楫君谓此公真妙人且解人，将来下雪时，当为之塑一雪像以志感谢。我谓当将此意告伯鸿。临睡，将账目结清，决明日早车返沪。

青阳港及昆山

一

民国二十三年十月六日　星期六　晴

今年来楫君与我都为职务所忙，就是星期日也少外出，颇觉于健康有妨。前月与伯鸿谈及，他以为我们应当在年富力强的时候，常常旅行，以期变换环境，锻炼身体。长期旅行虽有不便，但星期尾作郊游是没有什么不行的；且介绍我们去青阳港。所以今天我们都请假一天，于早八时由家起行，赴上海北站赶九时开出的京沪快车。十时十九分到青阳港（由沪到青四十九公里）。

我们只从报上及伯鸿口中知道青阳港有铁路饭店可居，有小船可划；推想起来以为至少当是一个小都市的商港，不料在十时十五分之后，远远看见青阳港车站的路牌处，只有一座长不及二丈的公事房，连交车的轨道也没有。下车之后，询问铁路饭店之所在，收票员很客气地指着隔河对面的一座孤零零洋房说："那就是，请过铁桥向右走下去，不数十步就到了。"我们照着他所指的方向望去，果见那洋房的外墙有"铁路花园饭店"六个见方大字。等火车开行之后，走数分钟便达目的地。

进店门有门房式之小房间，上悬"问讯处"木牌，入内告以来意，有穿白色制服之侍者引导入内看房间。饭店为一私家花园，占地数亩，亭榭池塘假山均备。其正屋为二层楼之住宅式洋房；下层为食堂、会客室及办公室等，室中设无线电、收音机及沙发等；走廊则设藤椅茶几，便游人休憩。楼上有头等客房二间，二等、三等各一间，及浴室、盥洗室等。一切设备均西洋式；房屋租金亦照西法计算：即头等房金一人四元，二人七元，三人八元；二等为三元、五元、六元；三等二元、三元（三等房只可住二人）。饮食中西均备，每顿每人西餐一元二角半、一元五角，中菜起码一元。我们以头等太宽，二等太小，乃由侍者引至园中之平屋；该屋计四间，均二等，但面积与楼房之头等者相若，故住定其最左面之一间，因隔壁及前面均为花园，空气清新也。

住定后，先至园中巡视一过，平屋之左有假山荷池，池右为工人室之平屋一排，池左有小坪备石桌石凳。我们住室及楼房之对面均为绿茵之平地，并有养鸟之铁丝网小房两处，其中养白鹤、芙蓉鸟等；屋后为蔬菜场，厨房即在楼房之后。设备与维持所费甚大。询之侍者知为两路局所经营，目的在发展铁路营业，提倡正当休闲；因此间之水不洁，饮水亦由沪运来，故每年赔万余元。此园本为南京富绅蒋某之别墅，因年久不用，损坏甚多，路局向之租赁，第一次之修理费亦数千元云。

店之大门临通常熟、太仓及昆山而入太湖的河。河面宽数十丈，水甚清澈，小汽船及帆船往来甚多。此地人烟极稀，且离昆山不过三公里、火车不到十分钟，而独设一车站者，据饭店经理陈君（亦路局职员。此间一切人员，均由路局调来）说，是二十六年前，英人亨利管理沪宁路时，见此地河水清澄，特辟游泳池，以便来此游泳；并设划船俱乐部（后以水中有吸血虫不便游泳而中废，只划船俱乐部开设至今），平日由会员自由练习，每年春秋两季各比赛一次，故车站设备至简。而平时之来此者全为划船俱乐部会员。彼等生活习惯与国人不合，且离沪甚近，大抵朝来夕返，午餐均由沪带来，故二十余年，除赛船时为供应观众有零食摊外，始终不能成为市集。两路局长黄伯樵着眼于发展农村经济，始于今年六月设此饭店云。

我们均好划船：我幼时最欢喜在水上生活，楫君在北平六年，亦常在北海、中南海荡舟。前年来，我们虽曾游过西湖、玄武湖、瘦西湖、南湖，但均不能由游人驾船（前年在玄武湖中，曾经租一船自行驾驶，但非练习体操之船，无意义），上海虽有所谓栗娃栗达，有小船出租，而是死水、河小、船又不合用，（平底）划起来太不过瘾，所以去一次即不再去。此地河流广长，饭店所备之船为尖底，桨有胫，可坐荡而周身用力，颇于身体有益，故我们于十一时租船一小时（租金每小时四角），十二时半午餐后，大睡一觉，至三时又划船两小时，夜八时又划一小时。三次之中以夜船为最美：因河中一切静止，唯有我们的桨声与偶然火车往来之声打破大地的沉寂。桨声如诉，车声如吼，有如天籁，而饭店路灯之倒影映在水中则有如星斗。我们在一叶扁舟之中，占有了全宇宙，少年心情陡然增长，乃放乎中流，引吭高歌。饭店侍者闻之，寻声而来，谓寒气逼人，且恐生变，乃于九时后登岸入店。

十月七日　星期日　晴

昨夜睡甚美，今晨八时方起。早餐时，陈经理以路局所印导游丛书之一昆山相赠，且力劝我们去昆山一游。据该导游所载："昆山是山清水秀的地方，所产鱼虾蟹类，风味最为鲜美；鸡鸭亦为著名食品，喜尝异味者不可不一游。"又载古迹名胜有十二处，其中马鞍山一处在车站及饭店花园中均可望见。我们都是山野之人，除去二十年在北平去过西山外，近年不曾游过山。该山虽只高七十丈，广袤二里，在我们的眼中不足以言山，但它那"孤峰特秀，极云烟缥缈之观"（导游中语）的描写，却引起我们的兴致；而况有鲜美的鱼虾鸡鸭可以果腹。所以我们于早餐后即乘十时十九分的京沪车去昆山，八分钟即到。因系初游，雇车去东城桥北之半茧园。园为明嘉靖间叶氏所辟，名茧园，初占地六十余亩，清初析而为三，其仲子九来得东偏之半，从事修葺，名半茧园。园中有小池及供人游憩之亭舍，有茶及零食出售。以地面甚小，仅在其假山上小坐，即驱车入城，至北大街云记馆以鸭面及鱼面为午餐。餐毕去马鞍山。据导游所载，左为擘云峰，右为文笔峰，南有桃源洞，北有凤凰台，东有东崖，西有一线天诸胜。山顶一浮屠名凌云塔。山之胜处，尤在东崖，石壁耸峙，震川所谓苍碧嶙峋，不见有土；旁有一小径，蜿蜒其上，莫测其所往。我们由公园之运动场拾级而上，未十数分钟即达山顶文笔峰，再以一小时之力遍走全山之小道，实觉不够爬山之味，乃在山后松林中静坐谈天，复至水城门（城墙已拆，水城门系特为补葺以存古迹者）看水摄影。四时起行返车站，五时乘火车返青阳港。晚餐后仍划船半小时，盖因陈经理之警告，不敢远游也。

此间一切西洋化，寓客室中只备冷水而无茶。昨夜与陈经理闲谈，彼曾读我书，知我姓名，且与老友王克仁甚相念，承其另眼看待，嘱侍者特在室中备茶一壶，真不胜感谢之至。

今日为星期日，由沪来游者数十人，但大概一饭即返，虽亦有租船者，但为数甚少，且有雇乡人代划者。返观车站旁之划船俱乐部，则会员数十人，男女老少均赤膊划船，倦了即睡在草地上晒太阳；中西人士对于身体之锻炼相去不可以道里计矣。据侍者言：此店开张四个月，国人租船自划者不多，女子尤少；于星期日早五时车来，租船一日划至昆山者只有日本人及西洋人。据此则黄伯樵之设此饭店，于发展农村经济外，提倡国人作郊游以锻炼身体，可称作一件社会教育及国民体育的功德。以后有暇，当约集友人来此。楫君闻侍者言，告以迟一二星期我们将五时车来，划船去昆山午餐，再划回赶五时车返沪，以雪国人之耻。侍者之中有老李者，向在莫干山铁路饭店服务，自称识我。询其故，则谓民国十八年夏，伯鸿住该处，有坐汽车之客人访彼，将汽车停在山麓，上山下山均步行，他们视为奇闻，所以虽然隔了四五年还认得我的面貌。闻楫君言，特意恭维，而欲我等再去时，先以长途电话通知陈经理，以备预备一切。本店有长途电话及邮政电报：电话利用路局专线，信件电报则利用火车为之递送。

十月八日　星期一

今日下午五时必须起行返沪，早起即决上午去乡村游览，下午划船。早餐后出店过铁桥至车站。在铁桥上极目四望，只见田野中极零落的几座平房，看不见大村落；至车站则站门紧闭，阒无一人。走下桥去，在写着由青阳港至常熟几个字的码头上，看见一位临时小食摊贩的老者，向他做了一笔生意（购四个莱阳梨）之后，询他附近有无市镇，有无土产可买。他说青阳港并无市镇，所有食品或杂用物，都是从昆山用小船摇来的。只有离此三里的一个村庄苏家庄或施家庄，有几十户人家，有茶饭出卖。要去的话，通过这道小桥循大路直走就是。

我们照着他的指示过小桥沿溪西行，穿过许多稻田，经过一个丛密竹林的农家，陡然跳出三只恶犬，挡住大路，我们捡取地上的棉花秆和石子当武器，鼓着勇气与狗作战。费了许久的时间，才通过这道关口。再前行里许，达到一个茅屋栉比的村庄，即所谓苏家村了。但只有十数户土墙屋子连接着一条弄堂，无店面也无行人，更无谓出售茶饭的地方了。再走过去，看见溪流之旁几户人家半掩在茂林之中，屋前堆着尖塔似的稻草，旁边卧着耕牛，水中浮着几只鸭，连那房屋草堆的倒影映在水中，俨然一幅画图。我们为此美景所系，在那里徘徊十数分钟，而计议着将来回到乡下去的种种生活。

为着要满足我们跑路的欲望，归时不走原路而从田坎中的小路向着车站走，不料看来甚近，但四处为小港所隔，又须与村狗作战，以致走了一时余尚得不着通大道的路；而烈日当空，汗流浃背，走近大河沙滩坐下，将梨解渴，再沿河前进，以为不久可以回寓；但行不数十步，又为小港隔断，幸有乡人驾载草的小船经过，乃予以一角而渡达彼岸。返饭店已十二时矣。

午餐后略事休息，将零物收拾寄交侍者，结清账目（共二十一元余，连往车费及昆山所用共三十元）仍租一船放乎中流。前昨两日我们均在大河中荡舟，今日为欲探视乡村生活情形，乃划入小港。自饭店对岸之石桥驶入，沿港西行，遇乡人之稻草船，航船（代步者）甚多。彼此经过时，楫君特被注意，以乡间无此等装束之女子荡舟也。港边小孩常随舟叫洋先生洋太太不置，我们虽出身于农村，但现在则和农村相去太远了，不胜感慨系之。途中虽有村犬狂吠，但彼等不能游水，我们以桨挑水与战，彼等亦无如之何。三时一刻由原港返大河，尚只四时半，楫君忽谓我们久不乘海船，波涛经验已渐忘去，何不划至江心，听小火轮掠过，借其波浪颠簸吾船，略尝风波之味。当即称善，且一面高唱伏尔加船夫曲，一面努力荡桨，她和之。未几，一小轮船经过，排浪达数尺，我们竭尽余力推桨前进，使舵稳船平以迎之，波浪掀吾船如荡秋千，俨以海船遇风，我们大乐，再高唱渔夫曲。直至五时始将船还饭店，匆匆取行李至车站，乘五时二十分之快车返沪，六时十五分即到北站。

此次三日之游，饱尝山水田野风味，而划船尤属难得。晒太阳三日，于健康尤有益。当与楫君决定每月各出十元存储，专去该处划船。预计每年春秋佳日，不过六、七个月中二十余个星期日可去该处，如早去晚归，自带午餐，每次连车费船租不过七八元，我们的预算可敷用也。

二

民国二十三年十月二十一日　星期日

自本月六日去青阳港后，决定每期日都去该处划船，前星期日该处开菊花展览会，以雨未去，殊为怏怏。今日早起虽天阴而有雨意，仍与楫君冒险起行。幸抵该处，天气放晴。菊花会即设于饭店之花园，无虑千数种，大半均各站铁路苗圃之出品，杭州市政府及各县政府之出口亦不少。今日为菊展最末之一日，故由沪来此之游客不少，饭店中几无隙地，饮食均不易得。幸我们此来以竟日划船为目的，早带午餐，不成问题。到店在菊花会中游览一过，于十时半即雇船去江中荡漾（游客虽多，但划船者甚少，饭店所备的八只船，我们租得第一号），我们初拟一直划到昆山去，但虑气力不济，时间不足，故只在大河中划一时余即转入小港，经一时许，至一不知地名之草坪，将携带之面包牛肉开水取出果腹，并在地上采野菊花静卧，下午三时再上船划回。到饭店已四时半矣。因五时之快车脱班三十五分钟，在将昏的夜幕中，车站竟挤满了人（大约有四五百）；车到时，抢着爬上，车上无座位，一直站至上海。到家已七时三十五分矣。

三

民国二十四年三月三日　星期日

午前九时同楫君去青阳港（已是第九次），游人极少。午前去青阳港饭店者，华人仅我们两人，西人则有十余，均系上海划船会会员。他们除严寒酷热大雨雪外，每星期必来此划船一次。年龄大者，有六十岁以上之老叟老妇。彼等视运动为人生之必需工作，故能如此也。

下午一时半起划船，因风大，未远荡，只在小港划三小时，于五时二十分车返沪。三等车客甚拥挤，空气尤坏，我谓以后应改乘二等车，楫君谓为何划船有能耐而在车上无用耶。讽喻得有理，以后还是平民化。

四

民国二十四年五月五日　星期日

楫君今日宴钱歌川、张梦麟、倪文宙夫妇于青阳港。前晚曾以长途电话通知青阳港饭店陈经理备五元之和菜，水果点心则自行带去。今晨八时到车站，除倪君夫人外，其余均到，钱君且携其女公子同来。到饭店后，略事休息，即去花园一游，再出店至乡间散步。午餐后租船两只，我与楫君及文宙驾一船，张、钱两对夫妇共驾一船，由大河入小港，最后返入大河。两船比赛，彼等以经验不够，不能掌舵，弄得船在河中打转，结果是由我们划去给他们帮忙调整。所谓竞赛也者，只是说说而已。

五

民国二十四年十月二十日　星期日

昨夜睡甚适，因昨夜约定黄九如、王独清今日去青阳港（我们已去过二十次），故今晨七时，准备一切，于八时起行赴车站，未几，黄等来，九如并携其子山衣同行。当即购票上车。到铁路饭店即租二船出游，于十二时抵一小港休息，将自备之炊具取出，于草地上煮面食。独清以体重行动不自如，竟于登岸时扑地。我适在另一船中，不能相助，费楫君等数人之力始为之曳起，然已衣履尽湿矣。即由九如为之洗濯晒干。我则于食后在草地上酣睡达一小时。五时二十分车返沪。

六

民国二十五年五月三十日　星期六

午前九时正独赴车站；车于九时四十五分开行，十一时五分到青阳港（已游二十五次）。至旅馆开房间，则全部由西人于两星期前定去；盖今明两日为上海西人在此举行夏季赛船期也，本想静居一日，不料连住所亦不可得。但欲等，楫等不愿，即返。乃电昆山赵百川县长，又谓两日方返县。无可如何，乃以长途电话告楫君，请其于一时二十分乘特快车来青，二时十一分可到，七时四十三分回沪，尚有五小时之游览，亦可满足徐鸿方之愿。电话毕，即在客室静坐三小时。初拟屏绝一切文字，但结果不独四壁之文字映入眼帘，无法拒绝，且于无可消遣之时，在火车时间表中计算来去时间与价目。由此可见我尚不能耐闲。

楫君、鸿方按时到，适已定五号房间之某西人不来，乃决定共住一宵。唯此为头等房，一人须四元，二人七元，三人须八元耳。五时至六时划船一小时，划至划船俱乐部，电灯辉煌，有如白昼，无线电放音，歌声震天。西人则在其中喧饮跳舞。可谓狂欢也。夜七时至八时又划船一小时，因天凉，楫君少带衣服，致未久划。

五月三十一日　星期日

昨夜因床褥为西式，垫物过多感热，睡不甚适。早餐后拟租船，则八船已概租去。盖每星期日，上海七时五十五分之特快车停青，八时四十六分有许多游客从沪到青。今日之人尤多；连由沪乘自备汽车到此者无虑千人（汽车近百部）。而乡下人更多。沿旅馆及俱乐部两岸，以及铁桥上概挤满是人，长达里许，走路亦去不通。车站与俱乐部之道旁则摆满各种零食摊，河中之船亦较前为多，旅馆隙地亦拥挤是人。不独我们所未见，据侍者言，亦是此地空前所未有。因恐七时四十三分之快车太挤，乃改于三时九分，乘锡沪区间三四等车返沪。但在南翔等快通车，本当四时半到沪者，至五时方到。

七

民国二十五年九月二十七日　星期日

午前九时同楫君携湘、淞、宁、湖、杭五孩去青阳港，十一时到铁路饭店略事休息，即出外游散，十二时返店午餐，下午租两船，由我带宁等三男孩，楫君带湘、淞两女孩教以荡桨掌舵之方法，不半小时均经学会（湖杭曾同游数次，略知驾驶之方），乃划入小港，听孩子们依男女分据两船，自由竞赛。初以不会驾驶常在港中打转，后经我们分别把舵，由彼等荡桨，结果很能顺利进行，但进程不相上下，以宁等三孩均为湘、淞之弟（杭且仅只八岁也）。四时半靠岸时，湘将桨一只在码头之木栅上碰断，照章赔偿二元。五时车返沪。

八

民国二十五年十一月八日　星期日

午前七时半携湘等五孩独去昆山。初拟于青阳港下车，划船一小时，再乘十一时五分车去昆；因青阳港旅馆已停闭，车不停，遂直赴昆，于八时五十四分达到。结队步行，十时四十分始抵马鞍山下之公园，由园后直上山巅。除淞外，其余四孩，均行不由径，择无人行走之处，翻越而上。山上所有建筑物如测候所、塔、寺、灶君殿等，不到一小时均遍历已尽。乃再从灶君殿之后山越石壁而下，复至前面之水城门墙上。再由后山翻上，经公园，入北塘街，百花街，转县西街，至县正街午餐，尚只十一时三刻。午餐毕，方十二时一刻，乃由正街东转入广仁医院之后面半茧园。途中见有新造房屋出租，虽系平房，建筑不十分坚牢，但占地约三分之一亩；有正房三大间，小天井二，厢房下房各二，正房及厢房均有地板，每月只二十元。据谓修造及地基共须四千余元，如此租价，可称甚廉。湘等甚羡慕，欲其母来居此。只惜彼等须求学，不能离沪耳。宁、湖、杭在山上以及半茧园等处，均双足不停，跳跃不已。带彼等旅行，颇非易事：因既须能与彼等竞走，为之照料一切，又须为之携带衣物也。幸我甚健，尚能对付；再过几年，体力就衰，恐亦不能领导也。一时三刻，由半茧园返车站，到近车站之途中，看乡人捕鱼。以水车将沟中水车干，再以小网或手捕捉；所谓“竭泽而渔”者是也。孩子们从无此经验，看来颇有奇趣。

归来之车，为上午十时由镇江开来之镇沪三四等车，应于三时四十六分到昆山，乃在昆即已脱四十八分，中途又等沪上开出之快车，应于五时二十分到沪之车，至沪已六时半矣。车中人甚挤，竟至站立亦无隙地，湘与淞在车上站立达二时之久。

九

民国二十五年十一月二十七日　星期日

午前七时半与楫君起行赴车站，乘八时特快车，于九时抵昆，即步行上马鞍山，风甚大，途中颇觉寒。但努力前进，体温增而寒亦减。初自正路至玉峰亭、文笔峰，摄影一帧，再沿山路经一小石洞（入洞遂跑行）至山脚，再溯另一山路上行。见有五工人，以四人在山顶挽铁缆，一人在山下跟随一木箱，此箱系于铁缆之上，中载火砖百数十块。依缆之挽转而上升询之工人，据谓每日能挽九次，可升砖约千块，如用人挑则每次只能挑十块，每日不过四次，则五人只二百块，故此法甚好，惜其发动之齿轮过小（只五英寸直径），费时仍甚多。彼等二人一班，轮流挽转。我试为之，一人亦可挽动。再从五峰阁入寺，经测候所，循灶君殿至山麓水城门，摄影数张。再由山后入玉环湖，循山路至测候所下公园。前后计三上三下。因着软底鞋，颇感脚胀。至城中午餐，已十二时半矣。饭后去半茧园。二时五十分上车返沪。归寓即将照片洗出。

常熟二日游

民国二十四年十月五日　星期六

早六时即起，六时半早点后同楫君去宝山路虬江路车站，以为中国旅行社当如其广告所言，随到随开。不意今日经由该社招待去常熟参加曾孟朴追悼者仅十五人，候至七时二十分车方开。途中经嘉定、太仓，至常已九时五十分矣。当照旅行社所指定去寺前街大新旅馆更衣，全车连该社领导员共十六人，除楫君与我外，皆乘轿上虞山。我等乘人力车至旅馆稍息，即雇车出北门，去兴福寺。寺在虞山东麓，占地数十亩。花木亭榭，有如公园。游人甚众。除当地人士外，尚有上海清心女学之团体女生数十人。十二时一刻午餐于该寺。因导游者钱某为常熟人，为此寺施主之一，故四元素餐有四碟六盘一汤，味均可口，平时不易得也。因系初次去该地，故于逆旅中雇向导一人随行，计工资五角。饭后由彼导游三峰寺、万松林、祖师殿、拂水岩、剑门、维摩寺、石屋洞、桃源涧，由北门返寓，已四时半矣。山并不高，且有大路，故行走甚易。途中唯剑门风景最好。系数十丈之岩石中裂一缝，由缝中乱石中爬上，随时回头远望，南湖之水色田景概收目下，开阔之至。万松林回望，可远看长江。而常熟城之建筑物如星罗棋布，远列目前，亦甚有趣。两涧甚大，惜秋深无水，名不足以副实耳。

六时略购土产，七时去山景园（书院弄）晚餐，由旅行社预定二席；每席十元，有六碟十碗，有本地之告化鸡、新松菌等，味均可口。饭后于街上遇本所同事钱歌川等十三人，由沈元钎（本地人，现为本所图书馆员）领导，亦在街购土产，且寓于大新。晚九时即就寝。

十月六日　星期日

七时起，早点后，徒步出西门，拟去南湖边。出城遇一桥，并遇沈君。沈君谓经此再前行，误听为越此再前行，遂致入歧途。及询乡人而转，则已费去半小时，信步至一高桥而止。于十时赴西门内逍遥游参与曾氏追悼会。此地为一游戏场，依山建屋数幢，挽联轴幛，悬满走廊屋内。至十一时方开会，十二时半尚未散，我等因须游言子墓、新公园及虚霩居等处，故先出外至石梅（曾氏招待处）午餐。餐毕，雇车去虚霩居，即曾氏居处。占地数亩，亭榭、花木、池塘无所不备，著作读书之良境也。追悼会致辞时有当地蒋子范者，年已七十，精神矍铄音调铿锵，演说移时，略无倦容，为吾辈四五十许人所不及。出曾园雇车至旱北门新公园及言子墓，再步行返寓，已三时半。适元钍父亲及其兄送来礼物一份，且亲来相访，当辞谢不收。三时五十分至车站，本欲乘旅行社定备车，不知何人竟强拉至普通客车，上车即开行，中途停车，至六时方抵沪。

苏州掠影

民国二十六年四月四日　星期日

今日为儿童节，各处均举行纪念仪式。

午前七时宁即与其同学尤振华及湖、杭来寓，七时半与楫君及其母携宁等赴北站。因已向经济旅行社报名，当向该社换团体票乘八时十分该社之定备车赴苏州。该社计备三车共三百余人，每人均有座位。友声旅行团亦于今日旅行苏州、无锡，备车五辆，共五百人。车站旅客拥挤异常，单独购票者极难有座位，与旅行社同行，颇为便利也。九时三刻即到苏，由车站步行至虎丘，经小街行一小时方到。于十二时在该处冷香园午餐，每桌十人，六菜一汤，味颇可口。一时出发去西园、留园，仍步行。因久未去苏，竟将西园在路东之方向遗忘，而向西走过留园，乃未及入内。循大街前进，愈走愈无游人，乃疑而问询诸途人，始转入留园。儿童每人有摸彩券一张。宁等得铅笔、书本、牙刷、皮球等各若干。刘范猷君夫妇亦率其子女同行。在虎丘起行时，其女敏君不欲乘车，随余等行；彼等先至西园，余等则先至留园，久候彼等不至，乃去西园；及抵西园，不见彼等，乃又送其至留园，于门首遇之，遂又回至西园。当出留园时，旅行社且各赠成人小面包二枚，儿童亦二枚。旅行社之团体行动至此而止。以后则听各人自由行动，唯须于八时齐集车站耳。在西园勾留近一小时。民国十九年夏楫君初至沪时，曾携湘同其游苏一次，在西园放生池及江干摄有电影及照片，旧地重游，颇多逸趣。孩子们则在水边山上据土丘为城，以两人为一队互为攻守，以衣包为目的物，互相争夺。因临行匆匆，宁之卫生衣竟忘于园内，至晚饭后加衣时，方始发觉，已无及矣（宁在虎丘并遗书两册）。

四时半由西园沿河步行至阊门，再乘车至城内观前大街。从前各街为麻石道，宽不盈丈，现在均改为马路，宽三丈余，可走汽车。去观前本无目的，不过欲宁等知道苏州城内为何种现象耳。故下车后即步返阊门，于途中略购零物，楫君及其母先携湖、杭乘车行，我携宁及尤步行。至阊门一小馆，以面为晚餐，共食面十余碗，费一元八角。赴车站时，宁欲乘马车，乃以六角雇一辆，宁与赶车者同座，得意扬扬，盖好奇也。八时二十五分专车返沪，十时十分到。当由小弟将宁等及振华送之返。

漫步无锡

一

民国二十四年三月十五日　星期五

下午三时，同楫君赴北站赶四时车赴无锡，至锡为六时五十五分，天已昏黑，本拟即在城中寄宿，因月色甚好，乃雇汽车去梅园，车费二元。上车后，因司机有三人，露夜走乡野中颇有戒心，恐楫恐怖，乃故为镇定，不二十分钟抵梅园，幸得无事。入太湖饭店后与楫道此事，她谓亦颇有戒心，但不敢出诸口耳。因途中疲倦，饭后即凭栏玩月，不去园中，九时半即就寝。

三月十六日　星期六

昨夜住十五号，有三窗（价三元八角），颇为舒适，但今日该房因有人于昨日上午定去，故晨起即迁至五号。该馆之客室共两座，一至十号为旧造，系正屋，每间均二元五角，但较闹；十一至十五号为新造之独院，极清静。现以游人甚多，房间均经预定，今日只此五号可住，其余均已客满也。

午前八时半即同楫步行去锦园，距梅园约四里，费时三十分，渡湖至鼋头渚，翻山至东岸，听涛声，晒太阳，濯足，摄影，倦则卧于乱石之上以资休息，直至十二时半方去小馆午餐。叫菜三味，费一元半，而味极坏，殊不值得。

下午本拟至五时方返，乃二时后，风浪大作，寒不可当，故三时即与楫返锦园，复至背风处晒太阳，至四时方返旅馆。于园中三乐农场售品所购土产三元余。

因下午吹风过甚，楫君颇不适。

七时晚餐于园中一小馆，蛋炒饭甚美，而取价只一角，盖乡人之为园主守房屋者，带做生意，不须房金及他项开销也。返馆遇高践四君同梁漱溟君来寻屋不得而返。约定明日七时去教育学院出席中国社会教育学会理事会。

三月十七日　星期日

晨六时半即起，七时乘人力车去教育学院，途中甚塞，至八时方抵该院，于行人道上遇高践四、赵步霞、刘虚舟、俞庆棠诸君。早点后，由赵引导匆匆参观其展览会中之图书馆及工场；图书馆集书不多，但有条理，工场之利用废物，制造各种科学用品，颇为难得。

九时开会，议决建筑社屋及下届年会等案，十二时方散。此次赴会，本欲与诸人接洽民众文库之稿件。略为谈论，悉该院民众读物，每年可获利数千元，则无条件印行之议，当谈不到。而就各人之言谈看来，似均偏重于教育八股方面，而少社会基础，乃未深谈，仅购其出版物而已。下午二时同张炯君至梅园，因微雨，在室小坐，彼申述其在教育部任社会教育司长二年余而少成绩之苦衷，忽于民众文库之办法有所悟。彼去后整理得办法七条如下：

（一）以一千字至三千字写各种读物。

（二）从连环图画研究。

（三）从通俗小说研究（小小说可加入）。

（四）从公民常识研究（新编）。

（五）从民众教育机关已有刊物研究。

（六）请各专家供献意见刊书目。

（七）从民歌研究（黎锦晖有办法）。

照此办法，有特色；材料亦易集，且能适合需要也。

三月十八日　星期一

上午微雨，拟去宜兴一游，因雨而止。遂于十时三十五分乘江南汽车公司锡宜长途汽车至火车站。于汽车站购票时，询悉游宜兴善卷、庚桑两洞，须由此乘早七时之车可以当日来回。唯汽车颠簸甚厉。自梅园至车站之二十五分钟行程尚感头晕，若欲续坐两小时以上（由宜至锡共二时十分）实吃不消。故上汽车时，楫深以此未去宜兴为憾，及过二十五分钟之颠簸至火车站，则又以不去为幸也。

十一时五十三分车开，二时到上海。

二

民国二十四年五月十一日　星期六

午前八时独去无锡，十时三十五分达，到即寓无锡饭店。于十一时半去社桥教育学院访刘虚舟、俞庆棠两君。朱若溪、甘导伯、陈逸民诸君均来谈。俞颂华君亦在该院兼课（每两星期由沪去一次，教近百年史），闻我去亦来谈。即在该院午餐。饭后导至该院在乡下所设的惠北实验区，先至王家宕分区：该区有缩短义务教育四年至两年之实验班，按照农村习惯，不放星期假及暑假，收九岁至十四岁之学生；教材由该院教师指导学生研究编制，概用混合式。现在办理不及一年，但成绩甚好；上年与无锡小学共同测验，该校学生反优于锡小；当时以课文询其学生，亦能对答。现在之义务教育，完全抄自欧美富国，在中国人民实无如此经济力。学龄改进三年，不放星期及年暑假，两年实可以受毕四年之课。教材混合编制，尤能适合儿童心理及需要。当向俞借该项教材全部，她允寄沪。

至惠北总部，所列书报颇多，职员均在各分区工作，总部仅一主任、一职员处理事务。至卫生所，有医师一人，上午诊病，下午轮流至各分区视察，开办二月，全区人口三万余，但每日来诊者达三四十人。现正训练助手，访视家庭，灌输卫生及防病常识。同时有农业推广及合作等组织，造福利于民众者颇大。返寓已五时半。六时半由刘等公宴于西门聚丰园，八时同颂华、导伯去南门参观其篷户实验区及工人教育部。该处为该院毕业生茅仲英主持，办理极有成绩。篷户即竹篷之户口，均为江北苦力。据其调查，百分之七十以上均因天灾不能生存而转徙，其余则因家庭、无业种种问题而来此。初来时大概举家住于艒艒船中，而驾驶至各口岸觅生。其职业：男为拉车、小贩，女为洗衣、缝纫等。得一较可资生之地，即将船定居于该地。俟船不能在水上应用时，再移诸岸上，举家仍住于其中。经过若干日，木板风化，不能再用，然后视其积蓄之多寡以二三十元至五六十元造一篷户。此项篷户，在锡城有八千余家，四万余人。其人口约占全城人口六分之一，在教育治安上均属重要，但平时殊少人注意及此。彼等乃先作户口调查，举行人事登记，组织保甲；以十户为一甲，甲有甲长；十甲为一保，保有保长。凡关于卫生、教育事业，均由保甲的议决执行。其最重要者有消防队之组织。自前年开办，现已二十一个月，从未着火（流氓因敲诈不遂怀恨，去冬放火五次，亦均未成灾）；街道均轮流扫除。就观察所及，其户内户外之清洁，有胜于上海普通弄堂。近更提倡种花，每家门前均有二三尺之小花园，更非上海中下级社会所有。平日赌博最盛，近已完全自动禁绝。在经济方面，由该院予以借贷，每户信用借款，可借两元，二十一个月之中借去九百元；但从无人不还或短少。现在因车业小贩均能生活，更提倡储蓄。由办公处制成储蓄箱，存于甲长家中；每家每月将其余钱送置箱中，每十日开箱一次，俟成整数再送至银行存储。据其统计，储蓄之最多者十日中小洋八角，最少者铜圆十六枚。该院在实验区中照式制一茅篷办公室，派职员两人，日间为之教管儿童，夜间为其成人教学，区中男女老幼，无一不愿就学。茅君同去时，篷户中之老幼男女，无不叫茅先生。可见其得人之信仰。实验区办理未及一年，其他篷户均起而请求同样办理，该院以经费不济却之。唯近来某区则自造一办公室，请其派人相助，该院允之。但成绩较实验区更优，以其为自动也。九时去其工人教育处，则设施与普通学校无异，但校址则由工厂供给。十时返寓，觉其深能实事求是，在义务教育实验与民众教育实验两方面，其教材尤可供人应用。途中颇思有以合作，乃虚舟于明日午前再谈。

五月十二日　星期日

午前九时半古柏良来访；彼从社会政治经济各方面研究教育，故其见解较一般教育家为高；彼对于彼等现在之办法，虽认为较旧法为好而应当作，但欲以此为救国之唯一道路，则未免过于奢望。其言甚是。盖不平等条约不取消，关税无办法，出超无法减少；国内不安定，生产无从增加，社会经济上无办法；重工业不发展，立国无办法；枝节的努力，绝不能解决整个问题也。十时虚舟来谈，该院有北夏实验区及城中之民众实验学校，亦均有特殊工作，拟迟一二星期再去参观一次而决定与之合作之办法。就大体言，现在之学校制度与社会需要相去太远，各方面已感觉不安而各谋出路；我们仍抱残守缺，在营业上殊无办法。能与之合作研究出若干良好教材，不独社会有益，于营业亦大有助也。

十一时五十七分车返沪，与颂华同车，且遇傅焕光及吴之屏。颂华谓我们应注意两点：（一）得风气之先，（二）广大民众之需要。甚有见地，应时时留意也。

三

民国二十四年五月二十三日　星期四

午前八时同献之、文叔、汝成去无锡，十时半到锡，即驱车去教育学院，晤虚舟、庆棠、颂华等，即在该院午餐。下午一时一刻由朱秉国（该院编辑）君领导去北夏实验区参观。北夏离该院约二十里，人力车费一时二十分始到。其主任赵步霞君适患疟疾，但仍招待。由其简略报告该区组织与办法后，即由该区经济指导张霞仙陪同参观第一第二中心民众学校及仓库。民众学校之办法与他处相似，不过要负辅导普通民众学校之责任耳。仓库则系就民间住宅之空间堆放米粮，农民于米贱钱缺时以米麦等来抵押现金，于粮贵时取出，相当于旧式之押质所。江苏农民银行亦办理此事，利息且较低，但以距离较远，而手续又繁，故农民乐于趋此。详细情形，嘱文叔记载于教育界发表。午后六时半返，由虚舟、庆棠等招宴于大中华。饭后由实验民众学校主任马君陪同去该校参观。同时上课者有十班，其组织分初高两级及补习班、托儿所、工艺班。初高两级为正式之民众学校，每六个月毕业一次，教材均由教师研究实验。补习班收高级已毕业之学生，为之补习相当于初中一二年程度之英文国文等；工艺班教妇女缝纫；托儿所则为以上各级学生之有儿女而不便读书者，准其带来交与保姆施以幼稚教育。其经济方面，有同学生活互助会：即学生之职业门类甚多，凡同学之需要某种工作或物品者由他同学代为工作或购买，取值较廉；同时为之代谋储蓄与放款：即收取学生由工作收入剩余之款转放之于经济困难者，彼此供求互助，消极上得益不少。学生之毕业者有同学会，与在校者共同按职业分组若干职业团体，亦为具体而微之工会。校方每年可毕业千人，将来之发展无穷。不过我以为有两问题可虑：第一是同学会有力量之后，难免无不良分子操纵利用，第二是政府之干涉；但在现在亦无从顾忌也。九时一刻雇车去太湖饭店，献之已太累，腰痛脚酸，明日不能再去参观矣。

五月二十四日　星期五

午前六时即起，在园中散步，九时为献之等摄影三帧，购糖果数包，九时一刻同汝成文叔至教育学院，参观其工场，十时文叔、汝成同王倘去惠北参观，我与庆棠虚舟等议民众教科书合作办法。我拟年费二千四百元，与之共同作民校教材及义务教材与理化用品之实验研究。因践四去京，具体办法须俟其返沪后再商。十一时半起行返沪，由庆棠送蜂蜜二瓶。二时半到寓，即赴所治事。

四

民国二十五年四月十八日　星期六

七时于细雨中同楫君等三人起行赴北站，十时二十分抵锡，雨已止。初拟雇汽车，以索价太昂，正在讲价，楫君为人力车夫所包围，均强欲将其帽子交彼。彼怜其苦，嘱我乘人力车，言定先至惠山，再去蠡园，最后至梅园，车资大洋六角。不料至惠山游览后，转入梅园蠡园歧途中，车夫放下车子再讲车价，楫君怒极而哭，坚欲其拉回车站，我与其母及友云劝慰之始首肯，而车资已增至一元一辆，与汽车相去无几矣。至蠡园已十二时三刻矣。

我们常去无锡，但去蠡园今日为初次。由车站至惠山，人力车行半时，再至蠡园费一时，为程当在二十里上下。园在扬名乡之青祁，有马路直达，临五里湖滨。民国十六年由王禹卿建筑，占地数十亩，水多陆少，亭榭花木，假山水池，布置尚称得宜。现在正建筑新屋，其中亦可住客。唯房价较昂（自二元至八元）。我们午餐于此。饭后去渔庄，与蠡园比邻，占地亦数十亩，唯除点缀风景之小池外均为陆地。庄中假山布置颇佳（此两处均须五分购门票），游览一周，即乘车至宝界桥，连接陆地与鼋头渚（即充山之麓，远在山之西端，但人不曰充山，而以鼋头渚概全山）孤岛之桥也；本地人称长桥。经桥有马路可直到鼋头渚之长春桥，由该桥渡河，即是锦园，再三里便是梅园矣。但车夫欲省摆渡之烦，乃由长桥转回梅园。至梅园已近五时。游客甚多，幸早到数分钟，得楼上十一号房一间。

四月十九日　星期日

昨夜甚热，睡不适。早六时半即醒，未七时起身，与楫君等在园稍散步，即进早点。八时半步行去锦园，沿途摄影采小蒜，走一时方到锦园。乘小轮渡河（每人取资一角，木船五分），漫游鼋头渚，且上走广福寺经太湖别墅而下湖滨，至该墅所建之网球场外木场上卧晒太阳，至一时返长春桥午餐。饭后直循长春桥沿马路前行，至广福寺下入松林中之新辟马路，至太湖别墅之万方楼宾馆，该馆据山巅，前望太湖，水与天齐，后望松林，绿波荡漾，风景绝佳。住室自三元至五元。再由该馆折回鼋头渚灯塔下。坐卧石下，听涛曝日，至三时半，方乘船返锦园，再乘人力车返梅园，于四时四十分返城站，因为时尚早，又去城内公园休憩，至七时回至工运桥福禄寿晚餐。八时三十四分乘车返沪。因游人过多，加车五六节尚拥挤异常。

五

民国二十五年九月四日　星期五

早六时半即醒，准备去无锡，幸昨晚楫君将行李收拾就绪，无多预备。临行时告楫君电廉铭谓我去锡，并电湘来面告之。于七时四十分雇车去北站。十时二十分至锡。

去梅园之汽车须十一时开行，乃至邮局购信封四个，致一快函于楫君，谓彼明日下午一时车来锡，可电告太湖饭店。及抵梅园则有兵站立门外，不许进去，且不说理由。询车夫，始悉现在园内建炮台，太湖饭店已闭二月余也。不得已雇车去小箕山。渡湖至太湖别墅万方楼住居。此处为王心如（昆仑）之别墅，在山巅建屋数楹，有三座客房，共十四间，均小而贵。五元一天者不过方丈之地，三元一日者，仅容一小榻、一桌、一椅耳。因系一人，拣定其最高峰（名七十二峰山馆）之小间住下。各室所悬时人（要人尤多）书画甚多，唯设备甚简，无电灯电话；沐浴另收四角一次，但热水只一小桶，而客厅尚不许旅客坐。此处地皮甚贱，房间本不必如此之小。既小而贵，且任何人付钱即可住，则明明商行为，但账房不许说旅馆，为欲保存缙绅气派也。此类矛盾，在现代随处可见，本不足怪，不过不痛快耳。夜间蚊极多，室外不能坐，室内虽有纱窗，但侍者不知关闭，蚊仍极多，故住客只有数西人。

夜间独坐庭外，遥见星光与渔火相映，静听秋虫唧唧，颇想与楫君共话，只可惜彼此时不能来耳（每日只通邮一次，由送报者带去。午间又快函楫君，告以住此，交通不便，请其明日不来）。

九月五日　星期六

昨日热至九十度，夜间亦无风，且床为钢条，凹凸不平，睡不适。早六时即起，七时早点后（汤面三角、客饭六角），补写前昨两日之日记，九时方毕，决定迁居蠡园，以其交通较便而设备较好也。

蠡园为王禹卿（名尔正）所经营，新建屋二所：曰颐安别业，为六开间楼房，有屋十六间，每天自三元起至八元止；曰景宣楼，在别业前之三开间楼房，有房五间，上二间六元，下二间四元，后一间二元。六元以上者均有私浴室，四元以上者均有抽水马桶、洗脸盆。有公共浴室，每人每天沐浴一次不收费。有汽车间，并有汽车汽船等出租，有中西餐所，各种冷饮，完全商业化，故陈设考究，房屋宽大，且有简章规定食宿各项办法，旅客颇便。十时半到此，别业已预订一空，在景宣楼得四元者一间。至十二时，则所有房间均售空，旅客以西人为多数。

十时三刻即叫长途电话，接至十一时三刻尚未接通，询其何时可通，则不能预定。恐电话达到，楫君仍不能赶下午一时车；且天气甚热，又不愿其奔波致病，乃白费三角五分手续费取消之。当发一快信，告以迁居此间。

天气甚热，虽湖边有风，但室内仍难受。不知何故，对于摄影亦无兴趣，两日来只摄一张，今日虽曾携镜至湖滨，但未启镜箱。

七时食毕，正从食堂出来，忽闻有女子叫声，且酷似楫君者，转眼望之，果然是她。甚为惊诧，坐定询悉，彼于一时车由沪起行，主要目的，在为我送衣服来，因日来太热也。四时到锡，即由梅园直趋万方楼，而该楼之侍者不告彼以我之去处，亦不说我已结账；嘱其电此间，亦收费两角而托言电话要等候，且欲其在彼居住，故延宕至半小时以上，不明言电话是否可通，我是否再回该楼。她嘱其将原住之房间开视，见无行李，知当赴蠡园，但返至鼋头渚（上下太湖别墅均步行）则已无行人矣。适有一汽车载行李开过，乃请附该车回至蠡园。但车中原有客人须上山吃点心以后再去万方楼开房间，而将行李置车上，致她在该处等候一时余。又恐我不在此，且知此间早已无房间，乃与车夫约，如找不着，仍乘原车去车站于八时特快车返沪；不料进门即见我也。夜间与之共步月下，静听涛声，别是一种世界，两日来之寂寞，多少时的烦嚣，亦已涤尽。她谓昨夜不知何故，一夜未眠，今夜当可熟睡补足之。此种断守之习惯不易改变，亦即所谓爱恋不易澌灭也。十一时方就寝。

九月六日　星期日

楫因昨日疲劳，今晨八时半方起。九时早点后，在园内散步，十时乘人力车去鼋头渚。以游人稀少，单程亦须车力四角。由太湖别墅溯广福寺至万方楼，于该楼下之茅亭中静卧约半时，再上该楼小憩，则所有房间均经住满。除三中国人，其余全为西人。憩后本拟去山底之游泳处，因腹中不甚适而转向鼋头渚。本拟在该处午餐，再去湖滨静坐至三时半渡湖去锦园，由梅园乘四时四十分汽车返车站，楫即乘五时三十三分车返沪至湖滨，恐锦园无人力车，走至梅园未免太吃力，即使有车，自现在至车站亦全不能休息，未免过劳。故决定返蠡园，于一时一刻起行，四十分钟即到。去食堂购食，则全部座位为西人所占（共二十余人），且亦无西餐，不得已叫中餐菜二，面二，至寓处之外厅食之。食毕，已三时矣。楫君须于四时行，方能赶五时三十分之车，故嘱账房须雇一车（车力四角）候之。正四时，她即上车去车站返沪。

九月七日　星期一

昨夜七时后，完全无风，八时半忽起大风，房屋为之震动，楫将于八时四十分到沪，深恐沪上有雨，彼为省节，不叫汽车，当在电车上遇雨也。

日来均热，今日稍凉。早七时起，园内走一周，吃牛奶一杯，面包三片。早点时，询此间账房以营业情形：照我估计每年可作三万元，彼谓无此数；前月较好，亦不过千元，唯此专指房金而言，中西菜及茶座均另包他人（中菜月出租金二十元，西菜三十元为底子，生意好再拆账，茶座每月租数元），其收入不计也。全部计之，全年之数当亦在二三万元之间。据谓平时无甚客人，只星期六星期日生意较好，来往者十之八九为外国人，国人不多也。

就近两日之情形看来，中西人士之生活习惯与体力相去太远。此两日中，此间与万方楼之旅客，西人当占十分之九。此等西人就其生活形态言，贫富甚悬殊，品类亦不一。彼等固有自备汽车，经济充裕者，有雇汽车游览，经济平常者，亦有雇人力车或步行者。在万方楼之西，有男女老幼七八人，共住三元一间之小房两间，自带炊具，自行煮食。彼等星期五即来。其主要目的在爬山、洗湖水澡。就经济能力讲，国人之中产者即优为之，月薪百元以上之小家庭亦优为之，富厚者更无论矣。然而游览者竟如此之少。西人之品类亦至复杂：有五十以上之老太婆（本园及万方楼各有二人），有须发尽白之老头子，有摩登少年男女，有两岁以上之小孩。但均讲究步行，晒太阳，洗冷水澡。男人及小孩之短衣短裤无论矣，老少妇女均短裤袒背（所谓背者，将乳部围以布，背与臂全在外）在太阳中游行。国人之住居此间者，女子之旗袍高跟鞋无论矣，男人及小孩，亦长袍短褂，优游自在，迂回漫步以显其斯文。至于爬山上巅、晒太阳、洗冷水浴，则更未之见也。我国以农立国，农村有工作代运动不必讲究运动，读书人则讲究斯文，不要运动。近数十年来，与西洋交通，关于物质上之享受力求西洋化，而精神与体格之锻炼，则不受西洋之影响。以故国人之有钱者，消闲于嫖赌之中，生活可过去者消闲于影电场跳舞场之中，少钱者消闲于游戏场之中。此等处所唯有颓废精神，断丧身体，遂致优秀分子之子女，身体日坏，而常与医药为缘。此种旧风气不革除，强国强种之事难谈到也。

园中联对甚多，有两副可见园中风景与主人怀抱，长廊中一联云："百尺爱长廊，风景宛如游北海；四时饶胜境，烟波不再忆西湖"（蒋士松撰书）；在南方实未见倚湖长廊达数百尺者。长廊面对五里湖，且有小山环列，风景雄伟，过于西湖；盖清秀虽埒西湖，但得天然之胜，晚霞尤佳，非如西湖之人工之纤小见胜。景宣楼堂前一联云："烟水老渔情，任凭人事沧桑，且消受物外田园，眼前风景；湖山故乡好，占得天然图画，更近傍旧庐门巷，黉舍弦歌"。此联为园主自撰，下联述地势，上联则其人生观，抑亦我国名士之人生观也。近数日不看报，不读书（今日得楫君所遗之海外二笔偶阅数张），不闻世事，不问局事，亦世外桃源之人也。且颇思在此处等筑室终老，不再治事，不知此种思想，表个人之易老，抑或为多年劳碌之反响。

九月八日　星期二

昨夜因昼寝达三时，晚间不能静睡。早四时即醒，五时披浴衣至湖滨静观日出。初见鱼肚白色，自东边之山巅隐约出现，逐渐见紫云层峦，起伏有如画图；未几转成金黄，有如火焰，再转而如水如镜。斯时自有渔舟荡漾，微风吹拂，更将寂静呈动态，而如火轮之初阳，则由山峰云层之中冉冉上升。此时自然之美景可以叹观止矣。抽镜摄影数张，但现之纸上必不能见其万一。此时全园只我一人，湖中除三数渔舟外，亦无他人。而渔夫忙于生活，固不能领略风景，则此全部湖山，可称由我一人享受，一人管领。

昨夜想将此次在锡之生活情形记下，曾拟定题目数则，录于下：

憩之冲动。述“从此无家”与“从此不问一切”及日常生活之机械而极思休憩，因偶然的刺激立即决定出游。

去无锡。出外之目的在休憩，故择地以静为主，青阳港火车太闹，且须游侣，西湖太洋化，苏州太旧，无锡自然环境伟大，社会朴素。

万方楼。天然环境不亚于日本之热海，夜间钟声、涛声、蝉声相和，于月夜静听，更足发人深省。

夜半撞钟，佛门须勤；振翼不息，动物须勤；与石相激，湖水亦勤；则世上无易事欲求人己两利，为社会谋进步，更须勤劳。蚊为生存，彻夜飞鸣，扰人清梦，固属可恶，但在彼则固勤也。楼主王心如为“老回志”，于其厅中所悬近时伟人之匾联知之。唯名士气未脱，故为商行为而不愿纯粹商业化。

蠡园。一切摩登，且道地商行为，颇痛快。我拟借箸一筹，请其设游泳池、游船、网球场等及与锻炼体魄有关之设施，多用广告招游客，以改变国人之生活习惯；同时吸收游资，发展事业。

中西人生活之比较观。昨日日记所写之事实。

习静记。四日来静居经过，而归结于只可用静变换生活，不可永久静居，徒将有用之精力消耗于无用。

午间食西餐，一汤四菜一点心，外加咖啡水果，取值一元五角，味尚可。食时另有三青年在旁座，系由上海初到者，谈话时十之九用英文，二人尚流利，一人甚勉强，此种亡国心理不除，精神上便不能自强。新运诸公，但提倡礼义廉耻，独未闻注意及此，是可慨也。十一时致一电于楫，告以明日归。

下午在长廊散步录联消遣，廊中之联为西蜀何一夔撰书：

访迹自西来，远瞻霞缤纷，红拖浙北。

问春将东去，环烟波浩渺，绿满江南。

大门进长廊处，横额为“天开画图”四字（思耻题），木联为七字句：

是处真堪论风月，他乡无此好画图（戆汲题）。

转弯处有华昶集唐宋绝句一联云：

千步回廊闻凤吹，两山排闼送青来。

长廊对面有一方亭，中有华世奎题“晴红烟绿”四字横字匾，旁题一黄色木联（徐用锡撰书）云：

万顷茫然，短棹扁舟几少伯；

一亭屹立，春花秋月属先生。

湖上草堂（在景宣楼东）之联最多，其正门一联（高翔撰书）云：

万顷漾澄波，正微雨晴初，曳将坡老笻枝，六曲回廊杨柳岸。

九峰浮远渚，趁夕阳明处，着个放翁艇子，数声柔橹水云乡。

门内左右壁题二联，其一黄色木制，陈宗彝撰书：

轻舫到青祁，看湖光潋滟，峦影空蒙，畅好似圣因风景。

名园依绿水，羡家足稻粱，手移蒲柳，愿常过何氏山庄。

其二为黑漆制，范廷铨撰书：

辋川秀绝人环，琉璃世界，罨画楼台，俨然在水一方，八景溪山都入妙；

阆苑飞来天外，花木长廊，烟波别墅，愿得浮生半日，五湖风月坐中看。

正中黑漆联为孙肇圻撰书：

眼前风景不殊，宛披摩诘画图，别墅辋川开粉本；

湖上秋光如许，可有渔洋诗笔，夕阳疏柳写新词。

正厅右为黄木联，侯学愈撰，华蓺芗书：

风月畅无边，看远山作障，近水通池，贤主人啸傲烟波，少伯高踪广绝代；

林泉客小隐，喜曲榭宜诗，回廊入画，嘉宾从流连觞咏，右军遣韵想当年。

正中左边一联为孙揆均撰书：

一舫来时，正春水犹香，好山未老；

百花深处，有明月作画，微风动裾。

正中之靠背一联为丁鹤振撰书：

大好湖山，红蓼岸，白苹洲，鼓棹来游，数点烟云入画；

不殊风景，杏花村，桃叶渡，携樽对坐，几人楼阁平分。

正厅后面之棹上置有横匾一方，题曰“涵碧”，就其跋观之，知系草堂前八角亭之横额，为曹铨所题，其跋云：

蠡园以水胜，斯亭前临漆湖，与石塘、雪浪诸山隔湖相望，峦影波光，照映几席，则尤斯亭之胜也。蠡园主人属以榜题，因摭“涵碧”二字颜之。戊辰展重阳，次庵曹铨。

右屋角并置两联，一墨联为高汝琳撰书：

山泽见招，何年云壑容高隐；

湖天如画，是处烟波忆钓徒。

一黄木制联为沈寿桐撰，俞粲书，并有跋：

对石塘山麓，胜境天然，濒湖景色无边，最宜看风雨波涛，春秋来此；

继高子水居，斯亭翼起，列岫烟云在望，真个是晦明气象，朝暮不同。

跋云：此亭筑于乙巳秋月，原以松木之，陋甚，当撰斯联，聊资点缀。今亭既改建，联亦重新之，以留鸿爪；不计其句之工拙也。戊辰冬月，西苑沈寿桐录旧句并识。

就以上各联观之，可见主人之交游也。

下午无聊，再在长廊蹀躞，数其壁洞，自进门至月窟（通景宣楼之处）共三十七洞，自月窟至转角出门处之二十七洞；每洞之下，有石刊一方，刊各种法帖；过此，则左壁有石刊十方，正与洞对，但洞下无之。自面湖之廊起（有十洞为左壁所掩，不面湖）每两洞之下置长椅一，短椅夹小桌二，相间为之。而题壁之字无奇不有（虽有布告恳请勿题亦无效）：有“我与某某女士同游”者，有“某某某某于某月某日来游”者，有关于两性者，有骂主人不该收费者，而打油诗尤多。在湖上草堂壁上有一诗最大众化云：“有兴到蠡园，三月天气暖，同来廿余友，明年再相会。”

以上种种均是《习静记》之材料。在万方楼完全不注意此等事。我在前昨两日，亦未注意及此，今日则大半时间消磨于此。足证无聊之程度日深而不能静下去也。具体写起来，是一篇好小说也。

五点半想起从此无家之节目录下：

（一）接继母死讯时，计划将家产全部捐作教育费，而陡感“从此无家”而嗒然若有所失。

（二）并非为遗产而悲伤，因不受遗产之誓立于二十年前；计划捐遗产作教育费亦决之于十年前。亦非对故乡有所歉然。因为除小学外，未受公家一文津贴，但对故友之相助者稍为不安耳。

（三）为“家”之幻想破灭而悲伤，明知在事实上不能返故乡，但幻想着有家可归，于无聊时自慰，失意时自傲。

（四）爱家之念非由于衣锦荣归，而由于爱乡村生活之闲，故乡风景之美，在主观上以为无处可寻，故爱之深。儿时生活痕迹时时映现脑中，捕鱼、吹笛、驾船之印象，永久不能忘去，故时时幻想有一日能回到故乡过儿时生活，更与儿时朋友相聚一堂，共话桑麻，儿女不知乡村生活，与真正的中国隔离太远，常常幻想携彼等归去，看看祖先遗泽。

（五）从前虽知不能归去，但因“家”在故乡，不时尚作归“家”之想，今后虽亦可归去，但既无“家”，就真能去，在观感上与前大有差别而不易去。

（六）此后只是在“寓”中过生活，如浮萍之无根，随风飘荡（就往事论，于南京与杭州均想安家而不能，至上海则永久只视作“寓”而绝不愿当作“家”）。天涯茫茫，何处是家；只感着“无家可归”耳。

九月九日　星期三

昨夜八时后即风雨大作，颇凉。

数日来自己分析终非事业家。就某君论，其人之本质并不坏，负责任，肯努力，是其长处，唯自视太高、牢骚太多，遂使人不快耳。虽非永久伴侣，但亦非不可共事者。我在最近每对事生厌，可见气质未到炉火纯青之时，此后当切实于“惩忿”上用功夫。其次，我不能效和尚之绝世：数日来，不读书，不看报，置一切理乱于不闻，且足不出园外，自然环境亦不能刺激我；与从前较，已是进步，但对于国事、局事、家事，以及儿女之事业、友朋之委托（三日晚陈鹤琴与何德奎两君各托一事，允为即办，至今未办，颇为歉然）仍萦扰于怀，所以现在尚不能绝世。且在我之人生观上亦不主张绝世；如要绝世，应当先“绝我”，即先将我与世界脱离勿为世界累，如效僧人之所为，即是我为世界累，而又不事生产以为世界助，则是社会之罪人，我绝不为也。我不自绝，必为世界努力。不过就近数日以及平常自省之结果，我最宜之事业仍是著述：因为数十年生活之素习，文化成分太多，既无企业家之天禀，更无企业家之手腕，故置身企业界中，既苦动辄得咎，更苦精神不安；若以我之修养，从事著述，其影响及于社会者，当较从事企业为大也。

午前十时去账房结账，共二十六元八角四分，连小账给以二十九元。晨间大雨，且甚凉，十时十分起行，雨已止，至十一时二十分抵车站，因有加车，乃先上去。不知此两节车与南京来者不相通，故自此时至二时二十分至沪连水亦无法购得一杯，其他更无论矣。到沪时雨甚大，乃叫汽车返寓。楫君以昨日之电见示，则电局将“佳返”之佳字译为即字，致彼昨夜一夜未睡，静候我归。但如重译一次，则可发现，我笑谓此为偷懒之罚也。

宜兴印象

民国二十六年四月十七日　星期六

午前十一时三刻即与楫君及九如在寓午餐，十二时一刻起行赴北站，十二时半到站，向经济旅行社干事换车票上车，于四十五分开行，三时半到无锡，寓社中指定之新世界旅社三十二号。行李安置后即雇车去惠山。从第二泉上惠山顶，有头茅峰小庵一座，其中妇女念经者有数十人。自山麓至山顶约一里余。同行上下顶者十数人，女子仅楫君、九如二人；往返费时四十分。下山后至寄畅园一游，园中古木参天，有数株大可逾抱，年龄在二百岁以上。中有池、有假山、有石径，鸟鸣风静，清幽宜人，以时近晚，匆匆返北城，至老聚丰园晚餐。该园甚小，全园只可容六桌，但以招牌老、布置至今尚系旧式（将厨房安置在进门处）；以烹调好，顾客特多。饭后步行返旅社。九时即就寝。

四月十八日　星期日

夜间客人闹，茶房尤闹；因昨日下午上山疲倦，虽时被杂声闹醒，但仍能随时入梦，九如、楫君均不能熟睡。四时半，茶房即叩门叫起，虽觉其太早，但人声嘈杂，不能再睡，遂于五时起。因昨夜下雨，早起仍有微风，故较寒。六时至旅社对面之聚商馆早点，每人由社供给面一碗（由社印就各种代用券订为小册，每人于换票时发一册，每饭一次撕一张交饭馆）。照该通告，原为六时半上汽车去宜兴，但至七时方行。此次该社共五十四人，包小汽车九部，每部坐六人，依报名之先后，编号入座。我们报名最早，故称第一号车。同车者另高姓之中年男子及金姓之母子二人。母年近六十，但甚矍铄。

九时半至宜兴车站，稍息即去庚桑洞，九时半方到，由后洞进、前洞出。洞有木门，入内非举灯不能行走。初入时地位甚狭，沿石级而下，至前洞有一大敞地，名海王厅，可容二三千人。洞口有光射入，但入洞底，须自厅右沿石级下，极曲折，仅能容一人行走。上下凡百数级，仍须举灯。再至洞口之下面，有一平台称天师台；再上为天门，有三亭，且有杂树，人称此为洞之天窗。再上有门，即前洞之进口处。即沿山路而下。此洞最特别处为钟乳甚多。海王厅之两柱大逾合抱，亦全为钟乳。

十时半由庚桑转善卷洞，两洞相距十一公里余，十一时方到。洞外有亭榭一所，可寄脚踏车等。再进，则上中下及水洞总入口处。入门有柜台，有人售土产及关于两洞之印刷品。当购一册备考究。正中为善卷旅馆，询之馆中人，据云房金每日一元及一元五角两种，伙食另算。向左门进，即为各洞总入口处，曲折随石级至洞口，有小须弥山立洞口中，左右石壁为狮王、象王，为石壁形状之似狮象者；其中最宽敞，可容数十桌，友声旅行团二百余人即于此时在此午餐也，称中洞。至宽敞处之尖端，有门曰云口，在中洞末部右角。进洞沿石壁半腰曰天腰者环径而行，盘旋而上，凡二层，若楼阁然，是为上洞。由上洞下，有一大道通下洞，亦称水洞。石旁流水潺潺，并以人工为堤，水自高三四尺处流下，有如瀑布。路约数十丈，水为深潭，宽十数尺，有小船数只，备游人乘坐。水洞有三湾，约百余丈。至水尽处，仍乘舟回至大道，直到水洞口；口有瀑布，但甚小，再转至中洞敞地而由原路出洞。此洞大于庚桑者数倍，最奇者为水洞。两洞本属旧有，但年代久远，逐渐湮灭，民国十年宜兴储南强斥资重修，至二十三年方毕，费数万元，工程可谓大矣。因天气不佳洞口难摄影，仅于两洞口外摄电影五十英尺，照片数张。在善卷购得阳羡奇观一册。

照旅行社通告，本应在善卷午餐，但十二时半，社中干事嘱起行赴宜兴，谓在宜兴午餐，只得随行，至一时半方达宜兴车站，二时在车站之某小馆用膳。依通告须三时由善卷返锡，二时已至宜兴，则由宜起行赴沪，应迟三刻，故饭后在宜兴瓷店购物。不料未及二时半，即由干事催促起行，致九如与楫君欲购之物均未购得，颇为不快。盖已发行之通告，在法律上为一种契约，不能随便更改，即万不得已而要改，亦须说明理由先行通知，俾他人有所准备。如今日午餐既改于二时在宜兴进膳，则六时早餐至午餐之间相隔有八小时，至少应由各人预备点心，否则太饿；而下午六时晚餐，相去又太短，亦不合宜。且此来为游两洞，而在两洞之时间过短，在无锡之时间过长，均属不善处置，故九如楫君极不痛快，而称此次为“不痛快的旅行”。

六时在聚商馆晚餐。七时十分附车返沪。车中以社中主持人刘君及旅行团主任闵镇华颇殷勤，乃将上面之不快及法律上、事业上应负之责任告之。并告以凡参加旅行之人，对于当地之种种均欲详知，如能于出发前略查各种游记或志书等，将所欲游之地之记载，不论是属于风土或人情者摘录油印；社员读之，必极感兴趣，于该社事业之进展固有益处，且为一种特殊之教育也。楫君谓我三句不离本行，一切仍不脱教育家本色，亦事实也。

瘦西湖里三小时

民国二十年十一月二十七日　星期五

因为楫君在镇江省中任职，我虽曾于九月二日亲送其去镇，十月返梓及本月返沪都曾在镇江停留过，但始无暇游览；对于隔江的扬州瘦西湖更是我们梦游的资料，而终于不会将梦变成事实。本月十二日我由湘过镇返沪时即约定本月同去扬州一游；但初返沪时忙碌异常，本周方约定我今日午车去镇，当晚去扬州，翌日返镇，后日回沪。不料近数日阴雨连绵，好似遭天妒一般，楫君连日来函询问是否必去，我昨日复以决定以人力战胜天意，即使下雪也得去；并约她在车站等候。今晨起来，果然阴雨蒙蒙，但不顾一切，仍于九时快车起行，预备赶下午三时开扬的小火轮。孰意天不作美之外，又为人事所阻；即很少误点的快车，今日竟误两小时半，我到镇已是五时，楫君则已在凄风苦雨之中静候三时了。开扬州之末班船期已过，而雨则于我到镇后更似倾盆，当时无法去扬。不过我们的决心曾不稍挫，乃雇车去镇泰轮船码头万全楼寓居，便明晨乘头班轮船去扬州。住定后，冒雨出外晚餐，因天气陡冷，衣服不够，遂在洋货店购卫生衣一件，楫君并购橡皮套鞋及雨伞，归寓即将各物放在一起，且嘱侍者明早六时即叩门，以便盥洗毕即趋码头购票。

十一月二十八日　星期六

天未明，即闻侍者叩门声，且谓已六时矣；取表视之则只五时半。匆匆起身，叫面两碗为早点，六时半去码头，以每张一元六角之代价购房舱来回票两张。船七时半开行，十时半即到扬州。

船甚小，乘客则有二百余人，盖本船之外尚有拖船两艘也。我们坐本船的房舱，五六尺见方的房间，坐着五位大人两个小孩，再加上一些行李，已无回旋余地；而其余的三个大人，都是吸烟的，以至满室的烟雾，有如重庆城上煤烟，几至对面不见人；三人中有一位生病，不可以吹风，窗也不能开，连两岸的风景也不能看。我们枯坐烟雾之中，唯有玩照相镜和看在故乡所摄的照片。我此次特意带着自拍机，满拟在瘦西湖中拍几张双影，不料打开来看，则机中的弹簧不知什么时候断了。将全部拆开，终于无法修好，而三小时的烟雾生活却无形中过去了。

在船上询同行者以游瘦西湖的途径，他们知道我们在扬州只能停留四小时都觉得很奇怪。有位老者告我们，谓瘦西湖不过一湖污水，有什么可游；而且要雇船代步，要游也不是几个钟点所能游得了。不过他告我们以去瘦西湖的道路和胜景。

船靠定码头，我们即匆匆上岸，照着那位老者的指示，立即雇人力车去绿杨村。途中经过些大街小巷，完全是内地的城市范畴，而朱漆马摆拢满许多街巷的角落，则不是一般内地城市所能见到。

我们对于扬州的风景可称“腹俭”之至，只从杜诗“二十四桥明月夜，玉人何处教吹箫”中知道有座二十四桥，此外则从同船的老者口中，知道入湖的起点为绿杨村，终点为平山堂，途中要经过徐园、湖心寺、法海寺。我们预定赶下午三时的轮船返镇江（明日虽为星期日，但楫君学校有事，所以必须赶回），除去由轮船码头乘人力车来回要一小时，并须以半小时作预备时间，在瘦西湖来回只有三小时。所以车到天宁门外的绿杨村便跳上游船。据同船的老者说，此时的船价不过四角，而且有很多的船娘，在那里操舟候客。可是时间太匆忙，我们既不能和船夫慢慢讲价钱，而且也无余暇去欣赏船娘的荡舟；我们唯一的条件是快，而要船荡得快，必得要船夫有气力，所以首先拣定一位年轻的船夫，跳上他的船，不等他开价，即告他出加倍的船钱八角，但必须于来回三小时游遍瘦西湖的上面几处地点。他也很知趣，一声不响地持着篙将船撑开，向狭长如沟的瘦西湖驶去。

绿杨村在我们的理想中，以为一定是一处极美丽的村庄，可是经过该村，只见面对着湖、少数饮食店掩着双扉在那里静着；除去偶然有三数小孩在门前游嬉外，不见其他的人物。杨柳看去不少，败枝虽然也有拂着饮食店的屋顶的，但现在已属冬初，所谓绿杨是看不见了。据船夫说，当春秋之际，湖中游人如织，大半都得在绿杨村店家喝茶打尖，所以市面很盛；现在时届冬季，而且这几天又下雨，所以无人来游，饮食店也关门休息了。

出绿杨村经过一座园林，船夫说是西园；再前行过一座孤桥，名虹桥，始入瘦西湖的领域。过桥左岸为长堤，杨柳颇多，名长堤春柳，只惜我们不于“春”时来此，唯有从清水影中看其残枝为风拂动而想象其为绿杨耳。再前行便抵湖畔的徐园。我们依船夫之嘱，登园一遛。

徐园为徐宝山的祠堂。园虽不大，但设计颇佳；花木楼台，假山奇石，很有与苏州留园者相似之处；陈设也很整洁。向湖的一面，有竹林一片，中有一亭，悬有“日暮倚修竹，隔浦望人家”的对联，颇为雅致。徐园隔河对峙的是湖心寺，寺后有扬州有名的小金山，只惜时间太匆忙，便只在徐园水滨略为瞻望：只见一座古刹浮水上、一个小丘耸空中而已。再前进，经过一破庙，据云为法海寺，远望有一巨塔，船夫说是乾隆游江南时，盐商集资一夜造成的。究竟事实如何，我们无暇研究，更无暇登临。再进经过一座荒芜的庄子，据说是凫庄，盖其形似鸭子浮在水面也。与凫庄相近之处有一桥，上有小亭，据云是五亭桥，为扬州名桥，但亭将倾圮，我们只在船上略为瞻仰，不敢冒险登临。再前进转弯，便到所谓二十四桥。可是只是一座小桥，并无二十四座。所谓二十四桥者，当系指瘦西湖中所有之桥，而非指一桥也。再达湖之尽头处，有一座高数丈的山，有三个山峰。船夫说：右峰是司徒庙，中为平山堂，左为观音山。我们在中峰登岸，取表视之，尚只十二时半。我们来时曾在徐园及二十四桥登岸两次，且因观览风景四处摄影，慢慢荡漾，尚只费一时半，则回去一直前进，至多不过一小时。于是决定在该处流连半小时。

登岸循平石级而上，右有古刹，虽然船夫说刹中有天下第五泉，其水如何清香，但我们以不知刹中历史，恐匆匆一览，不过得些片断印象，而路左有很多古老参天的松柏，松涛壮美，最足以洗涤我们枯居城市的烦虑，于是决定不去刹中，而向松林中觅乱石静坐。一面回望瘦西湖的树影塔影，一面泛谈我们的生活往迹。下午一时，即上船直回绿杨村，可是到岸时尚只一时三刻。今日的船夫颇有书生气，对于沿途风景既指示甚详，而态度又甚好，所以下船时，给以一元，并不向之索找头，彼亦不再要索，可称痛快。但预算尚有稍许剩余时间可以游览，虽然船夫说天宁门外有天宁寺，为扬州名刹，我们在常识上也知道此寺之名，楫君颇思雇车一游，我不同意。她谓我早知道你的“留有余地”的人生观；提议及此，不过和你开开玩笑，实际上今日的时间绝不容许我们不留余地的。于是将这十五分钟的剩余时间，走到码头附近的史阁部祠一转。史阁部者，史可法也。他的衣冠冢就在祠的正面，背后就是梅花岭。只见一位和尚在祠前闲坐，此时梅树无花无叶，只有若干枯枝在那里迎风招展，欢迎我们耳。出祠堂即雇车返轮船码头，仍半小时即到。

我们自早六时早点后，八九小时之间，只在轮船上合吃一碗蛋炒饭，到码头后，见岸上有小饮食店，有许多候船者在那里吃饭，引起我们饥饿之感。信步走入一家，告以将赶船返镇，有什么最快的菜备一两样给我们吃。堂倌谓船要三点半方开，尽可来得及。我们问船上也如此说，于是命炒鸡蛋十只，三丝汤一碗，并令其即备饭。不料饭甫入口，汽笛一鸣，船即开行，以至我们要吐哺赶船都赶不上，但取表视之实只三时五分，始知上当。盖此间船之开行虽定有时间，但实际上是以客人多少为迟早的标准，并不严照规定的时间。幸有另一公司之船于三时半开行，只有另行购票。今日因时令与天气的关系，瘦西湖绝无其他游人，我俩三小时之游，可称占有全部湖山，而一顿饭则是此游的一个插曲，重购两张票，可算是湖山妒我们太闲情逸致，给予我们的惩罚。下午六时半到镇江，改寓城内三山旅馆，为楫君需去校近也。准备明午返沪。

如此匆匆游览，而能乘兴而来，尽兴而去，算是生平第一次。

游崇明

民国二十六年六月二十七日　星期日

早五时即起，六时半携湘等去南市外马路十一号码头，六时五十分到，即上崇明公司之天佑轮，旅客已到者数百人；携湘等至三层甲板上小坐。船分三层，可容六七百人。周览全船，于二层室中遇九如及楫君等。乃将室中板凳搬出，引彼等同至三层共坐。本定七时半开行，因等候厨房，至八时十分方起碇。经一时半出吴淞口，再过三夹水至十二时抵崇明。岸上围观数千人，盖此次由中国旅行社及经济旅行社合包一轮，旅客近七百人，为该县人士所少见也。登岸即随导游者进城，通过全城，街市甚狭，两旁店面距不及六尺，多人行经其间，甚觉拥挤。代步者有人力车，数甚少；但小车甚多，价亦廉，每车坐两人，每小时不过一角（本地人半角已足）。将出城，有电灯厂，据通告谓此为游览地点之一，但以其无他特色，未进内。出城经乡间小道数里，至镇桥已一时半。据当地人云，去黄家花园金鳌山公园尚有十里。而天又甚热，恐湖、杭两儿幼小及楫母老大，楫、淞体弱不能支，乃为雇小车二辆，言明至下午四时为止，每辆只需三角。过镇桥，即有公路，又十数分钟至文庙，甚幽静。庙外有操场，有学生正在练篮球；庙旁有初级中学一所。一时五十分到黄家花园，未审园主为谁。宽十数亩，布置尚好，花木虽多，但无大树；园中房屋亦为水门汀所制，当系近时人物。二时五分出园，去金鳌山，据谓离此五里，半时方到。则所谓山者，只在公园中高数尺之土堆（连土丘都说不上）耳。园中有荷池，有茶座，并有纪念碑，纪念“一二八”之役也；均以电影录之。园中有售似水饺之摊，每九只售一分钱，我等购四百文共食之。三时出该园，沿河滨行四十分即抵轮埠，四时十分开行，八时一刻抵沪。

此次旅行社承办诸人，费力甚多，但不讨好。第一，午餐为洋式便餐。每人一汤一饭菜。十时起进餐，第一次尚依号次，第二三次以后，则秩序大乱，餐室设在底层，故门口拥挤百数人，等候多时不得食。坐在食桌者则久候无人照料，实以秩序乱而人手少也。该社向商家征得赠品不少，但仍不敷分配，且抽取时拥挤不堪。午前午后均于底层有游艺，但属低级趣味之苏滩文明戏等。因观众大多数为普通商人，非此亦不能迎合其心理也。第二，时间之支配亦不合。在崇四小时，途中即费去三时有余，而城市游行，实不必要；既无特点可看，又无特产可购（途中热甚，湖等渴极晒极，乃为之购生梨及伞与扇等费二元）。最好是沿河步行，专游览黄氏花园与金鳌山两处，则时间充裕，游览休息均可充足，行路亦不过多，而为一般人能胜（沿江来回只十余里）也。

登佘山

民国二十六年五月九日　星期日

午前八时同楫君自上海西站赴松江去佘山，九时半到松，公共汽车方开出，候至十时一班起行。平日赴佘山者必得在松泗钱之砖桥站换车，今日因赴佘山之人甚多，故直开佘。半小时到砖桥，又一刻至佘山东山之下之新镇（由松至佘十四公里，为松江九峰之一，分东西两山，均不甚高，东山只三十丈，西山四十丈，新镇在东山上，由汽车公司经营店面数间，售日常食品，并有游艇出租，每二小时四角）。（由松至佘，水道可通，二小时即达。）到站后即在鼎享商店午餐，并购佘山小志，及佘山指南各一。初以为小志系纪历史及现状者，实则详于古而略于今，不足参考。东山有小路直达山巅，山后略有竹林，无建筑物。西山为天主教之圣地，清同治三年由法教士购山巅筑教堂，光绪二十五年并设天文台于其旁，民国十年改建。现在教堂之巍峨为上海所未有，天文台亦与徐家汇者相埒。据云改建费时十六年，费金六十万元。

东山麓有牌坊式之山门，唯上置圣父像。门内为石级大道，树荫蔽日，颇为幽静，现值大瞻拜期，信徒来自各方者络绎于途，一日达万数人；道旁悬宗教旗帜，甚多。循大路而上，至半山，有广场，亦有屋数椽，曰半山堂。左下有圣父圣母像，随石级上则为“之”字路，曰经折路，先见天使像嵌石壁中，过此则成曲折；共十四折，每折有小亭，内嵌浮雕石像，详述基督被难状；至教堂下有十字架亭。信徒经此路必跪唪教经，曰拜苦路。经过时，乡村妇孺之跪拜唪经者不少。教堂高二十余丈，方落成，堂中置几甚多，建筑为哥萨克式，甚精美。信徒在内唪经者不少。堂前有小屋售饮食，购茶一壶解渴。

山不大而建筑物又少，故未二时即全部看完。因今日游人太多，恐最后一班汽车（四时一刻由佘开）不能挤上，特于三时赶回车站，备乘三时一刻车返松。因为过于仓促，竟将电影镜头未开即行拍摄。及发现，欲转回原片，乃又将镜头开启，遂致有二十五英尺影片毁去。不料三时五分至车站，则车已开出，此时欲再上山，既为时间所不许，近处又无可游览者，只有枯立道旁，静待下次车开。四时售票，拥挤异常；四时二十分方来车一辆，候车者蜂拥而上，幸我等气力不小，能在车中占一席地；如携儿童同行，将无办法矣。五时十分抵松，二十一分乘火车返沪，六时十五分即到西站。

匆匆赴嘉兴

民国二十四年十一月十七日　星期日

早七时即起，七时半同楫君起行去嘉兴观两路菊花展览会，十时半到铁路苗圃。该圃占地数百亩，植菊与各种花木。各地之菊与赛者甚多；杭州市政府之大帝晖，花瓣大而圆，各瓣均有如齿之刺，诚佳种。园内设有饮食店，即在其中午餐，费一元一角，得一菜一汤（连饭食小账在内），甚可口；盖承办此店者为该地著名之东园菜馆也。

午后一时，雇舟游南湖、烟雨楼及三塔。烟雨楼在南湖之中，略如西湖之湖心亭而较大。以时间匆促，游览一周，摄影数张即趋三塔。三塔离城将及十里，沿小港航行约一时始达。三塔平列于岸上，已破碎不堪，塔后有寺曰茶禅寺，亦荒芜。去时见嘉兴中学军事训练班旅行其地，服装颇整齐，唯学生之身体较差耳。

嘉兴无多名胜，其仅自夸之烟雨楼，亦极平常。而游船之设备颇好，有船娘操舟，此间所谓船娘者，颇多少女，据云欢迎单身男子，与楫同行，不欢迎也。而路中兜游客之小女孩，一见游人，即如蝇逐臭，扰人不快。船价讲定之后，又自相争夺，无船供客，以至强曳其去见警察，始得一船，殊可恶也。

在杭州

民国二十四年四月二十八日

午前七时与楫等出发乘七时五十五分特快车赴杭州，十二时二十分至，杭因微雨未便游览，乃驱车至国货商场及三元坊购衣料。国货商场在五年前为极热闹市场，今则楼上之店已关去一半以上，楼下亦关去一部分。三元坊之大绸缎店均门可罗雀，顾客不及店员什一。杭州有所谓“三冬靠一春”之谚；此时春来，正游人最多之时，但今年则甚寥寥。五年前之此时，所有旅馆几无不客满，今则空房甚多。小游船，市政府规定每日一元四角，现则八角亦可雇船一日。人力车规定每日二元，市价则一元一日。杭伞从前售五角者，现售二角。民生之凋敝，于此可见。

午后五时，小船游三潭印月及孤山，仅费小洋四角，合大洋二角八分耳。

四月二十九日

午前八时半雇船至岳坟，四人仅小洋二角。在岳坟小憩，步行至玉泉，再由玉泉去灵隐，途中乞丐甚多，令人生厌。在灵隐午餐后，徒步上灵隐寺及韬光寺，于观海处摄得美术片一张。同至灵隐寺门乘车去黄龙洞，返寓已五时半矣。即约定原车于明日游南山，每人车价一元二角，车夫饭茶资在内。

四月三十日

七时半车即来，八时早点后，乘车先至龙井，由龙井后门去九溪，再转理安寺，经二龙头之江大学，回至六和塔，即在六和塔下小店午餐。贵而味淡，两菜一汤费一元五角余。

午餐后去虎跑小憩，过石屋洞，转水乐洞，徒步上栖霞洞，归途在静慈寺看运木石井，归寓已五时矣。

五月一日

午前八时乘汽车至孤山中山公园，周游全园，于九时雇舟游阮公墩、湖心亭及三潭印月，在三潭印月坐移时，于十二时返新市场；一时起行，乘二时快车，返沪七时半。

此行共用七十二元。所得印象，为农村经济衰落，民不聊生。但建设方面颇有进步，公路较前发达，街市亦甚清洁，唯最令人不愉者，小路之乞丐，公园之售零食者，湖滨之船夫，街市之车夫太多；无论何时何地，有人包围叫嚣；即在公园小憩，亦有售零食者包围，使人无一刻宁静，实为市政上之大缺点。

奉化游记

民国二十六年六月十二日　星期六

午后四时去金利源码头登新江天轮，中国旅行社派徐君在船上照料。我俩住六号官舱，两人一间，靠外边，空气甚好，内有被褥等，设备亦颇适当而清洁。五时正开船，七时至吴淞口，犹隐约望见对面之启东县在海中。六时晚餐，菜有九样，但均粗粝，饭为小米且干燥，楫勉食一碗，我仍照常食两碗。八时即就寝。

六月十三日　星期日

昨夜风甚大，九时后，浪大作，船颠簸不能立足，唯勉强卧于榻上，至午前一时风方息，四时半即起收拾行李。五时茶房以早点进：一杯咖啡，两片面包也。官舱票价三元，酒资照加二成，随票代收，已有招商局以油漆黑牌布告于逐船上，但船将到岸时，徐君关照，每人须给酒资一元，回程如之。招商为国营，为求遵行新生活而规定酒资二成，随票带收，船上所悬搪瓷新生活之标语尤多，但事实上是如此，颇可慨叹。

五时半到宁波，自提行李上岸，左行数十武，停有宁穿公司大汽车一辆，同行二十二人即一拥而上。车身甚低，座位亦小，虽有靠背，但均为木板，故虽可坐而仍吃力。车沿江行不数步，须经浮桥通过入宁穿路；因载重过多，将达对岸时，两船相交之处，须贴木板，使车轮由木板通过，但几次不能直上。乘客自动下车，始能过去。走未几即达宁穿汽车公司，由徐君下车与公司交涉票价，停约一刻钟。入宁穿路，经宝幢，四十五分钟即达育王寺。时为六时五十分。阴雨蒙蒙，道路湿滞，抵车站，候于道旁之藤轿甚多，盖由旅行社预为吾辈备赴天童来回也。下车后，即将行李交徐君照料，自由全寺内外游览。七时四十分乘轿经少伯赴天童寺，计程二十三里；因路湿，至十时方到。自由游览一小时，十一时即在该寺午餐。五元一席之素菜，甚可口。十二时由天童起行至少伯计十三里，已走一时半，再向育王转宁波，费时甚多，且不舒服。而少伯有小火轮达宝幢，既舒适又省时。故主张弃轿乘轮至宝幢，彼等均不知此路由，唯我知之，故依余言。当由少伯经宝幢由汽车至甬之联票（每人三角二分，二十四人可放一专车），于二时起行，河中风景颇好。二时二十分即至宝幢，再由宝幢电达育王站将定备汽车放出，于二时四十分即起行，三时至甬之宁穿公司。三时十分由该车送至鄞育路汽车公司，换车，行四十分，于四时达溪口武岭公园。园内有旅行社招待所，招待所主任钱君，招待甚殷。园之左旁即为溪水，有竹筏载人（今日友声旅行团有二百余人旅行雪窦）。四时半起行，五分钟即达入山亭；轿子与轿夫甚多，争夺不已，若无旅行社与当地头脑支配，将无法以行。

由入山亭至雪窦寺只五里，山路略为倾斜，但不甚陡峻。以测高表计之，寺离海拔只三百米（天童百米）。但该地轿夫气力甚小，不仅走得极慢，遇稍陡之坡，且不肯抬。如非团体同行，我俩绝不要轿。五时半经关山桥（桥上有亭曰青锁亭），下有水，即千丈瀑之源泉。百数十步至飞雪亭，俯瞰千丈崖，因雾甚浓，由亭下望，唯见如蒸笼开蒸时一道漏气之白练而已。白雾与瀑布之白练不分，而其有如雷鸣，震动山谷。有人以大鞭炮燃着掷下，回声更大。

再上里许，为妙高台，高达三百五十米。有楼房三间，因地高雾更大，几于对面不辨耳目。唯闻千丈崖之瀑布声，如万马奔腾耳。

六时半至雪窦寺，左有新式房屋一座，为中国旅行社之招待所，现由张学良居住。山前寺前均有宪兵站岗，远望招待所有兵士甚多，据云为保护张。寺中已有三一旅行团数十人先到。我辈到无房可居，由钱君请宪兵将右耳房之楼房六间让出。未移时，彼等携枪襆被去藏经楼之敞楼下，我等乃得安居。

寺中装有电灯而无电（据云近损坏），故用煤气灯与洋油灯。晚餐菜甚多，但不及天童寺之精。我俩住五号房，八时即睡。

天童与育王，民国十九年四月二日，我曾与蒋竹庄季融五两君同游一次。尔时无公路，由甬至天童须乘小火轮至少伯，计程四十五里，四小时方达。现则只需四十分即达。尔时育王之天王殿毁于火，现已肯构肯堂，壮丽异常；天王寺之天王殿亦于民国二十一年毁于火，现亦复修。

今日为端节，阴雨迷蒙，终日不断，摄影颇受影响。于飞雪亭以二元购得现成照片。两打电影仍略摄若干。

楫来沪已七年，同舟旅行是第一次。端节吃素一日，更是第一次。

十九年游天童育王之日记录后以资比较。

十九年四月三日，阴雨。晨六时到宁波，由茶房代雇挑夫挑行李至鄞东凌波轮船公司，余等即在功德林早点。到轮埠正七时，但船至九时方起碇。船极小，用柴油为燃料；拖船达六艘，每小时行二十里，十一时半达少伯，计程四十五里，船票二等小洋三角。到时即有天童中院之和尚接待，至院午点，即起行赴天童山，计程十五里，蒋、季以与行（每人一元五角），余因摄影步行。沿途微雨，风景尚佳。四时半方达，彼等已先到一时半。

四月四日，午前九时由寺派人为导，游玲珑庵；庵在半山，为天童绝胜处。山为石质，树荫蔽人，乱石参差，颇为幽邃；沿途摄影十余张。并从茅路登玲珑峰，可望甬江，归时已十二时矣。饭后即雇舆赴育王寺，经少伯而西，为程共三十三里，四时始达。休息片刻，即去寺之周围游散，林木茂密，寂静宜人。寺之天王殿，日前毁于火，正在移瓦砾。

四月五日，因昨日吃得不舒服，至此即怂恿蒋持片候方丈，出面接见者名远行，据谓出家不过五年，前在教育界任事，故识余等名。因而昨夜今朝，俱系盛席，吃得很痛快。但三人一夜费二十二元，亦可观也。午前七时看舍利；舍利为梵语，乃尸体烧尽之结晶体也。佛有舍利四千八百枚，中国唯此为真。看时先由一僧持一小木塔，塔中有缝，可由之窥见内藏一小钟，钟底有一小珠，由反光作用，初黑而渐红，但季独不见。据信佛者云系无缘，亦殊有趣。舍利看毕即由知客导游寺内外。尚有老育王，离此七里，唯季独去。十二时由宝幢乘小轮返甬，计四十里，午后二时到。

六月十四日　星期一

阴雨迷蒙，无异昨日。早五时即起，收拾行李时，始发现昨日在育王寺所摄之一卷电影片失去。当换片时，即置于雨衣袋中，一日之间，换车、换轿、换船之次数甚多，竟不知遗在何处；但告徐君，请其代向各处查询，以冀有万一之希望耳，此卷五十英尺中只育王寺之十六英尺无办法，其他为上海风景与字幕，尚易重摄也。

昨日由育王至天童，轿夫视我胖子，以三人轮抬，至入山亭后不用三人，以路近而走得甚多也。今日则决定我与楫君联合两轿轮抬；盖楫轻于我四五十磅，专抬她未免太轻也。

六时早餐，素菜甚多，虽不如天童之精，但尚可食。六时四十分，于迷雾中乘舆出寺，沿右手之泥泞小路而行。半时至偃盖亭，已达三百七十五米，再行半时达四百五十米，即逐渐下降。至四百三十米时，即闻瀑布声。道旁有瓦房数间，各轿均停止，即隐潭庙也。过小桥，走十数步，有石级如梯，循之下数，则达二百三十六级。与石级平行者为瀑布，即上隐潭，亦称第一隐潭（隐潭者不知水之所自来也）；上下相距达二十米。石级颇陡峻，脚力不健者，颇不易来回。至潭底，乱石参差，雾甚重，数尺即不辨人。瀑布之水花四溅，沫达十尺外。其声则洪壮可听。其时为八点钟，光线较好，摄电影数尺。

八时再乘舆行，自此以后，概属下坡，约一刻经中隐潭（即第二隐潭），只于路左见宽丈余之溪流耳，均未下轿。再一刻于斜坡停轿，左行经一茅亭，有出售茶水者。约半里至下隐潭，以气压表测之，计为三百米，有瀑布数丈，自悬崖从侧面倾下，其来源若不知所自，实则即上、中两隐潭之水，至此陡由悬崖下流耳。正对路面为削壁，下有微凹之穴似拱门。水则自其旁下流，故看此瀑布，必得于路尽处从乱石走至对面，方能见其陡峻；仅在路旁伫立，则唯见水花四溅，泉声雷鸣而已。离潭不远有石笋，甚平常。

近九时，再由轿下行，不一刻至一平坦之涧底，水面十数丈，但甚浅。以高约二尺之整齐石块为踏步，行人可不涉水而过涧。询之舆夫，谓此为隐水（或引水）桥。过桥后，向左上行，约里许，有一小石桥，轿均停于此；由此可望千丈瀑。步行约半里达千丈瀑；此瀑即昨日在飞雪亭所俯瞰者。今日至此，将近十时，故光线较好，能见其全景。此地计二百米，飞雪亭为三百十米，则此瀑有百十米，在各瀑中为最高。故水溅石上，声似海涛，沫如细雨。离瀑底十数丈有桥曰仰止桥，桥旁有平坦之水门汀亭，有梯可至亭顶远眺；但亭与桥均为飞沫沾湿，泥泞难行；而照相镜亦每为沫湿而不能感光。桥上有人出售茶水及零食，但非附耳不能辨声。其声之宏，可想见也。勾留约一刻，仍从原路返，过隐水桥，再从原路下行约半时，于十一时一刻即抵一小市镇曰亭下者，所有轿子，均于此卸下（轿夫仍索酒资，予以二角）。旅行社预定一竹筏（共三排），二十二人均由此筏载往溪口。

竹筏之制作，据司篙者言：每年于春夏之交，采山中嫩竹去其青皮，仅留内层以减其重量而增其浮力。更将其一端以火熏热、压弯，便作筏头，以减轻水之压力而利驶行。通常每竹十数根结成一排，视载重之多寡与面积之需要；通常殆三四排或六排为一筏。今日我们所乘者，即前后各结三排，共六排而成。筏上置木板数道，便放竹椅。椅前置木条一根，便搁脚。自亭下起至溪口止，水面阔度自三四丈至十余丈，深数寸至丈余；虽系溪流，但不甚湍急，而竹筏之吃水又极浅（不过二三寸），故露坐筏上，衣服亦不虞为浪所湿。自亭下至溪口武岭公园，计程二十里。十一时五十分即到（竹筏有三人撑篙）。

至公园入招待所小息。十二时午餐，四菜一汤，颇为可口，唯分量过少，故不能下饭。

一时出公园，沿溪口街行里许至武岭学校参观。武岭为山名，于其地建学校，收容当地幼童。校内有医院，诊治当地人民。校址占地数百亩，校舍建筑甚坚朴，礼堂广大，可容数千人。设备完善，树木幽邃，溪水环抱，环境极佳。校之对街有文昌阁，为临溪之石山，有屋数椽，该校即位于其间。匆匆一览，摄影数张，电影十数尺。

二时至溪口站，乘专车返甬，三时到因中餐未饱，于江边青年会略进点心；后在市上购零物，于四时上船，四时半起碇。

此次共游两日，同行二十二人（中有一人为旅行社干事），连楫君只有三女子。同行者之年龄自二十（旅行社之干事徐君）至五十六岁。除我俩外，均为商人。故同行二日，面貌虽相善，但接谈甚少。此二十二人中，除我与楫君外，其余均为江南人，故走路之力量均甚薄弱。

此次每人除缴社十五元五角外，计天童育王每人轿费三元四角（四角为饭钱），我因加一人，计五元一角。自入山亭至雪窦寺一元二角，今日三元四角。我俩除小账外共轿费十七元七角。再加船上小账四元，购照片二元余，及零用照片等，已是六十元。如加电影片当为七十五元，亦可谓贵矣。

旅行社所收之十五元五角，除船票车票及行李运费外，只天童及招待所之午餐，与雪窦寺之一夜两餐费及竹筏费。每人至少当可多五六元。但如个人单独去，则此十五元五角尚恐不敷；因亭下之竹筏，单这要一元五角，而彼包一筏，二十余人亦不过三元耳。至于其他麻烦更不待言。即如昨夜，倘无旅行社，宪兵能搬让与否，恐是问题。结果恐无处可住。即能住，恐亦非最大之代价不可也。故欲去内地旅行，以团体去为便。唯欲同团体去，除去遵守团体之规章外，最少须具五能，即能饱、能饿、能跑、能冷、能热是也。

去雪窦最可注意者有三事：（一）瀑布：论山景无茂林修竹，其他各景色，他处亦易见到。但瀑布则为他处所少见。飞雪亭之俯瞰千丈瀑，妙高台之静听水声，远望削壁；第一隐潭循石级而听泉声，第三隐潭之侧视瀑布，仰止桥上之仰视白练，浴身水沫等，如非久住山中，则可遇而不可求，均是绝景。但天晴过久则瀑甚小以至于无，故看山景以晴为佳，看瀑布以雨为佳。最好是雨过初霁之时。（二）竹筏：竹筏在湘黔等省本是平常交通工具，但江南平水则无此物。如久居上海之人，至彼一游，乘竹筏浮水中，静观两岸山色云烟，变化万千，不独心旷神怡，而空气清新，于身体之健康亦大有裨益也。（三）武岭学校：此校之规模、设备、环境，均足令人神往。至于天童育王，则平常景可去可不去也。

旅行社印有雪窦山小册，可备参考。

六月十五日　星期二

昨夜风较小，故船上颠簸不大，五时一刻即到上海，天已放晴。前昨两日，似天公故意与我辈为难。但瀑布甚大，为平时所不易得，而雾中山色，亦别有一种滋味；故亦不得谓之全无是处。他日有暇且有钱，当再去奉化一游也。

附录

民国纪年与公元纪年对照表

民国纪年	公元纪年	民国纪年	公元纪年
民国元年	公元 1912 年	民国二十年	公元 1931 年
民国二年	公元 1913 年	民国二十一年	公元 1932 年
民国三年	公元 1914 年	民国二十二年	公元 1933 年
民国四年	公元 1915 年	民国二十三年	公元 1934 年
民国五年	公元 1916 年	民国二十四年	公元 1935 年
民国六年	公元 1917 年	民国二十五年	公元 1936 年
民国七年	公元 1918 年	民国二十六年	公元 1937 年
民国八年	公元 1919 年	民国二十七年	公元 1938 年
民国九年	公元 1920 年	民国二十八年	公元 1939 年
民国十年	公元 1921 年	民国二十九年	公元 1940 年
民国十一年	公元 1922 年	民国三十年	公元 1941 年
民国十二年	公元 1923 年	民国三十一年	公元 1942 年
民国十三年	公元 1924 年	民国三十二年	公元 1943 年
民国十四年	公元 1925 年	民国三十三年	公元 1944 年
民国十五年	公元 1926 年	民国三十四年	公元 1945 年
民国十六年	公元 1927 年	民国三十五年	公元 1946 年
民国十七年	公元 1928 年	民国三十六年	公元 1947 年
民国十八年	公元 1929 年	民国三十七年	公元 1948 年
民国十九年	公元 1930 年	民国三十八年	公元 1949 年